资助本教材的科研项目

· 江西理工大学2020年度教学质量工程项目（教材建设项目）"中日文化比较"（项目编号：XZG-19-05-74）
· 江西理工大学博士启动基金资助项目"基于礼貌原则的中日礼貌语对比研究"（项目编号：205200100158）
· 上海海洋大学项目"基于自主学习能力培养目标下的日语专业教学团队建设"（项目编号：A1-2005-20-300346）

U0654277

中日文化比较

丁尚虎
赵凌梅

编著

上海交通大学出版社
SHANGHAI JIAO TONG UNIVERSITY PRESS

内容摘要

　　本书为"东亚语言文化研究"系列之一,内容涉及中日文化的基本特点以及语言文化、文学、艺术、物态文化、行为文化、制度文化、心态文化等方面的比较,旨在让日语专业学生以及对日本文化感兴趣的非日语专业学生在学习掌握日本文化基本常识的同时,了解中国传统文化对日本文化的影响,进一步加深对中国传统文化的认识和理解,提升对本国文化的自信。

图书在版编目(CIP)数据

中日文化比较/ 丁尚虎,赵凌梅编著. —上海:
上海交通大学出版社,2021(2024 重印)
ISBN 978 - 7 - 313 - 23597 - 8

Ⅰ. ①中⋯ Ⅱ. ①丁⋯ ②赵⋯ Ⅲ. ①比较文化—研
究—中国、日本 Ⅳ. ①G04

中国版本图书馆 CIP 数据核字(2020)第 142360 号

中日文化比较
ZHONG - RI WENHUA BIJIAO

编　著:丁尚虎　赵凌梅				
出版发行 上海交通大学出版社		地　　址:上海市番禺路 951 号		
邮政编码:200030		电　　话:021 - 64071208		
印　制:浙江天地海印刷有限公司		经　　销:全国新华书店		
开　本:710 mm×1000 mm　1/16		印　　张:13		
字　数:209 千字				
版　次:2021 年 3 月第 1 版		印　　次:2024 年 1 月第 4 次印刷		
书　号:ISBN 978 - 7 - 313 - 23597 - 8				
定　价:68.00 元				

参　编

丁尚虎(江西理工大学)

赵凌梅(上海海洋大学)

冯　元(江西财经大学)

李庆保(安徽农业大学)

唐粲萌(南昌大学)

晏昭平(江西农业大学)

夏逸慧(日本东北大学)

郭　丽(日本东北大学)

刘楚心(日本东北大学)

乐　星(日本东北大学)

刘碧萍(江西理工大学)

肖珊珊(江西理工大学)

邓晓宇(江西理工大学)

蔡进宝(江西理工大学)

何小陆(江西理工大学)

谭慧玲(江西理工大学)

肖　锟(江西财经大学)

主要参编人员简介

丁尚虎,男,1984 年 10 月出生,日本东北大学博士,江西理工大学外国语学院教师。研究方向：社会语言学、中日文化比较。

赵凌梅,女,1986 年 12 月出生,日本东北大学博士,上海海洋大学外国语学院教师。研究方向：对比语言学、语用学。

冯元,女,1988 年 1 月出生,日本筑波大学博士,江西财经大学外国语学院教师。研究方向：汉日对比语言学、日语语言学。

李庆保,男,1983 年 2 月出生,北京语言大学博士,安徽农业大学外国语学院教师。研究方向：日本近现代文学。

唐粲萌,男,1983 年 12 月出生,南昌大学外国语学院教师。研究方向：日本文化、翻译学。

晏昭平,男,1991 年 5 月出生,江西农业大学外国语学院教师。研究方向：翻译学。

夏逸慧,女,1994 年 1 月出生,日本东北大学国际文化研究科博士。研究方向：音韵学、形态学、象声词研究、话语标记。

郭丽,女,1993 年 11 月出生,日本东北大学国际文化研究科博士。研究方向：认知语言学。

刘楚心,女,1993 年 5 月出生,日本东北大学国际文化研究科博士。研究方向：中日双语者的视觉单词处理。

前　言

　　中国文化与日本文化,同属于东方文化,而且是最具代表性的东方文化。早在 2 000 多年前,中日两国就开始了相互间的友好往来和相互学习。自那时起,中日间的文化交流一直没有间断过。在交流的过程当中,中国优秀的传统文化深深地吸引了日本,在明治维新之前,日本积极派遣使者到中国来学习各个领域的先进文化。在交流发展的过程中,日本逐渐形成了富有自身特色的文化,在很多领域呈现出不同于中国的文化形态。在全球化的过程中,中日两国在政治、经济、文化等多方面的交往越来越频繁和深入。因此,为了更好地促进中日友好关系的发展,研究比较中日两国的社会文化是非常有必要的。

　　随着中国经济和科技实力的提升,对外讲好中国故事、传递中国声音、弘扬中国文化已变得越来越重要。那么,怎样才能讲好中国故事、如何才能高效地传递中国声音和弘扬中国文化呢? 这就要求我们不光要学习和掌握中国文化,还要进行中外文化的比较,充分了解外国文化,增强跨文化意识,提升跨文化交际能力。编写《中日文化比较》这本教材正是实现这一目标的工作之一。

　　当前市面上没有适合高校日语专业以及非日语专业的、能够比较系统地介绍中日文化差异的中日文化比较类教材,本教材的编写可以填补这一空白。本教材立足"凸显中国传统文化对日本文化的影响"这一中心,有利于当代大学生在学习日本文化的同时更好地了解中国传统文化、提升对本国文化的自信,也可以避免"中国大学生不懂中国传统文化"的尴尬。

　　本教材是将散见于各类期刊和专著中的研究成果汇总而成,其特色如下:

　　第一,涵盖面较广。既有宏观层面"中日文化基本特征"的比较,也有微观层面具体专题的比较。主要涉及"语言""文学""艺术""物态""行为""制度""心态"

等 7 个方面。

第二,适用范围宽。本教材主要是用中文撰写(仅有个别章节涉及少部分日文词汇),既适用于高校日语专业学生,也适用于对文化感兴趣的普通大学生、研究生以及普通读者。

第三,侧重于引发读者的思考。文化本身没有优劣之分和贵贱之别,文化呈现出来的是一种客观事实,透过这种客观事实我们可以窥见不同文化形态背后的基本特征,对于这种特征,不同的读者会有不同的想法和思考。因此,本教材在编写的过程中更侧重于对事实的呈现,评论部分偏少。同时,在每一章的后面都设定了若干思考题。主要目的在于,让读者在了解中日文化基本事实的基础上引发自己的思考。

本教材共由九部分构成。导论和第四章的主要执笔者为丁尚虎;第一章的主要执笔者为唐綮萌;第二章的主要执笔者为刘楚心;第三章的主要执笔者为李庆保;第五章的主要执笔者为郭丽;第六章的主要执笔者为冯元;第七章的主要执笔者为夏逸慧;第八章的主要执笔者为晏昭平。

中日文化的相关知识如一片浩瀚的海洋,编著者虽煞费苦心、颇费斟酌,但限于学力和水平,书中难免有疏漏和谬误之处,恳请读者批评指正。

编著者

2020 年 6 月 16 日

目　录

导　论

在中国,"文"与"化"古已有之。战国末年的《易·贲卦·象传》中有"(刚柔交错),天文也。文明以止,人文也。观乎天文,以察时变;观乎人文,以化成天下"这样一段记载,意思是说,治国者须观察天文,以明了时序之变化,又须观察人文,使天下之人均能遵从文明礼仪,行为止其所当止。带有"文治教化"的思想。西汉以后,"文化"一词开始出现,如"文化不改,然后加诛"(《说苑·指武》)、"设神理以景俗,敷文化以柔远"(《三月三日曲水诗序》)、"文化内辑,武功外悠"(《文选·补之诗》)等。这里的"文化"一词是相对于现代意义上的"自然"或"野蛮""质朴"而言的(张 2005:2)。在古代中国衍生出来的"文化"一词更倾向于指向人的"精神领域",类似于现代意义上的"狭义文化"。在西方,也有类似于中国的"文化(culture)",不过其内涵相比中国的"文化"更为宽泛,不光指代精神层面,还包括物质层面,与现代汉语中的"文明"一词相近。"文明"兼容物质创造和精神创造的双重意义,类似于现代意义上的"广义文化"。

第一节　文化的定义和分类

关于文化的定义,在学术界有很多种说法。比如"是超越本能的、人类有意识地作用于自然界和社会的一切活动及其结果""是一种社会现象,是人们长期创造形成的产物,同时又是一种历史现象,是社会历史的积淀物""是指一个国家或民族的历史、地理、风土人情、传统习俗、生活方式、文学艺术、行为规范、思维方式、价值观念"等,但是被国内外绝大多数权威辞书以各种形式反复征引的文化定义如下：

> 文化是包括全部的知识、信仰、艺术、道德、法律、风俗以及作为社
> 会成员的人所掌握和接受的任何其他的才能和习惯的复合体。 （爱
> 德华·泰勒：1994）

文化是人类在漫长的历史长河中结出的具有创造力的果实，是一个庞大的集合体，要全面地把握它，就必须对其进行分类。文化分类的标准和方法有很多种，其中的每一种对于了解整体文化都是有意义的。从现有的文化研究来看，大致可以归为"主体维度分类法"和"客体维度分类法"两大类（韩 2019：48-50）。

主体维度分类法，是从文化主体即文化的创造者、使用者方面，给出分类标准依此对文化进行分类。比如，有的是把民族作为文化主体，将文化分为"汉族文化""壮族文化""高山族文化"等；有的把国家作为文化主体，将文化分为"中国文化""日本文化""印度文化""俄罗斯文化""埃及文化""德国文化""法国文化""西班牙文化""英国文化""美国文化""巴西文化"等；有的是依据文化主体的不同形态，把文化分为"国民文化""企业文化""社团文化""官方文化"；有的是以人所属的社会群体或社会集团在社会中的实际地位为标准，把文化分为"统治集团的文化"与"被统治集团的文化"。有的是以文化主体的活动为标准进行分类。比如，以人的活动领域为标准，把文化分为"经济文化""政治文化""民生文化"等。再比如，以人的活动性质为标准，把文化分为"生产文化""生活文化""消费文化"等。也有的则是以文化主体的活动时序为标准，把文化分为"亲历的文化""记录的文化""选择性的文化"（李 2013：38）。还有的是以文化主体对文化的欣赏品味为标准，把文化分为"雅文化"与"俗文化"，或以文化主体在文化偏好方面存在的数量差异为标准，把文化分为"大众文化"与"小众文化"。

客体维度的分类法，是从相对于文化主体的客体即文化本身方面，给出分类标准来对文化进行分类。这些分类标准包括成分标准、地域标准、时间标准、来源标准、地位标准、显现标准和属性标准等。成分标准就是将构成文化整体的各个具体成分直接列出来，如有些文化学者认为文化是一个复杂的整体，包括知识、信仰、艺术、道德、法律、习惯及作为社会成员的人所获得的任何其他能力及习性。地域标准分类法是根据文化所处的地理位置进行分类，比如"东方文化"

与"西方文化",还有以各大洲命名的"亚洲文化""欧洲文化""非洲文化""美洲文化""大洋洲文化",以及用洲内区域为标准区分出的"东亚文化""西亚文化""东南亚文化""中东文化""北非文化""中非文化""南非文化""南美文化""北美文化""拉美文化""西欧文化""东欧文化""中欧文化"等。时间标准分类法是根据文化所存续的历史时段为标准进行分类,如"史前文化""古代文化""近代文化""现代文化""当代文化"或"传统文化"与"现代文化"等。来源标准分类法是根据文化的来源处进行分类,常见如"本土文化""外来文化""改造文化①"等。地位标准分类法是根据文化在社会中所起作用的大小强弱为标准进行分类,将文化从整体上分为"主流文化"与"非主流文化"等。显现标准分类法是根据文化的显现形式进行分类,将文化分为"显性文化"与"隐性文化"等。属性标准分类法是根据文化之物本身的性质进行分类,将文化分为"物质文化"和"精神文化"。

　　本书按照文化的内涵和外延大小,将"文化"分为"广义文化"和"狭义文化"。广义文化,着眼于人类与一般动物、人类社会与自然界的本质区别,着眼于人类卓立于自然的独特生存方式,其涵盖面非常广泛,所以又被称作"大文化"(张2005:5)。梁启超在《什么是文化》一书中指出,"文化者,人类心能所开释出来之有价值的共业也",这里的"共业"所涵盖的领域很多,如认识层面的语言、哲学、科学、教育,规范层面的道德、法律、信仰,艺术层面的文学、美术、音乐、舞蹈、戏剧,器用层面的生产工具、日用器皿以及制造它们的技术,社会层面的制度、组织、风俗习惯等。与"广义文化"相对的是"狭义文化",它排除人类社会生活中关于物质创造活动及其结果的部分,专注于精神创造活动及其成果,所以又被称作"小文化"(张 2005:5)。1871 年英国文化学家泰勒在《原始文化》一书中对文化的定义(文化是包括知识、信仰、艺术、道德、法律、习俗和任何人作为一名社会成员而获得的能力和习惯在内的复杂整体)以及汉语言系统中的"以文教化"都属于"狭义文化"的范畴。

　　不过需要说明的是,狭义文化在逻辑上亦从属于广义文化,二者存在着不可分割的联系。在研究人类的精神创造时,不能忽略物质创造活动的基础意义和决定作用;在讨论关于心态文化诸问题的时候,不能忽略物态文化、制度文化、行为文化对心态文化的影响、制约,总之,不能将"狭义文化"与"广义文化"割裂开

---

① 改造文化指的是根据自身需要对外来文化进行创造性加工后逐渐形成的具有自身特色的文化。比如中国的佛教文化就是通过改造来自印度的佛教文化而形成的文化。

来,因为这是历史唯物主义文化观与方法论的一个基本要求(张 2005：5 - 6)。鉴于此,本书将从涵盖狭义文化的广义文化范畴出发,将文化分为"语言""宗教""文学""物态""行为""制度""心态"七个类别。

(1) 语言文化。

语言是一种特殊的文化,它是在人类产生之后,随着社会生活的产生而逐渐形成的一种精神文化,但它具有自身的特殊性。这种特殊性主要体现在它是所有文化交流与传播的载体,任何文化的呈现与传播都离不开语言,语言与文化共同产生、共同发展、相互依赖、相互影响、不可分割。

(2) 宗教文化。

宗教是一种以信仰为核心的精神文化,它是人类社会发展过程中产生的一种特殊文化现象,同时又是整个社会文化的重要组成部分,它影响人们的思想观念、生活习惯等各个方面。

(3) 文学。

文学是社会意识形态之一,是运用虚构和想象,通过语言塑造形象,反映社会生活,表达思想情感的艺术形式。文学包括戏剧、诗歌、小说、散文等,是文化的重要表现形式之一。

(4) 物态文化。

简而言之,物态文化由人类加工自然创制的各种器物(物化的知识力量)构成。它是人的物质生产活动及其产品的总和,是可感知的、具有物质实体的文化事物,构成整个文化创造的基础。物态文化以满足人类最基本的生存需要——衣、食、住、行为目标,直接反映人与自然的关系,反映人类对自然界认识、把握、利用、改造的深入程度,反映社会生产力的发展水平(张 2005：4)。

(5) 行为文化。

行为文化由人类在社会实践,尤其是在人际交往中约定俗成的习惯性定势构成。这是一类以民风民俗形态出现,见之于日常起居动作之中,具有鲜明的民族、地域特色的行为模式。民族的、时代的文化既有物质的标识、制度的规范,又有具体社会行为、风尚、习俗的鲜活体现。

(6) 制度文化。

制度是由人类在社会实践中建立的各种社会规范、社会组织构成。人的物质生产活动是一种社会的活动,只有结成一定的社会关系才能进行。人类高于动物的一个根本之处,就是我们在创造物质财富的同时,又创造了一个属于我们自己,服务于我们自己,同时又约束我们自己的社会环境,创造出一系列的处理人与人即个体与个体、个体与群体、群体与群体的相互关系的规则,并将它们规范为社会经济制度、婚姻制度、家族制度、政治法律制度等。这一部分文化成果虽然不直接与自然界发生关系,但它们的特质、发展水平归根结底是由人与自然发生联系的一定方式所决定的(张 2005:4)。

(7) 心态文化。

心态文化指的是在人类社会实践和意识活动中长期培育出来的价值观念、审美情趣、思维方式等。具体而论,心态文化又可以再区分为社会心理和社会意识形态两个子层面。社会心理指人们日常的精神状态和思想面貌,是尚未经过理论加工和艺术升华的流行的大众心态,诸如人们的要求、愿望、情绪等。社会心理较直接地受到物质文化和制度文化的影响和制约,并与行为文化交融互摄,互为表里。社会意识形态则指经过系统加工的社会意识,它们往往是由文化专家对社会心理进行理论归纳、逻辑整理、艺术完善并以物化形态——通常是著作、艺术作品等——固定下来,播之四海,传于后世(张 2005:4)。

第二节　中国文化与日本文化

中国文化与日本文化,同属相对于西方文化而言的东方文化(客体维度分类法中按照地域标准进行分类的说法)。中国文化与日本文化是最具代表性的东方文化。

关于东西方文化的发展趋势,季羡林先生提出了著名的“河西河东论”。1989 年发表的《从宏观上看中国文化》一书引述了汤因比和池田大作的对话,针对一些人贬低中国文化的情绪,提出东西文化的关系从几千年的历史上来看是“三十年河西,三十年河东”,对东西文化未来走向做了清晰的预判。1990 年,他发表《21 世纪:东西文化的转折点》,再次对东西文化特征、文化本性的善恶以及东西方文化对世界的贡献做了阐释,明确提出“三十年河西,三十年河东”是人类社会发展的基本走向,即辉煌了二三百年的西方文化已是强弩之末,其弊端贻害全球,并影响人类的生存前途,20 世纪末可能是由西向东的转折点。故此,他提出了"不薄西方爱东方",东方文化将再现辉煌的"河西河东论",具体内容如下：

> "三十年河东,三十年河西"是人类社会发展不可违背的基本法则。西方形而上学的分析已快走到尽头,而东方寻求整体的综合必将取而代之。以分析为基础的西方文化也将随之衰微,代之而起的必然是以综合为基础的东方文化。……由于东西两种文化思维方式的差异和西方社会近几十年的衰落,必然导致西方文化高势位的丧失,取代衰落西方的是不断崛起的东方文化:东方的思维方式、东方文化的特点是综合;西方的思维、西方文化的特点是分析。……在西方,从伽利略以来的四百年中,西方的自然科学走的是一条分析的道路,越分越细,现在已经分析到层子(夸克),而且有人认为分析还没有到底,还能往下分。东方人则是综合思维方式,用哲学家的语言说即西方是一分为二,东方是合二而一。西方是"头疼医头,脚疼医脚","只见树木,不见森林";而东方则是"头痛医脚,脚痛医头","既见树木,又见森林"。说得再抽象一点,东方综合思维的特点是整体观念和普遍联系,而西方的分析思维模式正相反。

为了深入阐释"河西河东论",季羡林将人类文化划分为四大体系:一是中国文化体系(其中包含日本文化,后者有了某些改造与发展);二是印度文化体系;三是古希伯来、埃及、巴比伦、亚述以至阿拉伯伊斯兰闪族文化体系;四是古希腊、罗马以至近现代欧美的印度欧罗巴文化体系。

中国文化,是指由中华民族在东亚大陆这片广袤的土地上创造的文化。在漫长的历史年代里,随着疆域的扩大,社会的发展,中国境内各民族间的纽带愈益强化,民族共同体诸要素(共同语言、共同地域、共同经济生活以及表现于共同文化上的共同心理素质)渐趋完备,逐渐形成了独具特色、颇具影响力的中国文化。在中国文化尤其是中国传统文化中,我们能够看到独特的语言文字、浩如烟海的文化典籍、嘉惠世界的科技工艺、精彩纷呈的文学艺术、充满智慧的哲学宗教、完备深刻的道德伦理。……中国传统文化是中华民族世世代代传承下来的丰厚遗产,曾长期处于世界领先的地位(张 2005:7)。中国文化是当今世界上唯一未曾中断的文化形态。早在商朝时中国文化就已经发展成亚洲诸文化形态中最辉煌的文明形态,而世界上其他文明的地基则出现了深刻的裂缝:例如,在美索不达米亚,巴比伦人在传承苏美尔文化遗产的同时,被迫臣服于部落民族而使得文化产生了断裂;克里特岛上空前繁荣的米诺文化,竟然迅速地销声匿迹;尼罗河两岸,法老们的威仪仅仅延续了几个世纪,就在内忧外患中使文明拓展功亏一篑。在世界最初的几大文明中,只有中国文化在历史的消长起伏中,以其薪火相传的绵长文化传统,成为整个世界文明史中仅存的硕果(王 2017:42)。

　　日本文化,是日本大和民族在漫长的历史长河中吸收了优秀的中国传统文化、近代西方文化、二战后的美国文化等外来文化后逐步发展形成的具有自己特色的文化。虽然季羡林先生在划分人类文化的四大体系时把日本文化纳入中国文化体系之中,但仍不能忽视日本文化在发展的过程中形成的不同于中国文化的特质。比如,日本著名学者加藤周一于 1955 年在《日本文化的杂种性》等文章中阐明了日本文化在本质上是杂种文化,并指出日本文化的杂种性在文化创造力方面具有积极意义①。日本著名汉学家内藤湖南也曾指出,日本民族未与中国文化接触以前是一锅豆浆,中国文化就像卤水一样,日本民族和中国文化一接触就成了豆腐……足见日本文化受中国文化影响之深。然而,无论日本和中国在历史上的文化交流是多么频繁、相互影响是多么深远,日本文化的形成和发展还是有许多既不同于中国、又不同于西方的独特之处。日本文化对外来文化的吸收是全方位的、多层次的,但是这种摄取不是搞"拿来主义"而是经过认真鉴别与选择,排斥一切不符合他们需要或者腐朽落后的东西再融入他们的传统文化中去。例如,日本人从不提倡西方的纵欲主义或极端的个人主义。在日本文化吸收外来文化的过程中,它的自我主体一直处于主导地位,这个主体渗透着民族的性格、心理、思维方法、审美情趣乃至风俗习惯。日本文化既具有强烈的继承性和连续性,同时又有适应性。总之,由于日本文化融合了其他民族的先进成果,所以它才能成为日本迅速医治战争创伤的灵药,从而使日本在很短时期内就恢复了经济并迅速实现了腾飞(黄 1996:15)。

第三节　中日文化比较的意义

　　随着中国经济和科技实力的提升,对外讲好中国故事、传递中国声音、弘扬

---

① 　关于日本文化的基本特征会在第一章中详细介绍。

中国文化已变得越来越重要。那么,怎样才能讲好中国故事,如何才能高效地传递中国声音和弘扬中国文化呢? 这就要求我们不光要学习和掌握中国文化,还要进行中外文化的比较,充分了解外国文化,增强跨文化意识,提升跨文化交际能力。而开展中日文化比较正是实现这一目标的工作之一。具体来说,进行中日文化比较具有如下意义。

(1) 有助于更加准确而深刻地认识中国传统文化的影响力。

日本与中国是一衣带水的邻邦,两国很早就有了交往。早在公元前 3 世纪至 2 世纪,日本从绳文文化向弥生文化转变时,就吸收了中国的青铜文化及水稻种植、养蚕等技术。传说公元 3 世纪时朝鲜的儒学者王仁把《论语》带到日本,是儒学传入日本的开始。公元 7 世纪日本朝廷派遣一批又一批的使者(包括僧人和学者)到中国,从政治制度到生活习惯全面地向中国学习。著名的大化革新和奈良文化的繁荣便是日本民族吸收儒家文化和佛教文化的结果。在圣德太子颁布的《十七条宪法》中贯穿着儒家的天命观和德治主义的思想。日本的统治阶级用仁、义、礼、智、信等封建道德来规范日本的官僚制度和人民群众的行为。大化革新后,日本的律令大体上采用唐律,日本各级学校以儒家经典为教科书,日本佛教以中国为母国,日本历法以唐历为蓝本。这说明中国传统文化对古代日本的影响非常深远。从 14 世纪到 16 世纪,宋明理学和阳明学先后传到日本,从 17 世纪到 19 世纪的 200 年间,儒学取得了主导地位,有的思想家还把儒学、佛教与日本固有的民族宗教神道教结合起来,成立了很多新的派别(黄 1996:14 - 15)。近代日本在向西方学习的过程中,并没有丢掉中国的儒家思想,日本资本主义之父涩泽荣一就非常推崇儒家的《论语》,他指出,"日本自应神天皇朝以来,就传来了《论语》这一宝贵的准尺。如束之高阁,而去寻求其他的规范,这不外是认识上的误区。我相信《论语》的教导是金科玉律,因而拳拳服膺躬行实践而不懈息"。涩泽荣一告诫日本的企业家,要一手拿算盘,一手拿《论语》(杜 2017:167)。

(2) 有助于挖掘中国传统文化中丰富的育人价值。

日本是除中国之外世界上唯一至今仍在中小学课程中系统传授大量中国传统文化的国家。日本的国语教科书通过汉字以及中国经典诗文叙述中日两国文化之间的渊源关系,不仅将中国经典诗文当作学生理解日本文化特质的钥匙,更是赋予其"丰富学生对事物的审视方式、感受方式和思考方式及滋养心灵"的价值。日本伦理课则从人格完善的角度,把中国古代思想家对自然、社会和人生的思考作为学生思考人生的思想养分，系统地阐述了儒家思想和老庄哲学，由此帮助学生确立正确的人生观、世界观和价值观。日本伦理教科书则把中国传统思想作为促进学生人格完善的源泉之一。中国思想在日本学校教育中被作为伦理道德教育的重要资源，赋予了很高的育人价值。日本教科书中的中国传统文化内容及其被赋予的意义和育人价值，不仅有助于我们理解日本的社会文化现象，同时还可以促进和启示我们反观对中国传统文化的理解，反思传统文化教育的方式，为中日两国开展传统文化教育及学术研究找到交流与合作的共同议题，挖掘和彰显中国传统文化更丰富的育人价值（沈等 2019：37/43）。

（3）有助于促进中日间的跨文化交流。

中日之间虽然在近代发生过战争、相互之间存在着一定的隔阂和历史认识上的差异，但是改革开放以来经贸往来十分密切，相互依存度也越来越高。追溯中日文化交流史，可以发现中日文化之间既有联系，又存在历史与文化背景上的差异。了解中日相互间文化上的差异，有助于在华日资企业以及我国驻日企业内部管理层和员工之间更好地沟通，以减少纠纷，化解冲突，从而提高整个企业的和谐程度。有助于中国人和日本人更好、更快地学习对方的语言和文化，减少中日间对彼此的偏见和误解，消除学习过程中的抵触情绪，从而促进中日间的跨文化交流（李 2014：27）。

思考题

1. 谈谈你对"文化"的理解。

2. 什么是"广义文化"和"狭义文化"？二者之间有何关联性？

3. 怎样认识和评价中国传统文化对日本文化的影响？

4. 进行中日文化比较的意义何在？

第一章

中日文化的基本特点

汉代刘安《淮南子·原道训》有云："万物有所生,而独知守其根。"人类各民族的文化、文明的诞生、发展和成熟都由其形成的环境和历史机遇所造就,而我们在了解、研究本民族和他民族文化之时,也应当抓住本民族文化的根本,抓住本民族文化与他民族文化异同的本质。

中国和日本作为近邻国家,同时在历史上也多有交集,文化上有着很多相似之处。历史上日本文化深受中国文化的影响,但也拥有自己独特的色彩。通过学习中国和日本两国的文化,我们能够了解两个民族在其各自文化中所包含的价值观念和思维方式。文化一方面可以作为了解民族发展过程的镜子,一方面也是考察民族发展未来的一个参考指南。学习和对比两个民族文化的特点,可以了解异民族、异文化,也有助于我们重新审视本民族文化的异彩纷呈,借鉴不同民族的优秀文化。

第一节　中日文化的渊源与思考

中日两国交流的历史源远流长,早在大化改新(公元645年)之前的七八百年以前,中日两国就已经有了长时间的交流历史。长期的文化交流让中国文化对日本有了相当深远的影响。关于中国文化对日本文化的影响,内藤湖南曾指出:"打个比喻来说,历来日本学者对日本文化起源的解释是,其如同树木的种子最初就业已存在,依赖中国文化的养分才成长起来。而笔者的观点是,如同制作豆腐,在豆子磨成的豆浆中已经有了变为豆腐的素质,但没有可以使其凝固的外力,而中国文化就如同盐卤可以使其凝固从而成为豆腐。"①由此可见中国文化对于日本文化的重要地位。内藤湖南还认为日本是由于中国文化的刺激而形成了自己的民族并产生了民族独立的自觉。

内藤湖南曾就日本如何在中国文化影响下形成自己的文化有过这样的阐述:

> 日本依赖中国文化形成自己文化的时期相当漫长,其政治、社会的进步是一点一点逐步完成的。任何一个民族,即便其继承某种异文化,到了一定时期,一般都会产生一种自觉,不仅是日本,中国邻近的后进民族,如汉代的匈奴,其在中国文化的刺激下实现了民族的形成,于是相应也就产生了民族独立的这种自觉。早在汉初,匈奴就向汉代皇帝自称,"上天所置之处,日月所照之处,匈奴大单于此"。在日本,圣德太子时期,对中国自称"日出之处天子",第一次使用了对等的词汇。如以上所述,国民的自觉常常是在政治方面最早产生,而真正的文化思想方面的通常相对要滞后得多,不过也有没有产生过这种自觉的国家。日本民族毕竟在某一时期业已产生了思想上的自觉。②

内藤湖南这里说的"某一时期"是指以蒙古进犯日本的弘安四年(公元 1281年)前后为契机,自日本南北朝(公元 1336—1392 年)开始的这段时期。从这段时期开始,日本在思想文化上的自觉就开始"极其缓慢而不断地产生"。并且在近代接触到西方文化以后,便已从思想上完全独立于中国。但他同时也指出,"即便在今日,真正的日本文化是否已经完全形成,这还是一个相当大的疑问。思想方面,日本正竭力地要从中国思想的束缚中解脱出来,但同时又不断地受到西方思想的约束。……虽然有时会将其文化当作自己的民族文化,但严格地讲,其很难说是民族的自发文化"。所以我们可以说,日本有自己独特的本国文化,但这种文化从天然上无法与中国文化或者中国以外其他国家进入日本的文化完全割裂开来。

日本作为中国的一个邻邦,同时也是具有重要影响力的亚洲国家,在历史发展过程中形成了其自身独特的文化特点。但一直以来有不少人对于日本仍然抱

① 内藤湖南.日本历史与日本文化[M].刘克申,译.北京:商务印书馆,2012:6.
② 内藤湖南.日本历史与日本文化[M].刘克申,译.北京:商务印书馆,2012:7.

有轻视的态度,认为日本无非模仿借鉴中国、印度、朝鲜和西方国家的文化,不承认日本拥有独特的文化,对于日本是如何模仿外国文化从而形成自己文化的研究相对较少。

聂友军在《日本学研究的"异域之眼"》中指出:"与日本全面、自觉、体系化的中国研究相对照,当前中国的日本研究明显处于不对称劣势。尽管自《山海经·海内北经》与《汉书·地理志》以降,中国的历史与文学著作持续地对日本进行了记载与描述,但是最近百余年来我们的日本研究无论规模还是质量都远远落后于日本的中国研究。"①以至于我们在很长一段时间内对日本人的性格、民族文化特点、思想和风俗习惯等都不甚了解。所以戴季陶发出这样一种惊叹:"'中国'这个题目,日本人也不晓得放在解剖台上,解剖了几千百次,装在试验管里化验了几千百次。"②仅仅在 20 世纪,日本学者研究中国的人文学的著书就高达4 300余部。中日两民族在面向对方民族的态度上如此大的差距,直接造成了在认知对方民族文化上的巨大不对等。

由于"华夷思想"的桎梏,中国以前对于日本的了解和研究较少,鸦片战争以后中国开始思考东西方文化差异,在甲午战争以后中国开始注意到日本。康有为曾向当时的统治者建议效仿日本的明治维新进行改革。1904 年至 1905 年间,日俄战争中日本的胜利更是让中国开始认真打量身边的这个曾经的小国。戴季陶第一次在《日本论》(上海民智书局,1928 年 4 月)一书中详细分析了日本文化。在《日本论》的《中国人研究日本问题的必要》一篇中,戴季陶对于当时中国对于日本漠不关心的样子有这样的描述:

> 我记得从前在日本读书的时候,有好些个同学,大家都不愿意研究日本文、日本话。问他们为什么? 他们答我的,大约有两种意思:一种说日本文日本话没有用处,没有什么研究价值,不比得英国话回了国还是有用的。一种是说日本的本身,没有什么研究价值,他除了由中国、印度、欧洲输入的文明而外,一点什么都没有,所以不值得研究。这两种意思,我以为前者是受了"实利主义"的害,后者是受了"自大思想"的害。最近十年来,日本留学生比以前少了些,速成学

---

① 聂友军.日本学研究的"异域之眼"[M].北京:北京大学出版社,2016:1.
② 戴季陶.日本论 日本人[M].上海:上海古籍出版社,2013:12.

生没有了,在大学文科的人,有几个稍微喜欢和日本书籍亲近些。所以偶尔还看见有介绍日本文学思想的文字。但只是限于近代的著述,而且很简单。整个批评日本的历史,足以供治国者参考的依然不多见。[①]

不难看出,出于或功利或自大的想法,中国在近代以前对日本的研究和学习有着很大的空白。以至于当时的中国人对日本是"一味地排斥反对,再不肯做研究功夫,几乎连日本字都不愿意看,日本话都不愿意听,日本人都不愿意见,这真叫作'思想上闭关自守''智识上的义和团'了"。

即使中国在清朝末期曾经效仿过我们东边的这个邻国,也仅仅是寄希望于通过学习日本或者说通过日本这个渠道来学习西方国家,只是限于引进日本的政治经济体制等,而对日本民族、日本文化并未加以认真对待。

日本国内对日本与中国文化或其他国家文化的关系多有论述,这其中不得不提到三个人,即菅原道真、本居宣长和内藤湖南。平安时代,菅原道真提出了"和魂汉才"。江户时代,本居宣长提出了"清除汉意,坚固和魂"。本居宣长认为日本比许多国家都要优秀,越是了解那些国家,便会越加感受到日本的优越之处[②]。内藤湖南则提出了"文化中心移动论",这一学说对后世影响很大,他认为文化中心会自中国转移到日本。他的这种主张有着极大的时代背景的局限性,受到军国主义对外扩张的影响,包括内藤湖南在内的一批日本知识分子都因受到民族主义的影响而失去了冷静的思考和判断。

第二节　日本文化中有代表性的文化现象

一、日本人的皇权神授思想

戴季陶在《皇权神授思想与神授思想的时代化》一文中指出,"日本到了现代,还没有完全脱离君主神权的迷信。就近代科学文明看来,日本的学问,固然

①　戴季陶.日本论　日本人[M].上海:上海古籍出版社,2013:12.
②　本居宣长,《玉胜间》。

较中国进步了许多,这不过是最近五六十年的事实,除却了欧洲传来科学文明和中国、印度所输进的哲学宗教思想而外,日本固有的思想,不能不说是幼稚。然而这件事不能算是日本的耻辱。并且他幼稚的地方,正是他蓬蓬勃勃、富有进取精神和发展余地的地方,绝没有一些衰老颓唐的气象"。

> 神秘思想,成为日本人上古时代国家观念的根源,这是毫不足怪的。到了中古时代,中国的儒家思想和印度的佛教思想占了优势,那一种狭隘的宗族国家观念,已经渐渐消沉下去。后来日本人咀嚼消化中国文明的力量增加起来,把中国和印度的文明,化合成一种日本自己的文明,这时日本自己统一的民族文化,已经具备了一个规模,当然要求独立的思想,于是神权说又重新勃兴起来。①

神秘思想或者说君权神授(皇权神授)思想造成了日本人的国体观念,以至于到了明治维新时期的"王政复古"也不过是神权思想的一种体现。甚至于后来日本不仅仅在国内主张他们的神权,还把这个范围扩大到世界范围。难怪内藤湖南得出了"日本的明治维新,就是神权思想的时代化"这样一个结论了。

二、日本人的宗教信仰

来自中国的儒家思想和经由中国传入日本的印度的佛教思想在进入日本后,经过日本的统治阶级的改造,都变成了便于统治阶级利用的工具。对此,戴季陶指出印度的佛教经由中国传入日本后分为三个时期,第一个是"神佛对立的时期",第二个是"混合信仰"时期,第三个是严密区分神佛的时期。第一个时期,日本缺少一种"调和的理论""组织的体制",所以在中国文化传入后,日本的文化才有了"统一和组织的工具"。在第二个时期,为了适应日本当时社会的需要,要把原本信仰神道教的信徒拉进佛寺,就将神和菩萨说成是有联系的,"某神就是某菩萨的体现",由此产生一种"混合信仰"。第三个时期,由于日本自己的发展进步,日本封建制度的完成以及武家势力的膨胀,日本人开始严密地区分神佛的不同。这三个阶段是"由对立而混合,再由混合而对立"的过程,日本人从中有了

---

① 戴季陶.皇权神授思想与神授思想的时代化[M]//日本论 日本人.上海:上海古籍出版社,2013:18.

自下而上的进步。

三、日本文化的日本化

日本对他国文化进行引入、吸收,最终发展为自己的文化是一个毋庸置疑的事实,但亦有人过于忽视外来文化对日本的影响,而只强调日本的特殊文明。对此戴季陶有过如下论述:

> 日本有许多自大自尊的学者,往往喜欢把"日本化"三个字放在脑筋里,不肯放弃,动辄喜欢讲日本的特殊文明。这种观念,当然不脱"日本的迷信"。日本的文明是什么东西?日本的学者虽然有许多的附会、许多的粉饰,但是如果从日本史籍里面把中国的、印度的、欧美的文化,通通取了出来,赤裸裸的留下一个日本固有的本质,我想会和南洋吐蕃差不多。①

王勇在《日本文化》中曾就中日古都(日本的平城京、长冈京、平安京;中国的长安)进行过比较。在论述中他援引了梁思成对于平城、平安两京的宫殿和长安城的类似之处的论述:

> 它们同样都有宫城环绕,城内分成若干个以围墙和回廊环绕的长方形庭院。每一庭院都沿中轴线前后配置若干座主要殿堂,左右以次要殿堂对称排列。前后院墙正中都有门,左右墙也可能有门。每一座主要殿堂两侧一般都有廊屋与左右的院回廊相连,分隔成一进进的庭院。这种庭院式的配置方法,唐长安和日本两京的宫殿是基本上一致的。②

通过对比可知平安京在修建过程中缩小了比例,总面积约为唐长安城的四分之一,还在一些建造设施上做了部分修改。这些变动大致都是由于建造成本、建造技术等客观条件所限制,并没有完全按照中国的来进行。同时也体现出"在

① 戴季陶.日本人与日本文明[M]//日本论　日本人.上海:上海古籍出版社,2013:31.
② 梁思成.唐招提寺金堂和中国唐代的建筑[G]//中日文化交流史论文集.北京:人民出版社,1982:85.

移植中国文化时,不再盲目地生搬硬套,而是立足本国实际情况,采取'权宜之计',体现出模仿者一定程度上的主体性和灵活性"。

公元794年至1868年,平安京一直都是日本的首都,平安时代继承了奈良时代的唐风文化又开创了国风文化。平安文化一面模仿隋唐中国文化,一面也将其本土化,对唐宋文化进行借鉴又力求使之符合自己的实际情况,最终创造出了自己的国风文化。

四、日本人的武士道

日本人崇尚"道"。"道"的内涵主要是专门的学问或技法,也可解释为人应遵守的条理和法则。在日本,常见的有"武士道""茶道""花道""书道""剑道",等等。日本人对于"道"的理解,从原本的一项技能技艺提升为一种为人处事的道理和高深的人生哲学。

"武士道"一词中含有武术之意,也含有作为武士应有的生存之道的意思,这是武士的道德典范。"武士道"在其形成过程中,在江户时代深受我国儒家学说伦理道德思想的影响,使其有了理论化依据。《叶隐》中有一句名言是"武士道乃死之发现"。武士会为了自己心中的"义"而慷慨赴死。在我国"舍生取义"也因取心中大义能够放弃生命被奉为难能可贵的伟大精神,但在日本这个"义"是指对主公的忠义。战国时期的名将们信仰"尚勇赴死,知耻重信,蝇营狗苟,非男子所为"。戴季陶在《武士生活与武士道》一文中对于日本人和中国人的风气之不同有如下论述:

天琼矛是男子阳具的象征,这一种创世思想,渊源于男性崇拜,是很明白的。就这思想和历史的系统看来,也可以晓得日本的尚武思想、军国主义,并不是由于中国思想、印度思想,纯是由日本宗法社会的神权迷信来的。近代德国军国主义的政治哲学,很受日本人的欢迎。自日俄战后,到欧战终结十几年当中,日本思想界最受感动的,就是普拉邱克一流的武士主义和尼采一派的超人哲学。最近一转而为马克思的斗争主义,都有同类的因缘。我们看得到,日本人的风气和中国最大不同的地方,就是日本人在任何方面,都没有中国晋朝人清谈而不负责、六朝人软弱颓丧的堕落毛病。连最消极的"浮世派文学艺术"当中,都含着不少杀伐气。这都是最值得我们研究、最值得我们注意的。[1]

这样一种思想影响到了日本国民的深层心理,也与忠君爱国思想、神道思想一道成为近代日本军国主义的精神支柱。

第三节 中日文化的基本特点

一、中国文化的基本特点

1. 中国文化的原生性

中国以汉族为主要民族,汉族及各少数民族在数千年的岁月中创造出了灿烂夺目的文化。中国人创造出了自己独特的传统文化,经历春秋战国时代形成了其基本形态并经由秦汉时代后最终成形,此后虽也有所变化但基本未跨出这个范畴。由于中国文化的产生相对独立,所以它天然地具备原生性的特点。

2. 中国文化的单一性

中国从古代到近代,经历过多次的战乱以及民族战争和冲突,还吸收过众多其他国家文化诸如佛教等,但中国文明的核心和主体构成却未曾变化。中华文明在历次的历史事件中,都体现了强大的同化力。佛教最初流传于尼泊尔、印度一带,在公元1世纪传入中国,并在中国生根发芽。佛教经典经过翻译传入中国,教义哲学也融入了中国传统文化。佛教传播到中国后,一部分变成中国式的佛教,一部分融入宋明的理学当中。

3. 农业文化心态

中国文化是一种农业文化,农业占据了中国文化的物质基础并起到了支配性的作用。黄河、长江一带非常适宜农业耕种,使得中华民族的构成主体——汉族一直都主要以农业作为主要的生产活动,农民也一直是中国人的构成主体。因此,中国文化中的"安居乐业""男耕女织"的古来思想体现出中国人的务实精神。对农业生产的重视体现在中国人生活的方方面面,例如记载时间的历法,中

---

① 戴季陶.武士生活与武士道[M]//日本论 日本人.上海:上海古籍出版社,2013.

国的农历即是以农业节气为本而演变来的。历朝历代农业、农民都是君王的固国之本,重农思想也成为统治者们长期以来治理国家的主要指导。

4. 家族本位的宗法 集体主义文化

在中国,社会组织是在父子、君臣、长幼的宗法原则下建立起来的,是由氏族宗法制度与其意识形态的残余积淀而来,并形成一种"家国一体"的格局。由于农耕自然经济的长期延续,宗法制度在中国根深蒂固。家庭—家族—宗族—社会—国家的构成模式为宗法制度的绵延提供了基础,一直以来以家庭为最小单位的农耕经济和宗族关系都得到了保存,宗法关系也一直存在于社会生活的基础中。

5. "尊君"和"重民"

"尊君"和"重民"两种思想体现了中国传统政治文化的两面,相辅相成。中国由于长期处于农耕经济社会,需要依附集体的力量来从事生产和对抗自然灾害,也需要庞大的国家力量来抵御游牧民族的掠夺、保护自己的农业生产,而这些都要倚靠作为国家政治集权统治的代表——君主。君主掌握了国家权力,同时君主要维持国家机器的正常运转,确保能够征收到足够的税赋,让社稷稳固国家承平,也离不开让百姓安居乐业。因此"尊君"和"重民"长期以来都是被统治阶层所提倡的,二者是一种统一的思想体系。

二、日本文化的基本特点

日本由于地处亚洲东部一隅,形成了其独特的文化。到约公元前 3 世纪为止,日本持续了近 8 000 年的绳文文化,其时这个列岛上的居民还处于原始的依靠采集和渔猎为主要生产活动的旧石器时代文化。而当时中国已迎来了金属时代文化并建立了强大的国家,在农耕等技术方面也有了先进而丰富的经验。之后,金属文化和农耕技术才由中国大陆地区向日本传入,日本得以从原始采集文化进入农耕文化,这个时间段以弥生陶器和水稻种植的出现为标志,由旧石器时代步入了铁器和青铜器并用的时代,这一时期出现了弥生文化。韩立红在《日本文化概论》[①]中指出,绳文文化与弥生文化的交融构成了日本文化。

1. 日本文化的开放性

在吸收先进的大陆外来文明的过程中,日本文化具备了"开放性"的特征。

---

① 韩立红.日本文化概论[M].天津:南开大学出版社,2006.

在大化改新时期吸收了中国的隋唐文化,在明治维新时期吸收了西欧文化,在二战后又吸收了美国文化,这也成为日本外来文化吸收进程中的三大时期。此外日本对于朝鲜文化、印度文化、南蛮文化(以葡萄牙文化为主)、红毛文化(以荷兰文化为主)等各国文化也都加以积极吸收,为己所用。

2. 日本文化的主体性

除去"开放性",日本在积极吸收外来先进文化过程的同时还保有"主体性"。有日本学者认为,日本文化基本都来自外来文化,但日本人作为文化的吸收者和加工者,还是对自己的独立性有所坚持,日本文化拥有其"主体性"。

阿满利麿在《日本人为何无宗教信仰》一书中指出:"明治维新以来到1945年战败为止的日本近代史中,无论是'创唱宗教'还是'自然宗教',除去极少数例外情况宗教始终是从属于政治(国家)的"。[1] 神道教作为日本人的固有信仰历史悠久,但尚无法确定其起源,一般认为神道教源于古代日本人对于各种自然事物和自然现象等的原始崇拜。佛教传入日本,也促使日本人重新审视自己的固有宗教信仰。受中国佛教和儒家等思想传入的影响,日本人对神道教崇拜的内涵加以梳理和扩充,对礼仪进行规范化,并最终将以天皇氏族神崇拜为中心的神道教加以定型。明治以后,日本政府最大的课题就是如何让日本国民认可天皇作为日本绝对统治者的正当性问题。为此,日本进行了多次大规模的教育运动,这些教育运动的核心思想就是天皇是天照大神的子孙,而其依据就是《古事记》与《日本书纪》中的神话故事。因此,作为神灵子孙的天皇自然才是统治日本的唯一合理人选。

韩立红认为,日本文化的"主体性"主要体现在四个方面,即其"主导性""选择性""融合性"和"保守性"。

(1)主导性。

日本在公元6世纪到7世纪,学习移植了当时正处于世界文明中心的中国(隋唐时期)的先进生产方式和政治制度。而到了18、19世纪,由于近代资本主义的兴起,欧洲又成了最先进文明的代表,日本及时掉头转向欧洲,向欧洲学习近代科技和思想,并把各项制度移植到了日本。二战后美国成了世界文明的领头羊,自然也成为日本学习的榜样,日本开始导入美国的民主主义制度和管理科

---

① 阿满利麿.日本人はなぜ無宗教なのか[M].東京：筑摩書房,1996；70.

学,并在国民间普及美国的生活方式。

（2）选择性。

日本在吸收他国文化时,总是选择对本国有益且能够适应本国的文化。

（3）融合性。

日本总是将外来文化进行改造并将之日本化。

（4）保守性。

日本吸收外国文化的过程中,还体现出对固有传统文化的保守性。

日本文化中的开放性和主体性,也导致了日本文化的混杂性。对此加藤周一曾在《杂种文化》①一书中指出,日本的事物与亚洲其他诸国的事物有所不同,必须认识到日本的西化已经到了很深的层次。绝非是要将注意力从传统的日本转移到西化的日本上来。日本文化的特征就在于传统的日本和西化的日本在深层次里脉络相连,难以分割。

3. 农耕文化和集团主义

日本在距今约一万年前便进入绳文时代,但一直未发展出真正的农业,人们依靠狩猎和采集为生,而当时的中国经历夏商周三代,至秦汉时农业已发展到了较高的水平。一直到公元前 3 世纪左右,日本经由朝鲜半岛接触到了大陆文明,农耕文化初次进入日本,同时日本也由石器时代进入铁器时代,由此进入了以稻作为基础的农耕社会。农耕文化的产生给日本带来了巨大的影响,稻作自西日本向东日本逐渐扩散,在中国先进文化的刺激下,日本的社会生产力极大地提高,日本从绳文时代步入了弥生时代。

农耕文化的产生给日本社会带来了巨大的变革,同时也给日本人的文化和心理带来了甚为深远的影响。农业耕种对于田地、灌溉设备、收割工具等生产资料有较高的要求,在整个耕种、收获的生产过程当中都需要集中的劳动力进行紧密配合,整地、播种、育秧、移栽、灌溉、收获等生产步骤无一不需要大量的合作才能够完成,因此团结协作的集团主义精神不可缺少,也被提倡成为美德。在这样的一种农耕生产为基础的社会背景下,不光是农耕相关的作业,生活当中的婚丧嫁娶等事宜也是与整个村落集体紧密联系的,一个家庭若是脱离了村落这个集体,基本也就意味着慢性死亡。"生育、成年、结婚、死亡、法事、火灾、水灾、疾病、

---

① 加藤周一.雑種文化[M].東京：講談社,1974.

远游、盖房"这十项事情是重要的人际交往活动,通常也需要远亲近邻的协助帮忙,但是如果哪家人做了破坏村内秩序的事情,那么除去"火灾"和"死亡"这两个极其重大的灾害和变故同村人会帮助之外,其余八项都不会有人过问更不会施以援手,这就是所谓的"村八分"。在从前的生活环境下,脱离了集体的帮助无疑就意味着生存将受到极大的影响甚至是生活无以为继。因此,自觉遵守集体规范,以集体利益高于个人利益作为个人的行为准则,严格遵循上下秩序的人际关系就得以形成。时至今日,在日本的企业和各种团体中也随处可见这种集团的行为样式。

4. 以"家"为基础的"纵向"社会结构

日本的社会结构曾经有一套非常严格的等级制度,日本特有的"家"制度体现为"首领"和"手下"(日语为"親分"和"子分")这样一种形式,并且使得职业和阶级之间失去了严格的区别。遵循这一原则,父母、师父和上司等作为"首领"会指挥或统制孩子、徒弟和下属,也有义务要照顾这些"手下",而作为"手下"也要相应地对"首领"尽自己的义务。在这样的日本传统的封建社会"家"本位制度的基础上,就形成了日本的"纵向"社会结构。

日本著名的社会学者中根千枝在《纵向社会的人际关系》一书中有这样的论述:

> 有趣的是这个组织在日本的各个社会集团里都可以看到共同的结构,为了方便起见,我把它叫作"纵向"组织。
>
> 在理论上可以把这种维系人际关系的形式划分为"纵向"和"横向"关系。例如,前者是"亲子"关系,后者是"兄弟姐妹"关系。同样,和上下级关系相对的便是同事关系。在社会组织里,两者都是确定重要关系的因素。由于社会不同,有时一方具有更大的作用,有时两者具有同等的作用。
>
> ……如果前提是包含有不同资格者的社会集团,那么维系其成员的方法,从理论上说自然是"纵向"关系。也就是说所谓"纵向"关系是指连接不处于同列的 A、B 的关系。反之,横向关系是用性质相同的或处于同列的 X、Y 来确定的。按个人共同具有的一定资格(身份)构成集团时,由于其性质相同,"横向"关系便发挥作用。

这个"横向"关系,在理论上说可发展为种姓、阶级,而纵向关系的象征则是亲子关系和关联组织。①

中根千枝认为日本的社会集团是由两个因素——"资格"和"场所"构成。"资格"指的是某种资格或者身份,例如"特定的职业集团、一定的父系血缘集团、一个种姓集团"等。"场所"指的是"一定的地区或所属机构",这种情况下"不论资格如何,而由一定的范围、一定的个人组成集团"。日本人的归属意识很强,以自己所属"场所"为依据形成"纵向"的集团。日本人总是将自己的集团意识聚焦在"场所"上,而作为对比,中根列举印度的例子,认为印度正好与日本相反,他们更看重"资格(身份)"。中国和欧美国家则没有日本和印度这么极端,处于中间状态。日本传统的社会结构表现在这"纵向"的结构上,在日本上司与下属之间、父与子之间、兄与弟之间都是以纵向的关系来形成次序,而"横向"的组织却非常软弱。因此,日本的纵向社会结构有两个主要特征:一是日本的"纵向"型上下关系建立在严格的身份等级制度和序列秩序之上。现在的日本虽已不存在身份等级制度,但序列意识依旧非常强。在大部分的情况下,历史越长、稳定性和组织结构密度越高的企业,这种序列意识更加强烈。而且不光是在固定的集团内部,在松散的社会结构关系中,只要形成集团,日本人也会依据自己的序列位置例如社会地位、年龄等来排位就座,合理使用敬语等。二是日本的"纵向"社会组织与社会结构拥有"单一性"。在一个社会集团中通常只有上下两个端点发生关联,同等级当中的其他系统成员则不太发生关联。如图 1 - 1 所示。

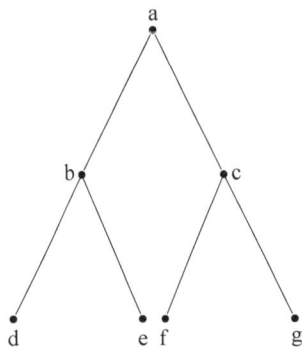

图 1 - 1②

该图中 a 表示集团中的领导,b、c、d、e、f、g 是集团中的成员,集团中的 a 通过 b 和 c 与 d、e、f、g 之间产生关联,b 与 c 之间没有直接关联只有通过 a 才能产生关联。而如果没有 a,则 b 与 c 之间的关联就不成立;假设没有 b 的话,d、e 和 a 之间的关联也将不复存在。

① 中根千枝.纵向社会的人际关系[M].陈成,译.北京:商务印书馆,1994:35 - 36.
② 中根千枝.纵向社会的人际关系[M].陈成,译.北京:商务印书馆,1994:61.

"家"这样一个概念,原本是日本人在经济生活中的一个共同依靠的集团组织,随着经济发展和农村城市化等社会现象,"家"制度的特征越来越体现在企业等各种团体组织当中。企业或者其他团体中的人们往往会把自己定位为集团中的一员,自己的行为都要符合集体的意志和利益。因此日本人关于自己的道德伦理约束更多的是关注集体的道德规范,而较少注意作为个人的道德规范。

5. 对于天皇的崇拜

日本人有很强的祖灵崇拜,他们的这种原始信仰受到了儒家、佛教等思想的影响,但还有自己很鲜明的特征。日本人认为活着的人与死去的先祖有联系,死去的先祖会成为神,而且参与到人世间的生活中。人是神灵的子孙,神灵是人的祖先,这种人与神之间的关系延伸到对天皇的崇拜上,日本人认为天皇是天照大神的后裔,自古以来万世一系统治着日本这个"神国"。经历了古代神话和各朝代对于"神国思想"的发展,形成了山崎暗斋的垂加神道、本居宣长和平田笃胤的国学和复古神道、水户学的大义名分论、吉田松阴的尊王爱国论等等,并以上述学说为中心形成了近世的国体论,提倡"敬神尊王""祭政一致""皇道宣扬"等思想。及至明治维新时期,又以"王政复古"为口号推翻了幕府统治,天皇从幕府手中夺回政权,1890 年颁布《教育敕语》后国粹主义占绝对支配地位,日本的国体乃万世一系天皇统治的国家也在法律解释上成为明文,自此君权神授的思想成为法律所承认的正统化思想,而国也成为"家"的延伸,天皇即日本民族的"首领(家长)"。天皇和政府的统治价值观念融入日本人的道德观念当中,个人的独立被压抑,人们沉浸在一片"忠君爱国"的氛围当中。

第四节 中日文化基本特点形成的原因

一、中国文化基本特点形成的原因

1. 地理环境造就了以农业为基础的中国文化

地理环境作为影响民族文化的一个重要因素,对于一个民族的文化的形成具有至关重要的作用,民族文化的特征也往往与该民族所处的地理环境有紧密的关系,因此地理环境差异大的民族之间往往文化的差距也非常大。通常我们所说的地理环境主要可以分为自然环境、经济环境和社会文化环境，这三种环境并不是割裂开来相互独立的，而是互相之间有着紧密的内在联系，是一个整体。地理环境作为人类社会发展的物质基础，它造就了民族文化，同时人类的发展和文明的产生也反过来改变了地理环境。

中国地处亚欧大陆东部，东临太平洋，幅员辽阔，大部分地区气候温和，非常适合农业的发展。自新石器时代开始，在黄河长江中下游平原就已经产生了农业文化。农业由于中国地理环境的因素，有着悠久的历史和广阔的开展范围，到春秋战国时期，黄河中下游地区还有一些牧业民族和半农半牧民族，但到了秦汉时期在中原地区就已经很少有牧业的存在。农耕经济一直都是汉族的生活基础，而农业和牧业就各自在适合其生存发展的地理环境下逐渐成长稳固下来。费孝通指出，"这一片平原上的宜耕土地在北方却与蒙古高原的草地和戈壁相接，在西方却与黄土高原和青藏高原相连。这些高原除了一部分土地带和一些盆地外都不宜耕种，而适于牧业。农业和牧业的区别各自产生了相适应的文化，这是中原和北方分别成为两个统一体的自然条件"。[①] 费孝通认为划分农业和牧业的大致地理界线就在长城一带。自战国的秦汉时代开始修建的长城就是农业民族抵抗隔绝牧业民族所用。"农民处于守势而牧民处于攻势"，农民是没有办法离开适合他们耕种的土地的，他们总是以耕种的土地为中心向外扩张。而对于游牧民族来说，为了让牲畜得到足够的饲料必须不停移动，随着季节的变化而迁徙。在农业民族和牧业民族因生存资源而发生冲突之时，单个的个体小农无法抵抗成群结队的牧民，所以农民就需要一个集体来依附，让自己能够抵御外来游牧民族的掠夺，这个需求就成了中央集权政体的一个历史因素。

中国的主导性文化主要还是以农业为基础产生的，并且随着农业的扩展而传播开来。汉族从黄河流域向其他地域扩散，在扩散迁徙的过程当中汉族文化逐渐成为当地文化的主体，并融入了当地原有文化和牧业民族文化。这种文化融合后形成的文化主要还是以汉族的农业生产为基础的，也由于中国广阔的适合农业生产的地域面积，中国传统文化得以一直延续至今。虽然北方的游牧民族多次通过战争等手段进入中原地区，但也由于上述原因，最终都接受了华夏（汉族）文化并融入其中。中国的农业生产区域面积大且人口多，成为东亚文明

---

① 费孝通.论人类学与文化自觉［M］.北京：华夏出版社，2004：129.

和文化的中心。而中国周边的朝鲜、日本、东南亚等地的农业文明落后于中国，未能撼动中国传统文化的地位。

2. 农耕经济对中国文化的影响

由于作为中国文化基础的农耕经济具有多元成分结构，所以造就了中国文化强大的包容性。中国幅员辽阔，各地社会发展条件和发展程度有较大差异，在中国不同地域也形成了各自不同的文化。这些不同的文化互相渗透互相融合，最后成为一个具有多元化结构的整体。在春秋战国时期，诸子百家学说兴盛，让中华文明具有了互相包容的特征，秦汉时期的儒道学说融合，进一步使中国文化得到丰富。中国文化长期以来吸收了多数民族的优秀文明，加上本身不同地区的文化精华，最终形成了一个丰富多彩的多元结构文化。魏晋南北朝时期各民族融合，唐朝时期更是体现出中国文化的博大和包容。

中国对于他国文化也抱以开放的态度，勇于吸收他国文化文明。譬如佛教文化从汉代引进中国，并在魏晋南北朝隋唐时期达到高潮，与中国固有的儒家、道家和玄学等思想融合，成为中国传统文化不可分割的组成部分。

3. 传统社会政治结构对中国文化的影响

中国传统社会政治结构有两大特征，宗法色彩浓厚的社会结构和君主专制制度高度发达的政治结构，这两大特征均对中国文化有着巨大的影响。宗法色彩浓厚的社会结构让中国文化形成了伦理型范式，这使得民族凝聚力加强，重视人际关系和道德修养，但也给中国文化带来了排外的负面影响。君主专制制度高度发达的政治结构使得中国文化形成了政治型范式，这促成了民族心理的文化认同，让整个民族拥有民族整体意识，但同时也带来了负面作用，即使人产生对权威的迷信服从和个人自信的缺乏。

二、日本文化基本特点形成的原因

关于日本文化基本特点的形成原因，韩立红认为主要有五大要因：第一，日本文化的"周边性"；第二，岛国的地理环境；第三，日本的单一民族特性；第四，日本民族在其民族性格形成期有大规模吸收外来文化的经历；第五，多元化的思维方式。

1. 日本文化的"周边性"

众所周知，日本在历史发展过程中长期处于发达文明国家的周边，由于地理环境的特点,远离大陆的日本培育了自身特色鲜明的民族文化,在接触到远比自身文化高级的古代中国和古代印度文化后,日本积极引入了这些文化。同样,到了近代日本接触西方文化后,又开始大规模吸收西方文化。

2. 岛国地理环境的影响

蒋百里在《日本人》中这样评价地理环境对日本人性格产生的影响:"这种南方热情的人种,又受了地理上的影响。日本的气候风景,真可以自豪为世界乐土,但它缺少了国民教育上的两种材料。日本自以为是东方的英国,但他缺少了伦敦的雾①。日本人要实行他的大陆政策,但他缺少了中国的黄河长江②。明媚的风景——外界环境轮廓的明净美丽,刺激了这个情热人种的眼光,时时向外界注意,缺少了内省的能力,同时因为时时要注意,却从繁杂的环境中找不到一个重点。短急清浅的水流,又诱导他成了性急的、矫激的、容易入于悲观的性格。地震,火山喷火,这些不可知的自然变动,也给予日本人一种阴影。"

日本地处远离大陆的岛屿,也因此和拥有发达文明的中国大陆、朝鲜半岛在地理上被隔绝开来。这同时也让日本一定程度上远离了外来民族的侵略和战争,让日本人一方面能够积极开放地选择引入适合自身情况的外来文化,另一方面又能够很好地一直保持自己特有的本民族文化。

3. 日本的单一民族特性

日本的民族构成较为单一,除了主体的大和民族外,还有少量的阿依奴人和琉球人,此外还生活着一些华裔和朝鲜裔。由于这些民族人数很少,所以可以把日本民族认定为近似单一民族。由于民族的单一性带来高度一致的共同民族心理,使得日本人拥有共同的价值观,再加上日本人心理中的集团主义的影响,日本人在有组织地吸收外来文化活动之时,能够在很短的时间内全盘接受并实践外来文化。

4. 日本民族吸收外来文化的经历

日本民族在自身民族文化形成初期就经历过大规模吸收外来文化,这样一种经历也在日本民族文化的内心深处埋下了对外来文化崇拜和憧憬的种子。在公元前3世纪以前,日本仍旧处于旧石器时代的绳文时代,尔后由于大陆的农耕技术和文化传入,日本得以飞速发展进入铁器时代,生产力和文化都得到巨大飞

---

① 雾锻炼了英国人体格之强健与眼光之正确。(原注)
② 黄河长江养成了中国人特有的气度。(原注)

跃并产生了弥生文化,绳文文化与弥生文化共同构成了日本文化的根本。

5. 多元化的思维方式

作为日本人本土宗教信仰的神道教,是一种崇尚万物的泛灵多神信仰,他们认为所见万物皆有灵,所到之处皆有灵,八百万众神自古以来守护着日本。当然这里的八百万并不是实指有八百万个神明,而是形容数量众多的意思。日本人相信世间万物都有神灵栖身,各种神灵掌握保佑着他们日常生活中的一切。这种思想是日本文化中多元化思维方式的一种体现,促使日本人对各种事物的信仰和理解更加包容。

思考题

1. 中国文化和日本文化分别有哪些特点,从哪些方面可以体现出这些特点?

2. 中日文化差异产生的原因有哪些?

3. 中日两国文化的特点对于两国现代社会有什么样的影响?

第二章

中日语言文化的比较

　　汉字是一种跨越国界被汉字文化圈所广泛使用的文字体系。历史上曾使用或现今仍在使用汉字的国度有中国、日本、朝鲜、韩国、越南等。其中，中国和日本因为历史和地理等因素，语言和文化的交流活动十分频繁且深入，至今仍在对彼此的语言使用产生影响。这种影响表现在，中日语言不仅都使用汉字体系，而且在词语的使用及语言的交流方式等方面都具有共通性。本章将从中日同形词的由来，中日词汇在历史上的交流方式，中日成语、惯用语、谚语等词汇比较，以及中日谐音文化、中日敬语、中日缩略语这几个方面来探讨中日语言文化的异同。通过对中日语言文化的比较，我们能够对日本这个国家、日语这门语言以及博大精深的汉语言文化有较为深入的了解。

第一节　中日同形词

一、什么叫作中日同形词

　　众所周知，文字被称为语言传达的符号。世界上的文字大体分为"表音文字"和"表意文字"。表音文字是指一个音素或音节由一个字符表示的字符系统。前者称为音素字符，后者称为音节字符。世界上大部分的语言使用的是表音文字，如英语、法语、俄语等。而表意文字与之不同，表意文字的字形与物（意义或概念）之间有一定的联系，可以产生联想和想象。表意文字是具有各种含义的字符的集合，例如汉字、阿拉伯数字。

汉字词在日语中被称为「漢語」，在日语词汇总量中占了极大的比重。而绝大多数的「漢語」是从中国借用的汉字词汇，或者是以中国的汉字词汇为基础创造出的和制汉字词汇。特别是明治时期之后，日本使用中国汉字知识对西洋著作进行翻译，从而创造出了大量的汉字词汇。正是由于这样密切的文化交流，现代日语中，仍存在着许多汉语中也使用的汉字词，例如"愛（爱）""山（山）""学生（学生）""研究（研究）"等，它们被称为中日同形词。

在历史上因为中日两国都分别对汉字进行过改造或简化运动，所以如今两国使用的汉字形态存在一些差别，也因此对于中日同形词至今还未有一个统一的定义。有研究学者认为："不追究单词的借用关系，中日两国在字面上为同一个单词，双方使用同样的汉字（不考虑简繁差别）[1]"是中日同形词的一个标准，也有学者将中日同形词定义为"就算文字改革使字体有差异，只要汉字的源头相同，同时在汉语和日语中存在的词语就可称为中日同形词[2]"。

二、中日同形词的分类

中日同形词的分类也受到了中日学术界的关注。日本文化厅出版的《中国語と対応する漢語》一书在出版之后便被众多研究学者引用并讨论。《中国語と対応する漢語》将当时（1978 年）的日语汉字词语与汉语汉字词词语相对应，分出了四个大类别：① 同形同义词（same）；② 同形近义词（overlap）；③ 同形异义词（different）；④ 汉语中不存在的日语词汇（nothing）。中日同形词则属于前三类：① 同形同义词（same）；② 同形近义词（overlap）；③ 同形异义词（different）。下面将举例介绍这三类词汇。

1. 同形同义词

同形同义词也被称为"Same 词"，将之定义为中日同形词中"中日两国语言中意义相同，或意思极其相近的词语"。比如"旅行""科学""学生"等都是中日同形同义词，在中日语言中拥有着相同的字形和相同的核心意义。

1 600 年前，日本开始汲取中国汉字知识时，大量借用了汉字的字形，同时引进了当时汉字所使用的含义。这一类词被传承至今，尽管有一些词语的发音有

---

① 大河内康憲.日本語と中国語の同形語［G］//日本語と中国語の対照研究論文集（下）.東京：くろしお出版，1992：179－215.

② 何宝年.「中日同形語」の定義［G］//愛知淑徳大学言語コミュニケーション学会言語文化（19），2011：35－49.

所改变,但这一部分从汉语中吸收的同形词仍然保留着汉语中原有的意思。而这样的中日同形词存在至今的根本原因正是在源远流长的中日文化交流中,日本对汉字原词义的运用和保留。另一方面,汉字作为表意文字,在词义发展以及继承方面具有相对稳定性,所以即使中日两国各自经历了文字简化改革运动,这一类词所表达的核心意思也是基本相同的。

中日同形同义词的存在对于中国的日语学习者来说,可以说是利大于弊。只需要注意对字形上的微小差异进行记忆,学习者就能很好地掌握这类词汇。

2. 同形近义词

同形近义词被定义为"在中日两国语言中,有一部分重叠意义,但是两者存在差异"的中日同形词。比如"紧张"就属于中日同形近义词。在中日两国语言中"紧张"共同含有"两国或者两者之间关系极度糟糕""表示心情不轻松,紧绷"的意思,比如"中日两国关系紧张""我现在很紧张"等在使用方法上是相同的,但是在汉语中又同时拥有"繁忙,时间不够"的意思。这种用法在日语中是不存在的,使得日语学习者常常受这样的同形词影响,造成"最近は仕事が緊張です(最近工作很紧张)"这样的误用。

这样的同形近义词在日语中数量不少,例如"左右""深刻""分配"等都是中日同形近义词的例子。这些词词义较单一,日语发音上音读的情况较多。而这种同形近义词的形成原因与两国的社会发展变化造成的词义转变或词义拓展等因素有关,它们在汉语中虽然拥有相似的含义,但是有些用法与汉语存在差异,因此不能掉以轻心,需要多加注意才能正确掌握所有用法。

3. 同形异义词

顾名思义,同形异义词为在中日两国语言中拥有完全不同意义的词。同形异义词中有名的例子有"手纸""勉强"等。日语中的"手纸"指的是"卫生卷纸",而"勉强"指的是"学习"。这些词语虽然保留着汉字的字形和构造,但是在日语中的意思与现代汉语完全不同,容易造成学习者的误解从而产生误用。

4. 语素相反词

除了以上列出的中日同形词,还有一种特殊的词汇类型吸引了研究学者的目光。它们被称作"语素相反词"。如"紹介""平和""制限""品物"等,这一类词语在中日语言中具有相同词义,但是字序颠倒,也让日语学习者产生混乱。

以上是关于中日同形词的四个分类的简单介绍。

三、中日同形词在日语习得中的利与弊

我们已经了解到日语中存在大量的中日同形词,那么对于中国的日语学习者来说,在学习日语的过程中,中日同形词的存在究竟是作为一种优势还是一种陷阱呢? 不同于非汉字文化圈的日语学习者,中国的日语学习者不需要从汉字的结构、汉字的写法等基础知识开始学习,这可谓是一大优势。但同时,正因为有如此之多的中日同形词存在,中国的日语学习者容易进入把日语同形词当汉语来使用的误区。即在使用中日同形近义词和中日同形异义词时,会因为汉字知识的干扰而产生许多误用,如不及时纠正甚至会"化石化",即形成一种固定的思维模式或延续一贯错误的用法,在今后的日语学习或使用过程中产生混乱。所以对于中国的日语学习者来说,千万不要认为字形一样的词所拥有的意义也相同,我们应该有意识地对中日同形词进行分辨,最大限度发挥拥有汉语汉字知识的优势,扎实掌握这些中日同形词的意义和用法。

第二节　传入中国的日语词汇

一、日语词汇传入中国的背景

日本进入明治维新时期之后,开始向西方学习,并大量翻译西方著作。西周、福泽谕吉、加藤弘之等明治维新时期的思想启蒙家在翻译西方概念时,进行了大规模的造词活动。甲午战争之后,大量的中国留学生赴日本留学,开始了大规模的翻译活动。由于日本在翻译西方著作时大量使用了中国汉字,而且这些汉字译文对于中国人来说比较容易理解,于是这些由汉字加工而成的日语词一经留学生之手传回国内便被广泛传播,并且其中很大部分至今仍被广泛使用。这些词语也被称为外来语。外来语包括"经济""民主""文学""自由""社会""电话""哲学"等如今我们司空见惯、耳熟能详的词语。近年来进入中国的汉字词汇还有"写真""过劳死""暴走族"等等。这些传入中国的"和制汉语"的由来吸引了众多研究学者的目光。甚至有人说"离开了日语外来词,中国人无法讲话",也有

人称现代汉语中八成的词都来自日语。然而事实上,中国与日本作为一衣带水的邻邦,由于历史原因和相近的地理位置,有着长期且密切的文化交流。因此,要判明某个词是从日本传入中国还是从中国传入日本实际上困难重重,对于某些汉字词的由来中日学术界之间仍然存在争论。

二、传入中国的日语词汇的种类

金(2005)参考各类中日汉字词汇的论著,对传入中国的日语词进行了如下分类[①]:

(1)日本式汉字词语(存在于日语中,而中国当时不曾使用过的汉字词)。

場合、場面、場所、舞台、道具、復習、必要、表現、克服、解決、故障、交通、命令、目標、内容、例外、連想、作戦、三輪車、申請、市場、症状、処女作、集団、出席、話題、要素、要点、茶道、立場、出口、読物

这些词语并不存在于当时的汉语中,属于在日本慢慢形成的汉字词,之后从日本传入中国,从而被广泛使用。其中有一些例如"場合""見習"等汉字词语是基于日语的发音和构词法而形成的。

(2)近代被改造的汉字词语(近代日本人在翻译欧美各语言中的词语时,结合古典汉语的意义并加以改造,而经过改造的汉字词语传入中国)。

这一类词看似从日本传入中国,实则在汉语古典文献中已有出处。例如"文学",于《论语》中可见出处,意思为"文章的意思";还有更多的例子比如"文明",于《易经》中可见出处;"文法",于《史记》中可见出处;以及"博士",为中国历代王朝中皆设有的官名,特指通晓古今知识的人才。

这一类汉字词中,有直接从中国古典文献中选取的意思极其相近的词,例如"学士""博士""自由""手段"等,也有从古典文献中引用,但是赋予了全新意义的词,比如"分析""故意""社会""支持"等词。由此可见,这一类传入中国的日语词

---

① 分类原文为日文,由笔者翻译。以下用例出典:金光林.近现代の中国語・韓国・朝鮮語における日本語の影響—日本の漢字語の移入を中心に—[J].新潟産業大学人文学部紀要,2005(17):111 - 128.

确实是因为日本翻译时的改造和使用而广为流传并传入中国的,但归根结底是参照中国古典文化知识而得来的汉字词。

（3）意译欧美的语言而得到的汉字词语（明治时期,日本将汉字组合,意译出欧美的语言[或者部分意译],而经过意译的词传入中国）。

> 馬鈴薯、美学、美術、微積分、直覚、調整、仲裁、抽象、代表、談判、断定、電力、動機、導火線、動向、独裁、独占、動脈、学位、学期、現実、現象、原則、下水道、軍事、法学、法医学、放射、医学、意志、自発的、人為的、人格

以上通过意译欧美的词汇而得来的汉字词基本以思想、法律、制度、科学等方面的用语为主。日本使用中国汉字来意译这些领域的专业术语达到了通俗易懂的效果,之后这些词汇由赴日的中国留学生通过翻译日文著作带回国内并得到推广。

三、如何看待"文化倒输入"现象

现在我们的日常用语中有很多这种来源于日本的词汇,这看起来似乎是一种通过语言大规模"进军"中国的"文化倒输入"现象,但实际上这种现象在促进中华民族的发展上起到了至关重要的作用。这些被创造出的新汉字词汇看似来源于日本文化,更早却是基于中国的汉字及古典文化,所以在这样难解难分的文化背景下,这些外来词更像是一种中日文化交流的象征,并且大大推动了中国思想现代化的进程。有学者这样评价名词术语:"这些日本汉字词是华夏民族走向世界、走向先进之列的必要条件。它们是大有功于中国,大有功于汉语的。"[①]而且传入中国的汉字词汇,也将汉语文化发扬光大,在文化传递过程中扮演了功不可没的角色。所以我们应该在尊重各种外来文化的同时,提高中国民族自信心,重视汉字文化圈相互依存的交流关系,珍惜并传承汉字这一笔宝贵的财富。

---

① 史有为.外来词:异文化的使者[M].上海:上海辞书出版社,2004.

第三节　中日词汇的意义对比^①

一、汉语成语中窥见的现代日语的意义

很多日语词的意义看似是被赋予了新的意义,实际上在古代汉语知识中有迹可循。比如说日语的"湯"是"热水"的意思,与如今现代汉语中的"汤"意义有所差异。但实际上,从中国的成语中能发现这些日语词所取的意义也曾在古代汉语中被使用。比如"赴汤蹈火"中的"汤",正是"热水"的意思。还有"扬汤止沸"中的"汤"也是"开水"的意思。《孟子》中也有"冬日则饮汤,夏日则饮水"的句子。除此之外,还有表示"跑步、疾驰、逃走"之意的日语词"走る",看似与现代汉语中的"行走,离开某地"的意思不尽相同,但实际上在汉语中的四字成语上,也能观察到与日语相同的意义。例如,成语"走马观花""走为上计"中的"走"就含有"让马奔驰、逃走"等意思。由此可以推测,日语词中的汉字沿用了古代汉语的意思,而汉语在时代变迁中,语义发生演变,造成了如今部分日语汉字词与现代汉语意思上有所出入的现象。

二、惯用语中窥见的现代日语的意义

在汉语的惯用语、俗语中也可以窥见现代日语保留的意义。比如如今日语"聞く"的含义多为"听、问",而这样的意义在现代汉语中极少使用。但可以发现,"望闻问切""百闻不如一见"等惯用词中"闻"的用法正是"听"的意思。通过这些惯用语、俗语,我们可以更好地理解与现代汉语中汉字含义不同的日语词的意义和用法。汉字源于中国,中国的日语学习者应该积极发挥自己所拥有的汉字知识,来更好地理解和掌握日语。

三、中日词汇意义的用法对比

在中日词汇的各种类型中,还有一种较难掌握的词汇。这种词汇中心意义

① 此小节转写自荒川清秀(2018)《日中汉语的生成与交流、受容——汉语语基的意义与创词力》:324 - 327.

看似相同,但因中日文化的差异等原因在词汇使用上需要多加注意。比如"猜"字,对中国人来说,更多是含有"推测"的含义,比如在"猜测""猜谜"等词中,单纯表示推测的意义。但是对于日本人来说,"猜"这个汉字的含义更偏向于"怀疑"。甚至最常用的只有"猜疑心"这一个日语词。实际上在汉语的书面语中也有表示"怀疑"之意的词语,比如"猜忌""猜疑""两小无猜"等。因中日文化背景以及语言演变历史的不同,中心意思相同的词也会产生意义的偏差。其他的例子还有"谋"字,在日语中以表示中性词义的"無謀"以及表示负面词义的"謀略""謀殺"等词为主,而在汉语中除此之外还有"谋幸福""谋福利"等正面积极的词义用法。

第四节　中日惯用语及谚语对比[①]

一、汉语谚语与日语谚语

汉语中,谚语大部分为五个字以上组成,有时由两个短句组成。汉语谚语,如"千里之堤毁于蚁穴""条条大路通罗马""青出于蓝而胜于蓝"等,有的由典故而来,有的为民间所创世代相传至今。可以说中国的谚语富含了前人的智慧。

而在日语中,谚语被称为"ことわざ(諺)"。大部分日语的谚语来源于中国的谚语,也有部分日语的谚语来源于中国的四字成语,经过演变产生四字以上的语句,如"覆水难收"相对应的日语谚语为"覆水盆に返らず",这句谚语与中国成语意思相同,比喻一段关系无法挽回(特指夫妻关系)。以下举出三例中国人耳熟能详的汉语谚语以及与其相对应的日语谚语。

说曹操,曹操就到→噂をすれば、影がさす

三个臭皮匠,赛过诸葛亮→三人よれば文殊の知恵

昙花一现→朝顔の花一時

这三个例子并不是汉语谚语的直译,而是以日本文化背景为基础创造出来

---

① 此小节参考冲森卓也等《中国语与日语》125 页。

的日语谚语。比如(3)"朝顔の花一時"中的"朝顔"指的是"牵牛花",牵牛花在早晨盛开,但是在太阳出来不久后就闭合,这里的"一時"指的是暂时,表示时间短暂。所以这句"朝顔の花一時"与汉语谚语的"昙花一现"意义相同,都表示稀有珍贵的美好总是转瞬即逝的意思。

二、日语熟语与中国四字成语

日语中还有一种词语被称为"故事成语",这一类词汇来自中国的四字成语。比如中国的四字成语"卧薪尝胆""晴天霹雳""塞翁失马""杞人忧天"在日语中分别对应为"臥薪嘗胆""青天の霹靂""人間万事塞翁が馬"和"杞憂"。可以看出日语从中国成语中借用词汇的方式,不仅有"臥薪嘗胆"这样与中国成语汉字一一对应的例子,也有如"人間万事塞翁が馬"这样由汉语的四字成语演变成谚语的例子。

众所周知,语言在历史洪流中是不断演变发展的,而这些借用自汉语成语的日语词的意义,也发生了一些差异和变化。比如"完璧归赵"在汉语中主要表示"归还"的意思,而相对应的日语词"完璧"的意思已经演变成"完美的样子,完全的样子"。类似的例子还有与汉语四字成语"七颠八倒"相对应的日语熟语"七転八倒"。汉语中的"七颠八倒"着重于精神层面上的凌乱与混乱,与"晕头转向""颠三倒四"的意义相近。而日语的"七転八倒"特指因痛苦而辗转反侧,因苦痛而扭曲的意思。

除此之外,日语中还有一些来自日本文化的四字熟语。例如"一期一会",原本是来自日本茶道,是由"一期に一度の会"而来的茶道心得,原表示每次茶道都应该报有一生都只有一次的心情,主客都应诚心诚意对待,后发展为人生中很多机遇都是一期一会,应珍惜仅此一次的机会认真对待之意。

第五节　中日谐音文化

一、汉语中的谐音文化

说到汉语中的谐音,有一些我们司空见惯的例子。比如"妻管严(气管炎)""海龟一族(海归一族)",还有多年前曾经流行一时的蚊香广告中的广告词"默默无蚊（默默无闻）"。甚至在文学作品中也很常见，如中国唐朝诗人刘禹锡的"东边日出西边雨，道是无晴却有晴"一句就是借"晴"和"情"的同音达到双关的效果。这些例子都是在玩"语言游戏"，利用汉字发音的相似性而创造出一些充满创意的新词或者用法。还有很多利用同音同字来表达不同意思的例子。比如古代给久别故乡的人送去"当归"，意为劝他应当归来。

而近年来网络用语的流行，更是发展壮大了汉语的谐音文化。比如大家熟知的"520""521""886"等用数字替代文字的用法。甚至在告白时也倾向于使用"1314（一生一世）"等数字来表达情感不变的意思。

谐音文化在制造喜庆气氛方面可以说也有独特的贡献。春节倒着贴"福"字，称"福到了"；年夜饭吃鱼，称"年年有余"；结婚时送上"红枣、花生、桂圆、莲子"寓意"早生贵子"，等等。而另一方面，谐音文化也会导致一些特殊的"忌讳"，例如避讳"4"这个数字，因为与"死"发音相似，或者恋人之间不分着吃梨，因为"分梨"与"分离"同音，还有中国人之间忌讳送他人钟表（"送终"）或者送鞋（"送邪"），等等。不过有些忌讳随着时代的发展也有所变化，不在意这些忌讳的人也多了起来。

总之，汉语的谐音文化是汉语语言现象的重要表现形式之一，丰富的谐音文化，可以称得上是汉语文化中的一种艺术。

二、日语中的谐音文化

先说关于数字的谐音文化。与汉语一样，日语中的"4"发音也与"死"相同，在座位以及酒店的房间号的选择上也会有所忌讳。此外，日语中"9"的发音与"苦"相同，所以与中国人喜欢用"9"表示"长长久久"不同，日本人有回避"9"的倾向。

日语中也经常使用谐音来达到讨喜庆讨彩头的目的。例如日本人喜欢在节庆时吃鲷鱼（タイ），因鲷鱼的日语发音为"たい"，隐喻日文"めでたい"即"恭喜"之意。以及以"昆布（こんぶ）"来隐喻"よろこぶ（高兴）"之意，这些都是通过使用谐音来达到图吉利的目的。

除此之外，近年来许多学生在参加考试前，都会去购买 KitKat 牌子的巧克力饼干，因为 KitKat 的日语发音与"きっと勝つ（必定胜利）"相似，以此来寓意有一个好兆头。再有去神社参拜的时候需要先投硬币，被称为"赛銭（供奉金）"，日本人倾向于投"五円"硬币，因为与"ご縁"（缘分/姻缘）的发音一样。

第六节 日语的缩略语文化[①]

在世界上的语言中,日语是一种特别的语言体系。与印欧语系大多使用拉丁字母不同,日语的文字是由平假名、片假名、汉字、拉丁字母多种形式组成的。自然而然,缩略语方面较其他语言来说也更加多样化。日语的缩略现象中有一些词很容易理解,但也有一些词虽已广为人知却难以溯其原型。那么日本的缩略语有什么样的种类和特征呢?

一、日语缩略语的类型

"パソコン"是日语初学者也会接触到的单词,意思为电脑。它是"パーソナル・コンピューター(personal computer)"的缩略语。将原本很长的单词缩略为较短的单词,符合语言的变化规律。日语中对于电脑的称呼一直在变化,以前曾经称其为"マイコン",也就是"マイコンピュータ(my computer)",后来曾一时称其为"オフコン(オフィスコンピューター)"。如今虽然"パソコン"也在广泛使用,但是使用更短的"PC"来指代电脑的人也越来越多。因为日语中使用了许多来自英文的外来语,转写为片假名时,有时会成为很长的单词。为了提高语言交流的效率,这些单词自然而然地转变为缩略语。除了"パソコン",通过以下例子也可以发现,将长单词缩略为四字的片假名单词是一个规律。

プレゼン(プレゼンテーション)	发表、演讲
リハビリ(リハビリテーション)	复健
バイリン(バイリンガル)	双语者
スーパー(スーパーマーケット)	超市

以上的四个例子都为"ABCD缩略语",也就是取原单词的前四个假名来组成新的缩略语单词。除此之外还有"ABab"方式的缩略语,也就是从由两个单词

---

① 本小节内容部分参考藤井青铜(2006)。

所组成的原单词中,分别取其前两个假名来变成缩略语。这样的例子有:

エアコン(エアー・コンディショナー)　　　空调
デジカメ(デジタル・カメラ)　　　　　　相机
トレパン(トレーニング・パンツ)　　　　运动裤

　　除此之外,还有"ABxx"形式的缩略语,也就是前两个假名取原单词的前两个假名,但是后两个假名从原单词中随机选取,也是一种趣味十足的缩略方式。比如有以下的例子:

フリーター(フリーアルバイター)　　　　自由职业者
エンタメ(エンターテインメント)　　　　娱乐(节目)

　　最后,还有一些取单词最后的假名来变成缩略语的例子。

サテン(喫茶店)　　　　　　　　　　　咖啡店,饮茶店
バイト(アルバイト)　　　　　　　　　打工
ブログ(ウェブ・ログ)　　　　　　　　博客
のて(山の手)　　　　　　　　　　　　山手线

二、年轻人用语

　　有名的世界快餐连锁店"麦当劳"在日语中是怎样被缩略的呢？首先,日语的麦当劳写作"マクドナルド",它的缩略语方式根据地区不同也会有所差异。在东京大多被称为"マック",而大阪人称之为"マクド",可以发现东京和大阪的文化差异使得对同一个单词的缩略方式也产生了差别。其中有"大阪人更喜欢浊音""マクド和大阪常用的打招呼用语まいど发音相近"等说法来解释为什么大阪人使用的是"マクド"。不过在这方面更值得探讨的是,如前文所述,日语习惯将长单词缩略为较短的四字假名,但在对品牌名称或者店名进行缩略时又常常习惯缩略为三字假名。其他例子还有ミスド(ミスタードーナツ)、セブン(セ

ブンイレブン)等等。

ケンタ(ケンタッキー・フライド・チキン)	肯德基
スタバ(スターバックス)	星巴克
ドンキ(ドン・キホーテ)	堂吉诃德(商店)
メアド(メール・アドレス)	邮箱地址

除了以上的单词,日本年轻人近年来将长句子缩略为短单词进行交流的现象也日益增多。比如有以下例子,

あけおめ(あけましておめでとうございます)
ことよろ(ことしもよろしくお願いします)
メリクリ(メリー・クリスマス)

其中,"あけましておめでとうございます"在日本是过新年时候的祝福语,类似汉语的"新年快乐"。"今年もよろしくお願いします"意为"今年也还请多多关照"。一般在年份转换,新年初始时,日本人见面都会说这一句话"あけましておめでとうございます。 今年もよろしくお願いします",因为是一个熟悉的长句,近年来日本年轻人把它缩略为"あけおめ,ことよろ",甚至社交网络上也出现了这两个短语的表情包,足以见其已经被广泛使用。而我们熟悉的"メリー・クリスマス(圣诞节快乐)"近年来也被日本年轻人缩略为"メリクリ"的形式来使用。

三、日语的汉字词缩略语

以上的缩略语大多是由从欧美等国传来的外来语缩略而成,那么日语中汉字词汇的缩略语有哪些呢。首先从我们熟悉的大学名称的缩略语开始来看吧。就像中国的各所大学有各自的缩略名称一样,日本的各所大学也有属于自己的缩略名称。比如当年鲁迅留学过的位于仙台的东北大学也被称为"東北大"。而大家熟悉的早稻田大学,也被称为"早大",东京大学称为"東大",等等。以下是其他大学的缩略名称的例子。

京大　（京都大学）

坂大　（大阪大学）

本女　（日本女子大学）

还有一些日语汉字词的缩略语如下。（下划线为取出成为缩略语的字）

就活(就職活動)　　　　　求职活动

取説(取扱説明書)　　　　操作说明书

遠恋(遠距離恋愛)　　　　异地恋

百均(百円均一)　　　　　一律百元店

携番(携帯電話番号)　　　手机号码

国対(国会対策委員会)　　国会对策委员会

議運(議院運営委員会)　　议院运营委员会

国鉄(日本国有鉄道)　　　日本国有铁道

万博(万国博覧会)　　　　世界博览会

可以发现这一类的缩略语基本是取原词中的两个汉字进行替代缩略。与前述的假名缩略语的"ABab"形式类似,即都是取组成原单词的两个单词的第一个汉字进行组合。

从目前的缩略语来看,其最大的生产者其实是年轻人。而在年轻人中,大学生群体也会较多地使用缩略语,所以很多缩略语常常带有大学生特征或者与大学生生活相关,比如"就職活動""遠距離恋愛"等。还有把"学生食堂"缩略为"学食",扩展到公司食堂的"社食(社員食堂)"。这些缩略语提高了日常交流的效率,在当今繁忙社会也可以说是应运而生。

四、日语中的英文缩略语

日语中的一些英文缩略语也在汉语中使用。这些缩略语都是用取原英文单词的首字母的方式进行缩略,相对来说比较容易理解。

CEO(Chief Executive Officer)　　　首席执行官

ATM(Automated Teller Machine)	自动取款机
GPS(Global Positioning System)	定位导航仪
CM(Commercial Message)	商业信息
MC(Master of Ceremony)	司仪

除此之外,还有日语独有的英文缩略语,例如大家熟知的日本电视台"NHK",实际上是取了"日本放送協会"的罗马字"NIPPON HOSO KYOKAI"的各个首字母组合而成。下面的例子也是采用了相同的缩略方式:

SKD(松竹歌劇团- Syoutiku Kageki Dan)	松竹歌剧团
DHC(大学翻訳センター- Daigaku Honyaku Center)	日本企业名

还有一些缩略语大家很熟悉,但很少有人知道它们是由什么词缩略而成,甚至不知道它们是缩略语。例如电脑品牌"東芝",以及制作了很多动画电影的公司"東宝"等,它们相对应的原词如下。

東芝	東京芝浦電気
東宝	東京宝塚
東陶	東洋陶器

正如本小节的开头提到过的,日语文字同时拥有拉丁字母、汉字、假名等多种形式,这使得日语中的缩略方式多种多样,缩略语的使用也极为广泛。而掌握一些常用的缩略语,也是掌握日语的一个重要途径。了解日语缩略语的缩略方式有助于日语学习者在语言使用上更加自然更加地道。

第七节　中日敬语文化

我们都知道,表达敬意的方式多种多样,可以通过抬高对方的身份来表示尊敬,也可以通过谦虚或者贬低自我的方式来传达敬意。日语的敬语比较系统化,一般分为"尊敬語""謙譲語"和"丁寧語"。与日语敬语体系不同,汉语没有对应礼貌体"です/ます"的语态,大多是通过称呼、特定的接头词以及说话语气或态度等方式来表达尊敬之意。以下分别从称呼、变换词语用法、接头词、句式使用方面来对比中日敬语文化。

一、称呼

日语中以第一人称出现的敬语现象较少,最常见的是在正式场合或者面对长辈时把第一人称的"私(わたし)"变为自谦形式的"わたくし"。称呼他人时,日语会将"さん""様""殿"等接在对方的名称后面表示尊敬。例如"鈴木様""社長殿"。而中文中通常使用第二人称中的"您"来表示尊敬,例如"明天您来吗?"一句中通过"您"来表达敬意,如去掉第二人称的"您",就变成失去敬意的"明天来吗?"。相反在日语中,如果直接使用第二人称反而会降低尊敬的程度,像"明日、いらっしゃいますか"这样省略掉第二人称,使用"来る"的敬语"いらっしゃる"的方式才是最常用的敬语表达。相同的用法还有"どうぞ、ご覧ください""どうぞ、おかけください",等等。

另外,汉语中对于社会各阶层的称呼方式较严格。首先,职场的称呼一般以职位为主,有"主任""科长""局长""部长""书记"等称呼。在职务之前通常会加上姓来表示尊重,比如"刘主任""张局长",等等,如果是副局长、副主任也习惯性省略"副",一般统一称呼为"局长""主任"来表示敬意。其次,在学校,对老师、教授、辅导员的称呼也一般遵循"姓+职称"的形式,比如"孙老师""中山老师""王教授"等。除此之外,在问路时,习惯性地称对方为"师傅""同志(如今比较少用)"来表示对对方的尊敬。

在人称代名词的使用上,"您"是使用频率最高的表示敬意的人称代词。比如向长辈问好时,一般使用"您好"而不是"你好"。以及"您请坐""您请喝茶"这样加上"请"来表达对对方的尊敬。还有,"您"之后加上"老"或者"老人家"这样的用法属于最高级的表达敬意的方式。例如"高叔叔,您老也来了""让您老人家受苦了①"等,通过称呼的变化来体现敬意是汉语中常用的敬语表达方式。

---

① 用例出典:沖森卓也·蘇紅.日本語ライブラリー中国語と日本語[M].東京:朝倉書店,2014:90-94.

二、换词用法

换词用法指的是通过使用特定的词语来替换原来的词语,以此来表达敬意。比如中国人忌讳"死"字,汉语中会使用"去世""走了""逝世""过世"等词替代。再有询问长辈或者高龄者的年龄时,会使用"高寿""贵庚"等词来替代稍显失礼的"多大""几岁"。向外人提及自己的伴侣时,以"夫人""丈夫""爱人""妻子"等来替代"老婆""老公"的称呼。

除此之外,动词的用法也有讲究。最普遍的就是使用"请"来替代"让""叫",以减轻对方压力表示敬意。还有平时常用的"读"也可使用"拜读","见面"也可以使用"拜见""接见"等表达方法。

日语中相对应的敬语词汇已经非常系统化,对于日语学习者来说,只要掌握词语的对应关系,就能很好地运用日语中的敬语。比如日语"行く/来る/いる"相对应的敬语形式为"いらっしゃる";"する"对应"なさる";"言う"对应"おっしゃる";"见る"对应"御覧になる";"くれる"对应"くださる";"食べる/飲む"的敬语形式是"召し上げる",等等。除此之外,还有"うまい—おいしい""食う—食べる"这样的对应关系,通过美化用语来表达敬意。日语也保留了汉语中的"愚""拙"等自谦的用法,举例来说,"拙者""愚問""愚見"等词仍在使用,具有通过降低说话者的姿态,向对方表达敬意的作用。

三、接头词的敬语用法

汉语中使用频度较高的用于表现敬意的词有"高见""贵姓""惠顾""大作"等,而加入接头词表示谦逊的词有"拙著""拜托""鄙人""愚见"等。在句式构造方面,汉语中会使用"能不能""是不是",或在请求之前加上"如果可以的话""可能的话"来缓和语气。类似的用法还有在结尾加上"好吗?""可以吗?"等问句。还有为了让语气变得更委婉,汉语中会在表达自己的想法时以"我觉得好像""我想"等句式开头,比如"我觉得好像不是你想的那样""我想他可能不是故意的"。汉语中经常采用改变句式的方法来缓和语气,以达到在沟通中表示敬意或者表示关照对方的目的。

与汉语类似,日语中也有一种通过接头词来表示敬意的语言现象,称为"美化語"。一般只能接在名词前。比如美化词"お·ご(御)"接在名词前的例子"お墓""ご飯""お家",旨在通过美化名词使语言更加雅致,从而间接表达对对方的尊敬。

日语中的敬语体系规模较大,除了以上提及的称呼、词语互换、美化语的形式,还能通过使用敬语句式的形式来达到表达敬意的目的。例如一些固定的敬语句式(语法):"お＋五段动词/一段动词连用形＋になる""お＋五段动词/一段动词连用形＋ください"等。日语的敬语在生活中使用频率非常高,甚至出现了过度使用的现象,这也引起了日本社会的广泛探讨。

第八节 结 语

本章从词汇交流以及语言使用等方面比较了中日语言文化的异同。自古交往密切的中国和日本在语言文化上有密不可分的联系,既有相似性,也有差异性。日本的语言文化吸收了中国的汉语汉字文化,同时也推动了汉字体系的发展。如今的汉语中也保持着高度的包容性,吸收并接纳了大量来自日本的汉字词汇及其用法。充分了解中日语言文化的差异,不仅有利于日语学习者正确和自然地使用日语,也有利于日语学习者了解日语与汉语背后的语言文化。中日语言文化的比较研究,对中日双方都具有深远意义。

思考题

1. 请思考以下日本谚语相对应的汉语成语或谚语,并试着体会中日文化的异同。

   (1) 愚者も一得 (2) 玉に瑕(たまにきず) (3) 青菜に塩(あおなにしお)

2. 曾经有一个日本人冬天来中国旅行。他非常想要一杯热水来暖暖身子。他走进一家便利店,因为他不会中文,所以只在纸上写"お湯"。他以为写了汉字至少中国人能看懂。没想到店员一头雾水。因为现代汉语中的"汤"指的是英文的"soup",是"食物加水后煮出来的液体"的意思,而日语沿用了古代汉语中"热水"的意思(以及洗澡水、澡堂、温泉等意思),于是就有了这个沟通失败的例子。试着回想一下,是否你身边也发生过,或者听说过因为汉字意思不同而导致沟通失败的例子。

3. 请找出以下词语中的中日同形异义词(使用的汉字相同但意义不同),并谈谈这些中日同形词在日语中的含义。

艺术　大家　心地　阶段　输入　失败　合同　大手　莫大　人气化学

4. 判断下列句子中中日同形词的用法是否正确。

(1) 勉強する事の<u>圧力</u>はとても<u>重い</u>です。

(2) 時代が変わるにしたがって、生活<u>水平</u>高くします。

(3) 重要なご連絡事項がございましてご<u>連絡</u>しました。

5. 下面列出的日语四字熟语与对应的汉语成语在意思上有出入,请说出它们的差异。

(1) 一刀両断(いっとうりょうだん)

(2) 落花流水(らっかりゅうすい)

(3) 八面玲瓏(はちめんれいろう)

6. 思考并查找以下的日语缩略语是由哪些单词变化而来的。

(1) イラスト　　(2) 日サロ　　(3) ポテチ　　(4) イルミ

(5) コーデ　　(6) コスメ　　(7) エステ　　(8) アクセ

(9) イケメン

第三章

中日文学的比较

文学是社会意识形态之一，是运用虚构和想象，通过语言塑造形象，反映社会生活，表达思想情感的艺术形式。"文学"一词最早见于《论语·先进篇》中的"文学，子游、子夏"句，北宋邢昺（932—1010）在《论语疏注》中将这句话解释为"若文章博学，则有子游、子夏二人也"。孔子按才能把学生分成四类，即德行、言语、政事、文学，后世称为"孔门四科"。这里的"文学"意为通晓许多古今文献和学问，而不是指现代意义上的文学。

作为与英语"literature"对应的译词，现代意义上的"文学"一词最早由日本哲学家西周（1829—1897）所使用，后传入中国。在此之前，中国用"文""文章""文艺"等表示文学。先秦时期，"文"与"学"是不分的，《论语》称"博学为文"，也没有单独的文学概念，一切用文字写成的作品都属于文学，魏晋以后才逐渐将文学作品单独列出。经、史、子、集中的"集"就是指诗词文的汇编。中国古代将文学作品分为韵文和散文两大类，现代通常将文学分为诗歌、散文、小说、戏剧等四大体裁。中国文学拥有三千年历史，对同为东亚汉字文化圈的日本产生了深刻的影响。本章将从中日文学的相互影响关系、中日文学的差异性比较等方面对中日两国的文学传统和主要特征进行对比。

第一节 中日文学的相互影响

一、古代汉文学对日本文学的影响

日本文学从第一部成书的作品《古事记》（712 年）算起，已经有一千三百年的历史,而在这之前则主要是歌谣、神话、祝词等口头传诵文学。中国大陆文字的传入,使日本文学进入了文字记载阶段,同时,随着中国书籍的传入,儒家思想和佛教也传入了日本,对日本文化和文学都产生了重要影响。

和日本文化善于吸收外来思想一样,日本文学在一千多年的发展过程中,也融入了外来文化的成果,在古代,则主要是受到中国文学的影响。以《古事记》《万叶集》《怀风藻》等为代表的日本古代书面记载文学出现在公元 8 世纪左右,即中国的盛唐时期,此时的中国文学已经有一千余年的历史。日本古代文学可以说从一开始便渗入了中国文化的要素,《万叶集》等最早期的作品即是用汉字表记的,称为"万叶假名"。传入日本的中国历代文学作品的数量不计其数,司马迁、陶渊明、李白、杜甫、白居易、苏东坡等文学家在日本家喻户晓,《诗经》《楚辞》《论语》《三国志》《文选》《玉台新咏》《游仙窟》《长恨歌》等文学作品(集)在日本得到广泛传播和阅读。

日本的第一部诗歌总集《万叶集》(759 年)编纂于 8 世纪中期,其中收录了一首山上忆良(660—733)的《在大唐时忆本乡作歌》,这是日本遣唐使在中国所作的最早的和歌,也说明日本文学从《万叶集》开始便与中国有着千丝万缕的联系。《万叶集》的文艺思想和编选体例上可以看出是受到南朝梁太子萧统(501—531)所编《文选》的影响。从日本现存最早的汉诗集《怀风藻》(751 年)的很多作品中,可以看出受到中国六朝至初唐诗风的影响,其中大部分为五言诗,多为宴会或游览时所作,常借用儒道老庄典故,文风浮华,讲求对仗。《凌云集》《文化秀丽集》《经国集》(约 806—833)等三部敕撰汉诗集,仍然处于模仿中国汉诗的阶段,作品大多缺乏独创性。白居易(772—846)的诗歌作品在日本的影响最大,成为日本汉诗文创作的典范。平安中期的歌谣集《和汉朗咏集》(约 1013年)收录了日中文人创作的汉诗 580 多首,其中出自《白氏文集》的白居易诗就达137 首。

不光汉诗文这样本来就来自中国的文体,像"说话""物语"这种日本本土的文学体裁照样深受中国文学的影响。平安后期的短篇故事集《今昔物语集》分天竺(印度)、震旦(中国)、本朝(日本)三部分,不仅"震旦"部分的内容全部取材于中国,"天竺"部分也是间接从汉译佛经和中国佛教书籍中取材,"本朝"部分的佛教故事也多受中国的影响。到平安末期,还出现了专门的中国题材短篇物语集《唐物语》。成熟于 14 世纪的日本古典戏曲"能乐"流传下来的 240 种剧本中,取材自中国的占到百分之十。

在小说、随笔等作品中,对中国作品的"翻版"和引用难以计数。在一些文学作品中,依稀可以看出中国文学的影子,处处可见对中国文学"移花接木"式的模仿和吸收。如《源氏物语》(约1005年)"桐壶"卷中桐壶帝与桐壶更衣的爱情描写,就明显可以看出是对白居易《长恨歌》中唐玄宗和杨贵妃爱情故事的模仿;清少纳言(966—1025)的《枕草子》(约1001年)中有多处白居易诗歌的引用或运用,如"香炉峰的雪"一段即受到白诗"遗爱寺钟欹枕听,香炉峰雪拨帘看"的启发;《徒然草》(1330年左右)的作者吉田兼好(1283—1350)同样具有很高的汉文学造诣,作品中随处可见《文选》《孟子》等中国经典的引用,徜徉在儒释道的世界;江户时代的松尾芭蕉(1644—1694)爱读李白、杜甫的诗歌,其《奥州小道》开头一句"月日は百代の過客にして、行かふ年も又旅人なり"(月日者百代之过客,来往之年亦旅人也),即来自李白(701—762)的《春夜宴桃李园序》中的"夫天地者,万物之逆旅;光阴者,百代之过客";国民作家夏目漱石(1867—1916)的小说《草枕》中引用了陶渊明(352—427)的"采菊东篱下,悠然见南山"以及王维(701—761)的"独坐幽篁里,弹琴复长啸。深林人不知,明月来相照"等诗句。

日本江户时代的"读本小说"大量翻改《水浒传》《剪灯新话》《三言二拍》《聊斋志异》等中国明清小说,如泷泽马琴(1787—1848)的《南总里见八犬传》就明显受到了《水浒传》的影响。近现代作家中,众所周知的森鸥外(1862—1922)、幸田露伴(1867—1947)、芥川龙之介(1892—1927)、中岛敦(1909—1942)、井上靖(1907—1991)、司马辽太郎(1923—1996)、陈舜臣(1924—2015)的众多作品都是取材于中国历史或传说。此外,土井晚翠(1871—1952)的新诗,长与善郎(1888—1961)、菊池宽(1888—1948)、武者小路实笃(1885—1976)的新剧要么深受中国文学风格的影响,要么以中国题材为主。

对于古代日本的贵族知识分子来说,掌握汉文学,写作汉诗、汉文是不可缺少的素养,直到明治时期,日本的知识阶层和作家仍能写作汉诗文,如文豪夏目漱石和森鸥外均能写出出色的汉诗。直到今天,日本的中学国语教材中必定要选入中国古典文学作品,几乎人手一册的教养书籍《国语常识》(或叫《国语便览》)中,必然设有"汉文篇",介绍中国古代文学史、思想史和重要作家作品,以及汉诗文的基本知识。日本民族已经把汉文学视为自身文学的一部分,当成"国语"来学习,可见古代汉文学对日本文学的影响之深远。

二、近代以来日本文学对中国文学的影响

日本书面文学的起步比中国以《诗经》为代表的最早的书面文学晚了一千余年,近代以前的日本文学深受中国文学的影响,而到 19 世纪中期,中日两国文学达到了大致相当的水平。明治维新以后,由于学习接受西方文艺思潮,日本文学先于中国跨入了现代文学行列,中国文学转向接受和借鉴日本文学。

中国近现代文学史上的许多主力人物和重要作家都曾长期赴日留学或在日本生活,深受日本文化和文学的影响,他们后来成为中国现代文学的中坚力量。像我们耳熟能详的黄遵宪、梁启超、章太炎、王国维、苏曼殊、李叔同、陈独秀、李大钊、鲁迅、周作人、郭沫若、欧阳予倩、田汉、郁达夫、成仿吾、张资平、丰子恺、章克标、陶晶孙、夏丏尊、谢六逸、郑伯奇、王独清、冯乃超、刘呐鸥、周扬、胡风、夏衍等,能够举出姓名的有一百多人。这一批批留日作家成为中国现代文学接受日本影响的媒介和桥梁。

可以说,中国现代文学,尤其是 20 世纪三四十年代以前的文学思潮和文学运动,都是在日本文坛的直接引发和影响下形成的。例如,中国晚清维新派的启蒙主义思潮与"政治小说",近代的白话文运动,"五四"时期"人的文学"观念的形成,二十年代后期的革命文学运动,三十年代前后的新感觉派文学等,最初都是受到日本文坛的促发和启示。

1898 年,戊戌变法失败后,梁启超(1873—1929)逃亡日本,在赴日途中的轮船上,梁启超偶然读到一本日本的政治小说《佳人奇遇》,随后将其翻译发表在《清议报》上。日本政治小说因与清末中国知识分子开发民智、维新改良的理想相契合,受到普遍欢迎,引发了一场政治小说热潮。1902 年,梁启超亲自创作了一篇政治小说《新中国未来记》。在梁启超等的提倡和创作示范下,在小说界掀起了一场声势浩大的革命,人们对于小说的认识发生了巨大的转变,小说的地位得到了前所未有的提高。当时,称这种不同于传统的小说为"新小说"。日本启蒙文学者的新的小说观,给予社会转型期的中国文学以巨大的启示。可以说,日本的政治小说引发了中国小说界革命,而日本的启蒙诗歌与新剧则为中国的诗界革命与戏曲改良提供了参照。此外,日本启蒙文学时期的"文体改良"与"言文一致"运动则引发了中国的文界革命,对中国近代白话文运动产生了推动作用。

不过,中国的启蒙主义者对于小说的看重,主要不是看重小说本身,而是看

重小说的政治功用。由于政治小说的功利化走向了极端,到五四时期,文学开始由"国家文学""政治文学"向"人的文学""人情文学"转变,由政治宣讲式文学向写实文学转变。而这一过程中主要是受到日本白桦派文艺理论和坪内逍遥(1859—1935)《小说神髓》的启发和影响。

白桦派因1910年创办的同人杂志《白桦》而得名,主要代表作家有武者小路实笃、志贺直哉、有岛武郎等。他们高举人道主义旗帜,尊重个性与生命创造力,试图重新调整个人与人类的关系。白桦派的思想引起了周作人的兴趣,周作人将白桦派的思想和作品介绍到中国,引起了鲁迅、胡适、郁达夫等人的共鸣。在白桦派的直接或间接的影响下,对晚清以"国家"为中心话语的政治文学的批判和超越,对个性自由的呼唤成为五四前后文学的一种潮流,催生了以"人"为中心话语的文学的出现。

在由政治文学向人情文学转变的过程中,日本近代最早的文学理论著作《小说神髓》在理论上起到了重要的启发作用。《小说神髓》发表于1885年,坪内逍遥为了反对江户时期"劝善惩恶"的小说观和明治初期的政治文学,提出小说的主导应该是人情,主张"如实模写"。《小说神髓》的理论倡导使日本文学走出了政治文学的误区,走上了人情写实的道路,为日本近代文学开辟了新的航路。1918年4月19日,周作人(1885—1967)在北京大学做了题为"日本近30年小说之发达"的演讲,这次演讲可以说是继梁启超以后发出的向日本文学学习的总动员。周作人在演讲中对坪内逍遥的《小说神髓》进行了系统的介绍,提出了其在中国新文学的转型和发展中的可能性意义。此后,这一理论和方向迅速得到了五四文坛的认同,使得五四文学创作不再如晚清文学那样,偏重于对社会政治生活的描写及政治话语的张扬,而是以人的喜怒哀乐之情为基本内容。周作人倡导《小说神髓》的写实主义文学观,否定小说的劝善惩恶功能和政治说教倾向,纠正了梁启超小说革命以来的文学弊端,为构建中国新文学的方向提供了基本的理论支撑。

创造社是中国"五四文学"的重要生力军,前期创造社成员郭沫若、郁达夫、张资平、田汉、郑伯奇、陶晶孙等均有留日经历,他们的创作深受日本唯美主义文学的影响。前期创造社与日本唯美主义都主张文学的超功利性,在创作上,前期创造社也表现出与日本唯美主义文学相似的特点,如热衷于展示主人公病态的美感与行为,总体格调颓废感伤。虽然日本唯美主义文学是作为反自然主义文学而出现的,但前期创造社的创作往往是受到唯美主义和自然主义的综合影响。

例如,题材的自我经验性、自我告白的行文方式、暴露现实的悲哀、官能描写、颓废忧郁等,又是对日本自然主义文学的一种传承。只不过,同样是告白,前期创造社的作品背离了日本自然主义文学忏悔式的告白,而将告白转换为对社会和时代的呐喊。这从郁达夫(1896—1945)的《沉沦》与田山花袋(1872—1930)的《棉被》的对比中可见一斑。

除了前期创造社的文学,中国的无产阶级文学也是在日本的无产阶级文学的深刻影响下产生的。日本的无产阶级文学运动始于 1921 年创刊的《播种人》杂志,而中国无产阶级文学运动大概在二十年代后期,主要由后期创造社、太阳社成员发动,一开始就表现出了自觉借鉴日本无产阶级文学运动经验的意识与倾向。中国的作家们积极译介日本无产阶级文学的重要理论著作和代表作品,并与日本无产阶级文坛有着直接的交往。

20 世纪 30 年代中国现代派小说与日本新感觉派的关系,则是中国现代文学深受日本文学影响的另一个典型例子。日本的新感觉派源于 1924 年新进作家创办的《文艺时代》,主要同人有横光利一、川端康成、片冈铁兵等。新感觉派诞生数年后,由刘呐鸥(1905—1940)翻译介绍到中国。新感觉派注重"感觉"的装置与"表现"的技巧,对刘呐鸥、穆时英、施蛰存等 20 世纪 30 年代活跃于上海的现代派小说家的创作手法提供了借鉴,其中,刘呐鸥、穆时英甚至被称为"中国的新感觉派"。

除此以外,重要的文学理论著作,除前述坪内逍遥的《小说神髓》外,夏目漱石的《小说论》、厨川白村(1880—1923)的《苦闷的象征》,经鲁迅(1881—1936)等的介绍阐发,对中国现代文学的构建与发展起到了重要的作用。总之,由于中国现代文学的发展进程与日本文学大约有 30 年的时差,中国近现代历次文学运动与思潮的发生均直接受到日本文学的影响与启发。

第二节　中日文学的差异性比较

一、文学总体特征的差异——重社会政治功能与超政治性

中国文学向来重视社会政治功能,"事君""邦国""劝善惩恶""教化""美刺

（中国古代关于诗歌社会功能的一种说法。美即歌颂，"刺"即讽刺。）"等都是强调文学社会政治功能的不同说法。《论语·阳货》中说，"子曰：小子，何莫学《诗》？《诗》可以兴，可以观，可以群，可以怨；迩之事父，远之事君"，"兴观群怨"是孔子对诗歌社会功能的高度概括；《左传·襄公二十四年》言"太上有立德，其次有立功，其次有立言"，后世称之为立德立功立言"三不朽"；汉代《毛诗序》将儒家文学的功用价值论系统化，提出了"乡人""邦国"说、"风化""教化"说、"化下""刺上"说等；班固在《两都赋·序》中提出"润色鸿业"说，东汉经学家郑玄提出"美刺"说，到魏晋时期，曹丕进一步提出"盖文章，经国之大业，不朽之盛事"，把文学功能提升到经国治世、建功立业的高度。此后，"经国大业"成为中国传统文人进行文学创作的指导原则和自觉追求。唐代大诗人白居易提出诗歌"补察时政""泄导人情"以及"讽喻"的作用，认为"言者无罪，闻者足戒"。北宋大儒张载更有"为天地立心，为生民立命，为往圣继绝学，为万世开太平"的说法，反映了中国古代文人的终极理想。

到了近代，基于思想启蒙和救国救民的现实需求，文学的社会政治功能得到进一步的强化。以梁启超为代表的清末资产阶级改良派大力提倡政治小说，试图通过小说推动思想启蒙和社会改良。梁启超在《论小说与群治之关系》一文中宣称"欲新一国之民，不可不先新一国之小说"，"故今日欲改良群治，必自小说界革命始；欲新民，必自新小说始"，将小说与"新民"对接起来，将小说的社会功用性提高到前所未有的高度。鲁迅在日本留学时，经历了著名的"幻灯片事件"后决定弃医从文，希望通过文学对抗封建思想，揭露国民性，改造和重建国民精神。"五四"以后，随着民族矛盾、阶级矛盾的加剧，反帝、反封建成为文学的主题，文学的教化作用、认识作用被进一步抬高。这些都是中国文学重视社会政治功能的典型体现。

总之，中国文学自古以来重视"经夫妇、成孝敬、正得失、厚人伦、美教化、移风俗"的社会效果和"经国治世""社会改良"的政治功能，这种入世的功利主义是中国文学的主要传统和基本特征。

相对于中国文学重社会政治功能，日本文学则具有明显的超政治性，或者说脱离政治的特点。日本古代文学是在中国文学的深刻影响下诞生与发展的，因此，中国文学强调社会功用性和教化功能的特点在日本早期文学主张中也有反映。早期的和歌理论强调诗歌应"动天地、感鬼神、化人伦、和夫妇"，甚至有"邦家之经纬,王化之鸿基"的说法。但日本民族的文化心理和审美意识决定了日本文学更重要的特征是其超政治性。这从最早的和歌总集《万叶集》就能看出端倪。《万叶集》的内容多涉及羁旅、恋爱、自然等民众生活方面,很少描写政治社会等宏大主题。从平安时代的物语、随笔、日记文学,到近代以来的私小说传统,多将关心的对象集中于身边琐事、四季轮回与自然变化,摹写细微的人情世态,抒发情感,注重的是文学的游戏消遣功能。

为什么中国文学更重视与政治的关联性,重视文学的社会意义和教化功能,而日本文学从一开始就显示出脱离政治的特性呢? 一个重要的原因是其创作的群体不同。中国古代文学的书写群体主要是士大夫阶层,也就是官僚知识分子,他们本身就是政治活动的参与者,常常借助文学作品抒发政治抱负和感悟。从孔子、孟子、屈原,到韩愈、柳宗元、白居易、苏轼、欧阳修等,这些优秀的文学家本身就是杰出的政治家。而日本早期的文学创作群体主要是宫廷女性、法师、隐士或者有一定文化水平的市民阶层等,他们相对远离政治,或对政治漠不关心,更关注文学的游戏消遣功能。以杜甫(712—770)和松尾芭蕉(1644—1694)为例,杜甫的诗充满忧国忧民的情怀,反映丰富的社会内容,呈现出广阔的社会画面、时代精神和政治色彩,他的《茅屋为秋风所破歌》《三吏》《三别》等,关注民生苦难,反映社会现实,主题总与社会政治以及时代息息相关。日本江户时期著名俳句诗人松尾芭蕉很喜欢杜甫的作品,但芭蕉的诗风与杜甫迥然不同。杜甫从茅屋漏雨中感受到的是民生疾苦,抒发的是政治理想,而芭蕉从雨滴中体会到的是寂寥与幽玄的美学感受。

其次,儒家思想在中日两国文化中的不同地位,也是导致不同的文学特色的主要原因之一。中国传统文化的核心是儒家思想,儒家的"内圣外王"思想和"忧患意识"从一开始就具有很强的政治性因素。忧患意识涵盖了同情心和责任感两层含意,兼具自我关怀和社会关怀。《易传·系辞下》中说:"君子安而不忘危,存而不忘亡,治而不忘乱,是以身安而国家可保也。"以孔孟为代表的儒家,认为同情心是人类与生俱来的本性,并由悲天悯人的恻隐之心化为济世救民的实际行动,以谋求江山社稷的长治久安为己任。由悲悯心生发出社会责任感,责任感则是悲悯心的必然升华,二者构成了儒家忧患意识的有机整体。此外,中国儒学是建立在氏族社会的血缘关系之上的,把自然的爱塑造转化为一种极具社会化的理性情感,即把自然情感纳入特定社会所要求的"合理性"的规范之中,追求它们的和谐统一,从而极大地弱化了人性中的自然情欲和原始冲动。过度的理性化致使人的原始本能被长期压抑乃至消融在强大的礼乐教化中。由于这种"实用理性"的基因,中国文化对宇宙万物、自然、人生抱有积极肯定的态度,强调努力奋斗,自强不息。因此,以"内圣外王"思想、忧患意识和积极进取精神为重要内容的儒家文化精神作用在文学上,就使得中国文学表现出强烈的社会性和政治性。

而相对中国来说,儒家思想并非日本文化的核心,其精神层面的核心仍然是产生于本土的神道教。日本虽然引进吸收了中国的儒学,但基本上并未接受中国儒学理性化的天道观,儒学主要作用在于维持社会秩序的外在执行性,如士、农、工、商的社会等级。这种只停留在政治、社会层面的吸收,对日本文化深层心理的影响较弱,没有受到中国儒家所主张的"修身、齐家、治国、平天下"及"内圣外王"思想的深刻影响,也就难以产生像中国文化中那样强烈的忧患意识和社会责任感。反倒是佛教的因果报应、诸行无常思想,以及老庄的清静无为、顺应自然的世界观深刻地影响了日本人的文化心理。再加上国土狭小,地震、台风等自然灾害频发等岛国特有的地理、气候条件,使得日本民族的情感不像中国那样被强烈地理性化,而是更加执着于现实人生和感性世界。在情感表达上,一方面表现出对绝对力量——神的崇拜,一方面表现出对自然情欲和本能冲动的宣泄和对个人内心感受的告白,特别善于捕捉瞬间的心灵感受,追求空寂、物哀、幽玄的境界,表现对人生无常的感伤和哀叹。

近代以后,由于日本的明治维新是一场自上而下的资产阶级革命,日本现代的社会政治制度是由政治精英设计制定好的,在这种情况下,文学家就被推到了政治舞台的局外人的位置上。正如夏目漱石(1867—1916)所说:"在现代日本社会,政治就完全是政治,思想就完全是思想。两者处于同一个社会里,却又是各管各独立的,相互间没有任何理解和往来的。"因此,文学只能采取超然于政治的态度,追求纯粹个人的审美体验,形成了所谓"纯文学"的传统。作家武者小路实笃(1885—1976)说:"文艺不可能和人生无关,可是,和社会的关系不一定是必要的。不,应该说根本没有必要。"诺贝尔文学奖获得者川端康成(1899—1972)认为,"描写时代现实的作品,其生命保持不了三五十年",只有超时代的永恒的题材才能有永久的艺术魅力。所以,日本近代文学作品往往描写的是超越社会政治的、时代特征模糊的作家自身的心路历程,而中国的现代文学更多的是时代、政治与社会的反映和记录。

二、文学主题的差异——明志载道与人情况味

由于中日两国文学功能性质的巨大差异,文学表达的主题自然也有明显的不同。中国《尚书·尧典》中说"诗言志",《左传·襄公二十七年》说"诗以言志",《庄子·天下篇》说"诗以道志",《荀子·儒效》云《诗》言是其志也",曹操(155—220)的《观沧海》最后一句是"歌以咏志",都强调诗歌是为了抒发思想意志。这里所说的"志",包括普通的情感意志,更多是指政治抱负。《毛诗序》则说,"诗者,志之所之也,在心为志,发言为诗,情动于中而形于言",情志并提,强调"情志合一",更加中肯客观。战国时《荀子》提出"文以明道",唐代白居易提出"文章合为时而著,诗歌合为事而作",强调文学应与时代和现实相结合。北宋周敦颐(1017—1073)明确提出"文以载道",阐述"文"与"道"的关系,"道"即儒家道统,治世之道。

唐代中期以后文坛掀起提倡古文、反对骈文的文体改革运动,提倡改革文风,文以明道,史称"唐宋古文运动"。自南北朝以来,文坛上盛行骈文,这种文体始于汉朝,虽也有优秀作品,但多是形式僵化、内容空洞的文章,流于对偶、声律、典故、辞藻等形式,华而不实。骈文作为一种文体,成了文学发展的障碍。所谓"古文",是相对于骈文而言的先秦和汉朝的散文,特点是质朴自由,以散行单句为主,不受格式拘束,平易畅达,有利于反映现实生活,表达思想。韩愈(768—824)、柳宗元(773—819)等人举起"复古"的旗帜,提倡学古文、习古道,以此宣传自己的政治主张,复兴儒学道统。他们提出"载道""明道"的口号,重视作家的品德修养,重视写真情实感,强调要有"务去陈言"和"词必己出"的独创精神。

所以,无论是诗歌还是文章,中国文学都注重伦理道德的理性思考,将个人志向与国家社会结合起来,书写报国济民的情怀,文学的主题始终离不开"明志载道"。无论是屈原忧愤的爱国主义诗歌《楚辞》,司马迁"发愤"而作的《史记》,还是伟大的现实主义诗人杜甫的"诗史",韩愈、柳宗元的"古文运动",元稹、白居易的"新乐府运动",都是以明志载道、讽刺时政、针砭时弊、反映社会现实和民生疾苦为主要任务,不回避对社会政治的关心和对现实的揭露,表现出强烈的社会责任感和个人的理想抱负。

相对于中国传统文学明志载道的主题,日本文学则更偏向于人情况味的描写。在题材方面,不像中国文学那样关注社会现实和伦理道德问题,而是表现出

游离于政治、超越道德的倾向。日本传统文学,不论是和歌还是物语、随笔、日记文学,内容多是发生于自己身边的事情和日常见闻、人与人之间的情感纠葛以及对自然风物的感受等。即便像《平家物语》《太平记》这样以各派政治势力的斗争为题材的"军记物语",其重点也多放在对人物心理的刻画,对盛者必衰、世事无常的慨叹,而不是对战争双方的道德评价上,这一点与中国的《三国演义》《水浒传》等比较一下就更加清楚。

近代以后,取材于身边琐事的自然主义"私小说"成为日本纯文学的主流,与古代文学表现出一脉相承的特征。中国新文学从鲁迅(1881—1936)的《狂人日记》开始,便在广阔的社会历史的大环境中展现出对中国历史和现实社会的深刻认识,而日本新文学从二叶亭四迷(1864—1909)的《浮云》开始,便专注于个人生活历程和家庭关系的纠葛,描写个人内心的情感世界。从自然主义、"私小说""心境小说"到其他各种文学思潮、流派,都带有这样的审美取向。

在中国,创造社成员的小说创作曾受到日本私小说的影响。郁达夫说:"文学作品都是作家的自叙传这句话是千真万真的",他的小说也基本是以"我"为叙述者的自传式小说。然而,拿郁达夫的小说与日本自然主义小说对比会发现,郁达夫的作品不仅仅是个人情绪的宣泄和暴露,还注入了深刻的社会内容,具有强烈的反抗精神。例如,郁达夫的《沉沦》和田山花袋的《棉被》,尽管都描写了性的苦闷,都充满着自然主义感伤的情调,但与《棉被》只展示主人公个体孤寂的心境不同,《沉沦》则表现了异国漂泊的孤独与弱国子民的悲愤,性的苦闷与人生的苦闷、被歧视的苦闷交织在一起,升华为爱国主义情感。日本学者小田岳夫(1900—1979)曾把《沉沦》与佐藤春夫(1892—1964)的《田园的忧郁》做比较,认为前者颇受后者的影响,但二者的思想倾向是不同的。后者的忧郁是源于人生的无聊,而前者的忧郁则是根植于祖国的孱弱,基于对国家强盛的渴望,二者有本质的差异。

三、文学风格的差异——豪放雄健与纤细淡雅

中国文学推崇宏阔、豪放、壮丽、雄健等审美理念,作品喜欢追求博大的气势、恢宏的场面、跌宕起伏的故事情节和惊心动魄的矛盾冲突,这种文学审美理念来自特定的民族文化心理,而民族文化心理又与民族的生存环境息息相关。中国国土辽阔,历史悠久,气候多样,民族众多,既有绵延的海岸和平原,又有广

袤的高原、一望无际的草原和沙漠;既有大江大河,又有雪山盆地;既有气候温润的江南水乡,又有生存条件严酷的塞北戈壁,加上中国古代的文化中心一直处于环境相对严酷的北方,这就造成了崇尚大气魄,追求大胸襟、大视野的文化心理。李白的"飞流直下三千尺,疑是银河落九天""大鹏一日同风起,扶摇直上九万里",王维的"大漠孤烟直,长河落日圆",王昌龄(698—757)的"黄沙百战穿金甲,不破楼兰终不还",岑参(约 715—770)的"瀚海阑干百丈冰,愁云惨淡万里凝",苏轼(1037—1101)的"大江东去,浪淘尽,千古风流人物",陆游(1125—1210)的"三万里河东入海,五千仞岳上摩天",直到毛泽东(1893—1976)的"五岭逶迤腾细浪,乌蒙磅礴走泥丸"等,这样气势磅礴的诗句数不胜数。不仅诗歌作品,小说、绘画、电影等艺术也往往追求反映波澜壮阔的时代画卷的效果。

而日本列岛狭小局促,四周被大海环绕,形成了一个相对封闭的地理空间。没有大江大河,也没有草原和沙漠,气候温和,四季分明。这样的生存环境造就了日本民族纤细敏感的感受性和追求典雅古朴的审美风格,凡事喜欢轻、薄、短、小。这种审美观在文学上首先体现为对外界和自然的纤细的感受性。文学作品重视瞬间的意境和由此产生的瞬间的感受,在平淡朴素的日常生活体验中捕捉神经的细微颤动,特别是对四季变化的敏锐的感受。清少纳言的《枕草子》第一段"四时的情趣"便是很好的注解。一朵花、一个表情、一声虫鸣在作者看来都是"有意思的事",这种对于细微之处的沉溺,也是川端康成所说的日本之美。

除了纤细敏锐的感受性,日本文学的形式大多短小,俳句是世界上最短的诗歌形式,文学作品的结构呈现片段式,这与日本民族喜好小巧精致事物的"盆景趣味"有关。韩国学者李御宁(1933—)写过一本书叫作《日本人的缩小意识》,准确地抓住了日本民族以小为美的审美倾向,即喜欢将现实的自然和人生做缩微化处理,由一滴水想象到大海,由一棵树想象到一片森林。有名的京都龙安寺"枯山水"庭院,白沙是大海与波涛的象征,几块石头代表海上的岛屿,便是这种美学的典型体现。日本的庭园艺术、盆栽艺术、插花艺术都体现了这种浓缩的美学观。这种美学意识体现在文学上,就是将社会缩小为家庭,将人物活动场所限定在一个狭小的空间之内,例如很多文学作品的整个活动范围都不超过自家的客厅与庭院。

这样的特征造成日本文学非常注重局部细节的刻画和人物心理的描写,而不太注重前后的逻辑统一性和结构的完整性,很多长篇作品呈片段式,结构较为松散。著名文化学者加藤周一(1919—2008)在《日本文学史序说》中说："除了少数例外,几乎所有的散文作品,或多或少都愿意在局部的细节中游弋,而很少考虑整体的结构。"不光随笔、日记文学如此,《源氏物语》《伊势物语》等长篇物语文学也有这个特点,章节之间的衔接松散,前后情节跳跃,逻辑上没有必然联系。现代文学中,如川端康成(1899—1972)的小说《雪国》也同样呈现这样的特征。

此外,中国和日本的文学作品在抒情性上也有很大差异。中国诗歌形式上重对句,内容上重说明性、逻辑性和思想性,而日本的和歌并没有对句意识,不追求对仗,也不追求内容的思想性。中国的诗歌,单独的诗句写得再好,如果没有主张或思想内容,那还只能是句,而不是诗。因此,中国式抒情重说理、说教,抒发自己的主张,而日本的和歌、俳句等从一开始便缺乏说教的意识,重点在于咏叹,追求的是读者的共鸣。这种日本式的抒情特征,也是来源于岛国狭小局促的生存环境。在狭小封闭的村落共同体中,人们拥有共同的生产生活方式,面对共同的自然条件,相互间的差异性极小,因此也就没有场景的说明、道理的说教和思想的伸张的必要,而把重点放在对眼前事物的咏叹上。

四、文学审美观的差异——"风骨"与"物哀"

中国传统文学的审美标准如果用一个词来概括的话,那就是"风骨"。风骨是评判文学作品好坏的重要标准。李白说"蓬莱文章建安骨","蓬莱文章"是指汉代以司马相如(前179—前118)等为代表作家的"汉赋","建安"是指汉末至魏晋时期。李白认为古代的文学中,汉代的文章值得推崇,而魏晋的诗最具备风骨。以李白、杜甫为代表的盛唐诗可以说是对"建安风骨"的继承。初唐陈子昂(661—702)的《修竹篇序》中说,"汉魏风骨,晋宋莫传,然而文献有可征者",意思是汉魏时期优秀的风骨传统,晋宋虽然没能流传下来,然而在现存的文献中可以找到证明。南宋严羽(生卒年不详)的《沧浪诗话》亦提到"建安风骨""盛唐风骨",认为魏晋的"阮籍咏怀之作极为高古,有建安风骨",中唐的"顾况诗多在元、白之上,稍有盛唐风骨处"。

风骨本是形容人品,如"风骨魁奇""风骨奇伟",在六朝的史书中就有使用。将风骨一词用于文学批评是梁朝刘勰(约465—520)的《文心雕龙》。《文心雕龙》第二十八篇"风骨",针对晋宋以来文学创作中过分追求文采而忽略思想内容的倾向提出了"风骨论",风骨是作者对文学作品提出的基本要求。文中说:

"《诗》总六义,风冠其首;斯乃化感之本源,志气之符契也。是以怊怅述情,必始乎风;沉吟铺辞,莫先于骨。故辞之待骨,如体之树骸;情之含风,犹形之包气。"刘勰认为风骨的"风"发自《诗经》六义(即风、雅、颂、赋、比、兴)的"风",犹如形体之中的"气",而"骨"是形体之骨骸,"风骨"是中国传统文学精神的正统,应加以继承。与刘勰同一时代的钟嵘(约 468—518)在其理论著作《诗品》中,虽然没有直接使用"风骨"一词,但多处提到"风力""骨气"等,说陶渊明(约 365—427)的诗"协左思之风力",建安代表诗人曹植(192—232)"骨气奇高",并说刘桢(179—217)的诗"真骨凌霜,高风跨俗",都是对刘勰"风骨说"的继承。

刘勰、钟嵘反对南朝形式主义的浮艳诗风,标举"比兴""风骨"的传统。王勃(约 650—676)也批评初唐文坛"骨气都尽,刚健不闻",陈子昂继承了他们的主张,反对齐梁的宫廷诗风,提出诗歌革新主张。陈子昂指出初唐宫廷诗人们所奉为崇拜对象的齐梁诗风是"彩丽竞繁,而兴寄都绝",提出要以"风雅兴寄"和"汉魏风骨"的光辉传统作为创作的先驱榜样,开启了唐诗的新风。"兴寄"就是运用托物起兴、因物喻志的表现手法,要求诗歌有批判现实的精神和鲜明的政治倾向,而"风骨"的实质就是要求诗歌内容健康,思想高尚充沛,反映刚健充实的内容。

清朝学者沈德潜(1673—1769)提出诗歌的"格调说",其主张与推崇刚健文风的风骨说本质上是相同的。虽然在中国文学史上,还有过"神韵说""性灵说"等多种文学主张,但起源于《诗经》的"风"的"风骨"一直是文学审美观的大势和主流。

如果说中国文学的代表性审美倾向是"风骨"的话,日本文学的代表性审美倾向则是"物哀",有学者将其翻译为"感物兴叹"。日本江户时期的国学家本居宣长(1730—1801)长期研究《源氏物语》《古事记》等古典作品,提出著名的"物哀论"。《源氏物语》《枕草子》《徒然草》等平安时代作品中都经常出现"物のあはれ"一词,即"物哀"。例如,《源氏物语》"夕雾"章中的一段:

> 　女ばかり、身をもてなすさまも、所せう、あはれなるべきものはなし。　物のあはれ、をりをかしき事をも、見しらぬさまに引き入り、沈みなどすれば、何につけてか、世に経るはえばえしさも、常なき世のつれづれをも、なぐさむべきぞは。

　译文:妇人立身于世,苦患甚多,倘无视悲哀或欢娱情状,而一味浑噩沉默,岂能享受人世之无限乐趣?(《源氏物语》,殷志俊译,远方出

版社,1996)

《枕草子》第七十四段写道:

    物のあはれ知らせ顔なるもの、はな垂り、まもなうかみつつ物
いふ声、眉抜く。

    译文:叫人看了觉得可怜相的事是:流着鼻涕而一边擤一边说话
的声音;女人拔眉毛的那种姿态。(《枕草子》,周作人译,时代文艺出版
社,2018)

《徒然草》中下列关于"物哀"的一段也很有名:

    折節の移りかはるこそ、ものごとに哀なれ。「もののあはれは
秋こそまされ」と、人ごとに言ふめれど、それもさるものにて、今
ひときは心も浮きたつものは、春の景色にこそあめれ。

    译文:正因季节变换,世事才多情动人。"物之情趣,秋为上",似
乎人都这么说。尽管言之确当,可更浮现在心中的却当推春天的景致。
(《方丈记·徒然草》,李均洋译,河北教育出版社,2002)

    上述译文将"物哀"分别翻译成"苦患""悲哀或欢娱的情状""觉得可怜相"
"多情动人""物之情趣"等。所谓"物哀"就是由不特定对象所触发的某种感动、
感伤、感怀。"物"(音 mono)就是自然万物,客观对象,"哀"读作"あはれ"(音
aware),本是个感叹词,相当于"呜呼……""啊……",到了平安时代,这个词不再
表达激烈的情感,多用来指称和谐沉静的美感,因为与"哀れ"同音,故写作"哀"。
所以,"哀"是感叹之谓,并不一定是悲哀,物哀比悲哀恬淡,它包含感动、同情、哀
伤、悲叹、爱怜、怜惜等诸多因素。换言之,物哀就是情感主观接触外界事物时,
自然而然或情不自禁地产生的幽深玄静的情感,是一种真情流露,感物生情。遇
到令人感触的物或事,情动于中而不得不发,便是"知物哀"。
    物哀是一种审美意识,川端康成多次强调"平安朝的'物哀'成为日本美的源
流",他的《伊豆的舞女》即在淡淡的哀伤中创造出一种悲哀美的抒情世界。物哀

的感情是一种超越理性的纯粹精神性的感情,一种非限定、无目的的感动,一定程度上是个体体验,只可意会,难以言传。"物哀美"是一种感觉式的美,它不是凭理智、理性来判断,而是靠直觉、靠心来感受,即只有用心才能感受到的美。

物哀的美学深深渗透进日本人的精神生活,也成为日本文学的基本审美理念。《源氏物语》中出现"哀"达一千余次,出现"物哀"达十四次。本居宣长在《源氏物语》中看到了独立于道德之外的文学的深刻的本质,即"物哀"。在他看来,文学既不是为了"教人",也不是以"雄壮"与否作为价值尺度的。他认为,文学是根据事物所触发之幽情,不管好事坏事,只按内心所感而生发出来的艺术,把文学的本质同伦理学区别开来。作为评价文学的尺度,以"幽情"的观念代替善恶的观念。恋爱与无常是传统日本文学的两大主题,同时也是最易触发物哀之情的题材,这也反映了日本人内心深处对于物哀的审美情调的偏好。

总之,在中国,只表达情绪而不抒发意志的文学作品算不上第一流的作品,而在日本,表达意志并不是最重要的,物哀之心才是好的文学作品不可缺少的。重视"风骨"的中国文学,认为不回避对政治社会的批判,刚健明快,具有鲜明的意志和雄劲主张的诗文作品才是好的作品。相反,重视"物哀"的日本文学,则更重视情绪的世界,纤细唯美。如果说中国文学是男性的文学的话,日本文学则偏向女性化,呈现阴柔之美。两种文学审美观带来的差异,正如前文所述,其根源来自两国的自然风土、审美感觉以及文学创作主体的不同。

五、中日文学"风雅"观的差异

现代汉语与日语中均有"风雅"一词,《现代汉语词典》对"风雅"的释义是"① (名)《诗经》有《国风》《大雅》《小雅》等部分,后来用风雅泛指诗文方面的事;② (形)文雅";《新世纪日汉双解大词典》对"风雅"的解释是"① 上品で優美な趣や味わいのあること(文雅、雅致、高雅,优美的趣味);② 詩歌·文章の道。また、文芸·書画など芸術一般(指诗歌、文章之道,亦泛指文艺、书画等艺术)"。可见,二者所指基本相同,但如果用于文学观上,则具有巨大差异。

众所周知,"风雅"一词来源于《诗经》。《诗经》有《国风》《大雅》《小雅》,"风"和"雅"被解释为一种诗体。汉代《毛诗序》对"风"和"雅"进行了论述:"是以一国之事,系一人之本,谓之风;言天下之事,形四方之风,谓之雅。雅者,正也,言王政之所由废兴也。政有大小,故有小雅焉,有大雅焉"。意思是,如果是吟咏一个邦国的事,只是表现个人的内心情感,就叫作"风";如果诗是说的天下的事,表现的是四方的风俗,就叫作"雅"。换句话说,从个人生活层面言说政治问题,叫作"风",从更大的天下层面言说社会政治问题,则叫"雅"。总之,将诗歌与社会政治联系起来,强调文学的社会功用性。

《毛诗序》说:"风也,教也,风以动之,教以化之","风"具有"风化""教化"之意,"上以风化下,下以风刺上,主文而谲谏,言之者无罪,闻之者足以戒,故曰风",所以,"风"又有"讽刺""讽喻"或"讽谏"的意思。后汉王逸(生卒年不详)在《离骚》后序中,认为屈原作《离骚》是为了"上以讽谏,下以自慰"。刘勰的《文心雕龙》"风骨篇"说:"诗有六义,风冠其首,斯乃化感之本源",承袭了《毛诗序》对"风"的解释。所以,后人对于《诗经》中"风"的解释,都强调表现时代与社会风气,体现政治批判精神,发挥道德教化功能和感化作用等。

风雅文学作为正统文学精神被历代中国文人所继承。汉赋作为主要为帝王唱赞歌、文辞华丽的宫廷游戏文学,其一流作品仍然少不了讽谏色彩。司马迁在《史记》中评司马相如的《上林赋》说,"其卒章归之于节俭,因以讽谏","相如虽多虚辞滥说,然其要归引之节俭,此与《诗》之风谏何异?",赞赏司马相如文学中的政治批判因素。扬雄(前53—18)也是汉赋的代表作家,班固在《汉书·扬雄传》中称扬雄"奏《甘泉赋》以风,还上《河东赋》以劝,故聊《校猎赋》因风,上《长杨赋》以风",认为扬雄的代表作品都包含有"讽劝"精神,给予高度评价,这其实也是班固自身的理想和期待。班固在著名的《两都赋》的序言中写道,"或以抒下情而通讽喻,或以宣上德而尽忠孝",表明自己的作品继承《诗经》的"风雅""讽喻"精神。张衡(78—139)仿照班固的《两都赋》作成《二京赋》,《后汉书·张衡传》记载张衡作《二京赋》的动机,"时天下承平日久,自王侯以下莫不逾侈。衡乃拟班固《两都》作《二京赋》,因以讽谏。精思傅会,十年乃成",说张衡殚精竭思十年,才作成《二京赋》,用以讽谏朝廷。

从以上可以看出,但凡杰出的文学作品,都少不了"讽谏""讽喻"的成分。不光汉赋,唐诗也自然传了源自《诗经》的"风雅"传统。《文心雕龙》"书记篇"曰:"刺者,达也,诗人讽刺。"钟嵘在《诗品》中也推崇《诗经》和屈原作品开创的"风雅""风骚"的精神;初唐诗人陈子昂也倡导"风雅"精神,他在《修竹篇序》中写道,"齐梁间诗,彩丽竞繁,而兴寄都绝","思古人常恐逶迤颓靡,风雅不作",反对当时浮艳的庸俗风气,主张重振诗教传统。诗人杜甫是实现这一精神的代表,他的作品《春望》《三吏》《三别》等，勇敢地批判时政，反对战乱，讽谏朝廷。

白居易继承了杜甫的精神，他在《读张籍古乐府》一诗中称赞张籍的乐府诗"风雅比兴外，未尝著空文"，在《新乐府序》中说，"总而言之，为君、为臣、为民、为物、为事而作，不为文而作也"，又在作品《寄唐生》中写道，"非求宫律高，不务文字奇。惟歌生民病，愿得天子知"，不断强调诗歌的社会功能和讽谕作用，主张诗歌要有社会内容，要为时为事而作，反映民生疾苦和社会现实弊端。白居易自己的诗歌中就有不少讽喻之作，如《秦中吟》十首、《新乐府》五十首等，其中就包括我们耳熟能详的《卖炭翁》。白居易在写给好友元稹(779—831)的信《与元九书》一文中提出"讽喻"乃是诗人的使命，并强调"六义"对于诗歌的重要性，认为晋宋以来"六义尽失"。"六义"即风、雅、颂、赋、比、兴，是《毛诗序》对《诗经》作品的分类和表现手法的总结，主张"六义"也就是对《诗经》"风雅"精神的尊重和继承。

大诗人李白亦标举"风雅"精神，提倡文学上的复古主义。他在《古风》诗中说"大雅久不作，吾衰竟谁陈"，"正声何微茫，哀怨起骚人"，认为"自从建安来，绮丽不足珍"，批判庸俗浅陋的文风，表达对"正声"的期待，主张恢复"风雅"传统。总之，中国文学传统中的"风雅"精神要求文学作品应自觉运用风雅比兴，对统治者进行讽谏、美刺，传递"雅正"之声。

反观日本文学，虽然也沿用了"风雅"二字，但对其内涵的理解发生了很大的变化，并没有完全继承它原有的含义，而是结合日本人自己的审美偏好，赋予了与之相契合的意思。我们知道，日本的记载文学是在中国汉字文化和古典文学的影响下诞生的。日本文学的发展经历了从对中国古代文学的汲取、吸收、模仿到最后形成具有本民族特色的过程，发展出了独具日本特色的审美意识。日本古代诗学在其文艺理论形成初期，曾大量借鉴中国文艺理论和创作经验，但许多理论主张并不适合本民族的艺术特点和审美感觉，于是在后来的创作过程中这些理论被逐渐修正和扬弃。

日本文学具有"内向性"特点，即追求人的内心活动，特别是写作者自身的思想情感和心理状态，文学作品很少涉及外部世界和社会问题，这一传统可以追溯到日本最早的纯文学作品《万叶集》。这些古代的和歌作品不是以政治、道德或宗教为创作目的，而是为了表达生活感受，抒发自我情感。从《万叶集》的作品中可以感受到古代宫廷贵族们将吟咏和歌当作宴会、游玩时重要的助兴手段，为了体现文雅而作歌，这种文学与社会政治无关，而是贵族们的雅情与雅趣的表现。

所以,这里的"雅"更多是基于感觉性的"情趣"表现,反映一种贵族式的游戏文学观和美学观。

日本民族亲近自然,顺应自然,这种特性反映在文学观上就是追求人与自然的和谐统一,追求心灵的感受。诗歌极少涉及政治与道德评判,大多表现心灵感受和四时变化,小说也多描写作者自己的身世、私生活、个人情感等内容,很少表现社会事态和时代问题。日本文学赋予"风雅"的含义为远离现实社会和政治参与,追求与自然一体化的淡泊洒脱的人生趣味。

著名俳句诗人松尾芭蕉提出"风雅之诚"与"风雅之寂"的俳谐创作理论,创造性地发展了风雅的闲寂文学理念。他在《笈之小文》中说,"风雅乃意味歌之道。……贯通于西行之和歌、宗祇之连歌、雪舟之绘画、利休之茶道之中者,皆属同一精神也。且所谓俳谐之风雅,乃顺从天地自然,以四季变化为友。所见之处无不是花,所思之物无不是月。若所见之象非花,则为夷狄,所思之物非月时,则类同鸟兽。简而言之,风雅者,出夷狄,离鸟兽,顺从造化而归造化者也",又说,"予之风雅,如夏炉冬扇,与多数人的爱好相对,为无用之物"。芭蕉将贯穿所有艺术的根本精神都概括为"风雅"二字,认为顺随造化,醉心自然才是风雅的理想境界。这种淡泊洒脱的审美价值取向与中国古代诗文的社会功用性的审美价值取向形成了强烈反差。

因此,"风雅"精神的实质在日本发生了流变,失去了"风人之旨"的讽刺含义,也偏离了"雅"的本义,远离了社会与政治问题,片面强调风花雪月的雅情、雅趣。我们发现,古代日本从中国输入的文学作品,大多是一些佛教、禅林文学,或抒情,或咏物,而把那些富于社会政治批判精神的作品排除在外的。像唐代传奇《游仙窟》之类在中国不受重视、地位不高,甚至被遗忘、失传的作品,却在日本得到保存和广泛流传。而被称为"诗史"的杜甫的作品在日本却没有产生过什么影响。白居易的诗被日本上层贵族视为必读之书,对日本文学产生过重大影响,但也仅限于他的那些"闲适诗"和"感伤诗",如《长恨歌》《琵琶行》等,而他本人更为重视和满意的"讽喻诗"在日本似乎并不怎么受欢迎,也没有留下什么印迹。

造成中日两国文学"风雅"观的差异的原因是多方面的,包括统治思想、宗教观念、地理风土、人文风情、社会制度、历史境遇等等。歌学家二条良基(1320—1388)曾在《筑波问答》中感叹:"今之和歌惟弄花赏月,无风雅之姿哉。"总之,注重文学社会功用性的"风雅"精神在日本早已消失,却形成了在超脱现实、远离政治的地方追求"风雅"的文学传统。而在我国,源自《诗经》的"风雅"精神仍然在潜意识里影响着人们的文学创作和文艺批评活动。

思考题

1. 古代汉文学对日本文学产生了怎样的影响?
2. 中日文学的总体特征有何差异? 主要原因是什么?
3. 中日文学的审美观有何差异?
4. 中日文学的"风雅"观有什么不同?

第四章

中日艺术的比较

　　"艺术"一词最早出现在我国汉代,那时候的艺术包含文学、艺术、技术等。宋朝的时候,艺术概念中包含了绘画和书法。到了近代,书画也被列入艺术之目,同时还包括"骑""射""投壶""医""杂技""琴谱"等。关于当代艺术的概念,众说纷纭、不一而足。马克思曾认为,艺术就是与审美相关的精神生产,审美价值是其最显著的特征(马克思)。也有学者认为,艺术是人类情感的符号形式的创造,是表现人类情感的外在形式(苏 2013)。还有学者(陈 2019:4)指出,"艺术其实就是表达形式上的设计与创造,思想、情感与认知上的探索与发现,其背后的本质源于人们对思想、情感的交流需要。艺术的内在之本发自人们对客观世界、主观自我的感受与思考,而艺术的外在形式让人们获得了种种感受与思考。艺术能使人与人之间互通有无,连成一体,形成共同的感受与思考。"

　　基于上述观点可以认为,本质上艺术是借助某种表达形式来反映主客观世界、寄托情感、传达思想的一种文化现象。它伴随着人类审美观念的产生而产生,是人类社会精神生活中不可或缺的一个重要领域。艺术门类丰富多彩,涵盖书法、绘画、雕塑、音乐、舞蹈、电影、体育等。而且艺术必须介入生活当中,必须成为事件,让公众来参与,变成影响社会生活的事件,而不再是挂在墙上的一幅画(孙 2019:92)。中国艺术源远流长,从现有考古中发现的证据来看,中国艺术可以追溯到 18 000 年前山顶洞人的装饰品(张 2005:178)。

　　中国古代艺术对包括日本在内的周边国家产生了广泛且深远的影响。日本艺术在借鉴学习中国古代艺术的基础上经过长期的发展也形成了自己的特色。本章将就与公众生活密切相关的"书法""绘画""音乐""戏曲"这四个方面展开中日比较,探讨中国艺术与日本艺术的关联性。

第一节　书　　法

书法在所有的艺术门类中最具中国独特性。因为世界上只有在中国文化和伊斯兰文化中，书法才会受到相当的重视，只有在中国文化中，书法才象征了人之美和宇宙之美(张 2005：184)。中国书法是日本书法的根源，因为日本文字中的汉字本身就是从汉语中学习而来，还有少量"国字"是根据汉字的"六书""创造"的。日语的平假名模仿自中国古代的草书，片假名取自汉字的偏旁部首。最早汉字传入日本的证物是"汉倭奴国王"金印，这个被认为是日本书法的开始(浅野 2019)。据《后汉书》记载，"建武中元二年，倭奴国奉贡朝贺，使人自称大夫，倭国之极南界也。光武赐以印绶"，即建武中元二年(57)，汉代皇帝将此金印赐予倭奴国王。可以看出，当时日本和中国已有交流。

中田(1985)曾对中国书法在日本的传播情况进行过考证，从考证结果可以看出，日本书法自奈良时期至明治大正时期一直深受中国书法的影响。具体详见表 4-1。

表 4-1　中国书法在日本的传播年表

时　　期	具　体　时　间	中国不同时期的书法
大和时期	公元 5 世纪前后	百济书法
奈良时期	593—710 年	隋唐书法
平安前期	794—897 年	唐代书法
镰仓前期	1185—1279 年	宋代书法
镰仓后期	1279—1333 年	元代书法
南北朝、室町时期	1333—1603 年	明代书法
江户时期	1603—1868 年	唐样书风(中国风的书风)
明治、大正时期	1868—1926 年	碑学派

据《日本书纪》记载，公元 285 年，朝鲜百济国使王仁进献《论语》十卷、《千字文》一卷，为日本带去了系统的汉字和汉文典籍，于是汉字和儒学在日本社会中开始逐渐传播。此后，随着佛教在日本的盛行及佛教文化典籍的大量传入，汉字书法

也随之得到发展(陈 1983:35)。奈良时期和平安前期是日本频繁派遣使者来中国的时期。这一时期学习二王(王羲之和王献之)、欧阳询、褚遂良等初唐书法家的日本人比较多,空海、橘逸势等是其中的代表人物。镰仓时期,随着禅宗的兴盛,日本开始引进宋元书风。江户时期,黄檗宗僧侣渡海赴日,明代书风传到日本。明治时代,日本流行六朝书风。从表 4-1 还可以看出,自奈良至明治大正时期,日本一直处于一种不间断地学习中国书法的状态,并深受中国书法的影响。

在中国,书法作为一门艺术大概是在汉末魏晋时期出现的。这一时期的特点是,出现了以书法为纯粹艺术的书法家,如蔡邕、张芝、钟繇、王羲之等。蔡邕骨气洞达、张芝血脉不断、钟繇每点多异、王羲之万字不同⋯⋯。王羲之、颜真卿、张旭被称为中国历史上最伟大的书法艺术家。王羲之善行书,其代表作《兰亭集序》中锋起转提按、以毫为之、线条如行云流水、字体结构变幻无穷、风流潇洒。颜真卿善楷书,有"颜筋柳骨"(颜真卿与柳公权的合称)之称,其代表作《颜勤礼碑》笔势开张、宽舒圆满、深厚刚健、方正庄严、雍容大度。张旭善草书,有"草书之圣"之美誉,其代表作《古诗四帖》"伏如虎卧、起如龙跳、顿如山峙、控如泉流"(朱 1992:294)。

奈良时期,日本国内佛教盛行,日本人开始运用中国书法书写佛经、在佛像背面刻上文字记录等。[①] 日本朝廷和各寺院也都设有写经所,佛像背面所刻文字多为严肃庄重的"写经体",这种书体主要是模仿欧阳询劲峭严正的书体,具有代表性的是被称为日本最早刻石、且具有明显北魏书风的《宇治桥断碑》。同时期日本还出现了临摹王羲之书体的热潮。王羲之在日本被称为"书圣",日本天台宗始祖最澄和尚从中国返回日本时,最早带回了王羲之的书法作品,并在日本推广。日本圣武天皇的天平文化兴盛期正是中国的盛唐时期,由于当时唐朝朝野崇尚王羲之的书法,随着唐文化的传入,日本贵族之间也开始争相临摹其书体。当时身居正仓院的光明皇后所临摹的王羲之的《乐毅论》一直被后人视为书法精品。此外,日本东大寺献给圣武天皇的诸帖之中,也有王羲之的书法作品,如《丧乱帖》《九月十七日帖》等。

平安初期,日本书法处在从中国风向日本风过渡的转折阶段。在这个阶段,日本书法逐渐开始在吸取中国书法特点的同时加入具有自身特色的书风,涌现

---

① 日本书法的发展脉络及其与中国书法的渊源这一部分主要参考:李静.日本书道与中国书法的渊源及区别[J].兰州教育学院学报,2012(5):81-83.

出大批书法家,其中比较著名的就是被日本书法史称为"三笔"的空海、嵯峨天皇和桔逸势。空海是其中的领袖人物,他取法王羲之书风,在兼蓄中唐书法家徐浩、颜真卿新意的基础上,结合日本民族情趣,创造出日本风味的书体,其作品中初露日本书风的端倪,风靡整个平安时期。日本文化在平安中期发展很快。随着日本停止向中国派遣使者,中日文化交流出现了暂时的中断。日本的书法也从中国的晋、唐书风中逐渐脱离,形成了宛转自如的日式书风,同时假名书法开始大量出现。在这一时期,日本书坛上出现了被后人誉为"三迹"的三位划时代书法大家——小野道风、藤原佐理和藤原行成。三位大家虽与平安前期一样倾倒于王氏端庄文雅的书风,但与"三笔"相比,"三迹"的作品有了更强烈的自主倾向。他们不仅精通汉字书法,而且同时创造了假名书法及汉字假名混同的书法形式,使当时的书法更加日本化,真正建立起"和样书道",给之后日本书法的发展带来了极大的影响。受中国宋朝重视个性书风的影响,平安后期的日本书法脱离了中期优美温雅的风格,产生了趋向奔放流畅笔调的多样化书法流派,主要有被称为"上代风格"的"世尊寺流"和"法性寺流"以及以源赖朝、源义经、北条时政等将军为代表的"武家风格"等流派。从平安时期的艺术实践中,我们可以发现中日书法的渊源关系,日本书法家在吸收中国书法精髓的同时,创造了日本书法特有的书风,起到承前启后的作用,开创了日本书坛"唐样"书法与"和样"书法并驾齐驱的局面。在平安时期,日本人在认真吸收、整理唐文化的基础上,创造了日本的假名文字。随着假名的形成和完善以及平安后期撰写和歌的盛行,日本的假名书法也得到了极大的发展。

镰仓后期到室町后期,净土宗、真宗及中国禅宗在日本逐渐兴盛,日本书法也受到了讲究笔力雄厚的中国禅宗书风的影响,开始注重表现本人风格的笔调。"禅宗风格"主要流行于日本南北朝和室町时代的武士、官吏之间,正是在这个时期,书道从实用的书法转变为技艺之道。可以说,南宋禅宗对日本书法的影响并不输于隋唐时期。这一时期的代表人物主要有临济宗的荣西禅师和曹洞宗的道元禅师,书法高僧宗峰妙造大师、梦窗疏石,以及墨迹流的代表人物宗峰妙超和一休宗纯等江户初期出现的被世人称为"宽永三笔"的三名奇才,即近卫信尹、木阿弥光悦、松花堂昭乘,他们各成一家,不拘泥于俗套,强烈地表现出极具个性的思想笔致。

江户中期,中国高僧隐元及其弟子东渡日本,传入并大力推广苏东坡等人的墨迹,在日本掀起"唐风"热,使儒家文人书法进入了繁荣期,而到了江户时代中后期,在各种不同派别的文化势力的斗争中,出现了不受世俗束缚,在书法艺术方面填补空白和发扬书道艺术价值的名僧寂严、良宽及慈云等,这些僧人进一步传递了中国文化,对日本文化特别是书道的进一步发展起到了推动的作用。

明治大和正时期,日本全国随着江户幕府的倒台出现了吸取西方文明的维新运动,中国文化所产生的影响日渐衰落。在文化方面,日本政府提出文明开化政策,绘画和雕刻方面模仿中国的旧秩序虽然近于崩溃,书法却大部分保持了江户末期的状态,甚至在政府公文中出现了用中国书法代替日本原有"家流"的规定。1880年,被称为"日本近代书法之父"的清朝金石学家杨守敬赴日,将日本人前所未见的13 000多册汉魏六朝晋唐碑帖带到日本,播扬了六朝碑帖。以此次文化交流为转机,汉字书法在日本再次流行,兴起了临摹、学习六朝北魏拓本的热潮。这种苍劲、雄浑的六朝书法对日本传统书法的影响很大,日本书道开始由尊重个性、保持流派传承向注重自由表现的方向发展。自此之后,日本书界也开始对楷、行、草、篆、隶等书体进行广泛研究,使日本出现了从单一文人书法变为多元书法共同发展的新局面。

从上述日本书法的发展脉络可以看出,日本书法的发展在很大程度上受到了中国古代不同时期书法的影响。但在学习中国书法的过程当中,日本书法并没有完全拘泥于中国书法,"假名书法"的兴起与"和样书道"的创立等体现了日本书法在移植模仿过程中自主创造性的特点。

第二节　绘　　画

说起中国绘画,最远可以追溯到彩陶和青铜纹饰,因为它们确定了中国绘画"整体着眼、以线为主、平面构图"的基本原则。比如,秦瓦当、楚漆画、帛画等都注重整体形象在画中的位置,具有与韩非的画论和秦兵马俑相通的"写实"性。汉时期的绘画具有"席卷天下,包举宇内"的气魄,这种气魄使当时的画像石和画像砖具有像汉赋一样的"填满画面且线条飞动的满、实、多、动"的风神。魏晋六朝是中国绘画的形成期,这一时期兴起了"以形写神"的人物画、使人可澄怀味象的山水画、宗教壁画等。之后,唐宋明清在此基础上又不断丰富和变化。特别是明清时期,随着市民思想的壮大,出现了作为戏曲插图的木刻版画,反映了不同于以前的新审美趣味,但其"散点透视、以大观小、以线为主、以形写神"的风格并没有脱离中国古代绘画的范畴。此外,清朝时期,部分中国绘画借鉴了不少西洋因素,但总体风格并没有突破中国古典绘画的框架(张 2005:185-186)。

日本绘画受到中国绘画及中国传统文化的巨大影响,尤其是中国的儒家、佛家和道家思想对日本文化和日本绘画产生过影响。中日文化交流源远流长,据史书记载早在汉魏时期弥生时代的日本已向中国通史纳贡,汉字自此传入日本。公元 6 世纪文化交流更加频繁。唐风的盛行影响到了日本的各个领域。自此日本受中国文化的影响是多层面的,就美术而言无论是绘画、雕塑、瓷器、工艺等,无不渗透着汉文化思想。中国古代壁画与宋代山水画等对日本绘画产生了较为深远的影响,使日本绘画发生了新的变化。

一、中国古代壁画与日本绘画

中国传统文化博大精深、源远流长,而中国古代壁画以其千余年的发展历程所形成的独特的绘画语言与表现方式,也深刻地影响了日本本土的文化与艺术。尤其是中国古代壁画中的矿物颜料与日本绘画之间有很深的渊源①,要说清这个问题首先需要说到佛教在中国的流传与发展。唐代是中国佛教壁画发展的鼎盛时期,这一时期对矿物颜料的使用已非常考究,矿物颜料随着绘制佛教壁画等的发展,其用色研究与绘制技巧空前繁盛,基本奠定了矿物颜料的使用基础。在唐代,不管是颜料种类还是其使用技法在世界上都处于领先地位。而此时也正值日本的飞鸟时代,那时的中国与日本的政治、经济、文化等交流日益频繁,日本皇室贵族大量引入佛教文化与艺术,对佛教的传入极为热衷并大力发扬。中国派遣的赴日使者也将大量唐代绘画样式与材料技法介绍到了日本,不仅如此,还有不少的中国宗教画师陆续到达日本,促进了日本绘画艺术逐渐走向繁荣。在这个过程中,他们宝贵的技法随着中国博大精深的传统文化在日本本土绘画艺术中生根发芽,并与当时日本的特色绘画相融合。至日本奈良时代,已有记载朱砂、烟紫、铅丹、紫土、金青、白青、容青、绀青等矿物色彩材料的内容。因此有人说,日本绘画的发展从某种程度上来说是中国文化的缩影。这不仅是对中国传

---

① 中国壁画与日本绘画的渊源这一部分主要参照:王思齐.中国古壁画矿物颜料对日本当代绘画的影响[J].美术,2018(1):140-141.

统文化精髓的肯定,也是对日本文化在历史发展过程中受多民族文化影响的一种认知。基于此,讨论中国古代绘画材料和技法对日本绘画产生非常深远的影响,一方面在于日本绘画对中国古代壁画中材料与技法的继承、吸收,另一方面则是日本绘画在其原有形态和发展基础上对中国古代壁画材料与技法的融合、创新、拓展,由此也逐渐形成了带有中国传统文化特色的日本特色绘画风格。

如发掘于 1972 年的日本高松冢古坟,就以石室内壁上的彩色壁画著称于世。高松冢古坟这座直径达 18 米、高 5 米的小型圆形坟墓位于日本奈良县高市郡明日香村,其年代约为 7 世纪至 8 世纪之间。古坟内部石室四壁除绘有男、女群像外,还绘有青龙、白虎、玄武、朱雀等神兽形象,天花板位置则绘有星座布阵的神秘图案。石室内部这些中国古代传统中象征威慑四方的神兽图像和异幻内容的绘画技法运用纯熟,构图活泼富于变化,勾线施色准确生动,可见中国传统绘画颜料与技法对其影响之深。在日本天平十九年法隆寺记录的资财账本上可以发现,当时掌管人员对壁面使用颜料有详细记载,并且在天平胜宝四年正仓院的文书记录中也可以见到他们详细记录所用颜料的种类与质量(傅 1941)。不仅如此,还可以从雄黄、雌黄、铅丹、朱砂,白绿、白青、同黄、紫土、胡粉、青黛、烟子、金箔、胶矾等颜料的记载中获知当时日本使用的颜料和唐代墓室壁画上使用的矿物颜料极其相似。除此之外,在狩野永纳编著的《本朝画史》中也较为详细地记录了颜料的名称,并对这些从汉语而来的矿物颜料名称演变过程也有相对完整的描述(狩野 1985)。由此判断,日本古代壁画中所使用的颜料多来自唐土,可见当时的矿物颜料在日本使用之珍贵。

到了安土桃山时代与江户时代初期,以金碧浓彩为主要特色的绘画方式为日本绘画带来了一段“黄金”时期。这一时期虽然在画面整体画风上还依然延续张萱、周昉的宫廷画风与南宋时期的院体风格,但不可否认的是,其画面在装饰性色彩及效果上有一定程度的突破。日本明治维新后,由于受到西方艺术风格和绘画技法的影响,彼岸视野之开放使得相对封闭的民族艺术进入新时期的发展阶段。在文化的相互比较中成长起来的日本绘画界,一方面大量吸收了多元化的艺术思潮,提升了艺术家对于世界的认知与观看方式;另一方面则由于引进开发矿物颜料的新技术,使得其在学习和吸收中国古代壁画矿物颜料技法的基础上,又进一步提升了对材料特性的认识以及对材料在绘画过程中的使用与掌握,尤其是对于岩彩画颜料的创新和拓展,使日本绘画在画面质感与呈现效果上发生了巨大变化。不仅如此,在画面的视觉呈现效果上,一些日本画家在吸收西方文化及其表现形式的同时,又立足东方传统文化的精髓、立场与观念,从而也突破了传统绘画中以叙述物象为主体之表现途径的束缚。至此,日本绘画中开始出现装饰性的形象主体配以鲜丽色彩的趋向,实际上也代表着日本绘画审美趣味的转向。如从当代日本具有代表性意义的东山魁夷、加山又造、高山辰雄、平山郁夫等画家的创作中可以较为清楚地见证到,中国传统文化之意趣与矿物颜料的运用对于当代日本绘画面貌的影响无疑是巨大的。

当然也必须意识到,因为创作视野的逐渐开拓,日本艺术家们将吸收了中国古代壁画元素与材料技法的传统日本画结合了新的时代语境,从而使他们表现的题材和手法趋向丰富多元,与此同时也更加强调画面的装饰效果,从而将日本独特的审美趣味推向了更高的层次。如被称为"日本画坛怪杰"的画家、教育家加山又造(1927—2004),其融合西方表现主义、立体主义、超现实主义艺术风格的作品《月下斑马》《悲鹿》等作品在世界画坛上享有盛名。更需要强调的是,其在《春秋波涛》《日月四季》等壁画作品中大量运用金箔、银箔、黑箔等金属材料与矿物颜料并配以洒金、揭箔等特殊技法,而泼墨、刮刀、印染、喷雾也常常与矿物颜料的使用相结合,这不仅使其绘画作品更加具有平面感和现代感,还充分体现了艺术家本人对绘画颜料、技法的娴熟操作与多元创新。由此可见,日本当代绘画中混用装饰金属物质与复杂的现代技术加大了矿物颜料的表现力度,而且,颜料与金属物质相结合、描绘与拼贴交互应用不仅丰富了绘画表现手法,也更加突出了日本绘画的装饰画风。

综上可知,日本绘画一方面继承与吸收了中国古代壁画中矿物颜料的表现手法,另一方面又以西方现当代艺术思潮与风格表现的开放多元为导向,融合多方传统文化与艺术风格之精髓,拓展了其当代绘画的新局面。当代日本绘画作为"可以在小领域里传达海量信息的手段与装置(叶 2010:434)"的载体,其中包含的中国传统绘画艺术及材料技法的元素既是中国传统印记的遗存,也是历史文化长河涌动过程中沉淀的痕迹,这种带有爆发力和持久性的当代绘画艺术的确令人印象深刻,且值得反思(王 2018:141)。

二、宋代山水画与日本绘画

宋代在我国历史上是一个文化高度发达的时期,宋代山水画在我国美术史上是一个高峰期，山水画发展至宋朝，在理论和技法上都已相当成熟。理论上，宋代是一个美术理论著作颇丰的时代，文人士大夫在诗词中论画，宫廷画院中的职业画家在创作之余也论画。因此这一时期的山水画与绘画理论高度结合。技法上，宋代绘画尚神韵，以形写神、形神兼备。宋之前所说的神主要是在人物画的创作中。如魏晋时期顾恺之说的"传神写照，正在阿睹"。传神论发展至宋代，从为人传神发展为万物有神的层面，得到了知识分子的一致认同，宋代山水画家认为绘画不但要绘物之象，也要得物之神，一山一水、一树一石皆有神。宋代美学思想中有一个重要的审美理想是"天人合一"。这与宋代理学的兴盛有关。理学在宋代又称为新儒学，是宋人将儒、道、释三家思想最大限度融合在一起，追求人生的最高境界，即天人合一。根据大儒朱熹的解释，理是一种形而上的道，是万物之本，是这世间万物运行的基本规律。形为理之本，理在形之上。以自然山水为题材的山水画成为最适合表达圣者气象，达到天人合一境界的画种。受道家与禅学的影响，山水画功能在宋代发生了转变，在宋之前主要的山水功能是成教化、助人伦，发展至宋，山水画的功能主要体现在怡情养性上。北宋画家郭熙在他的山水理论著作《山水训》中做了如下解释，人之所以在自然山水中陶醉是人性使然，世俗中的人被生活所牵绊，渴望解脱，而通过创作或欣赏山水画，人可以让自己内心沐浴在山水中，抒发情怀，获得内心的满足。要获得这种内心体验必然对山水画的创作有所要求。首先要确立正确的艺术观察。画家要将自身融进自然中以情观景，将自我的主观情感融进山水画创作中去。其次是画家要不断提升自我的艺术修养。宋代山水画尤其是宋代山水画中蕴含的美学思想对日本绘画产生了很大的影响，对日本画风的转变起到了重要的作用[①]。

　　平安时代前期(794—1192)，日本画家常在屏风上绘制山水画，并将中国的诗句经文题写在画上。随后，日本的和歌代替了中国的诗文，被称为大和绘。而以中国诗或中国文学故事创作的绘画称为唐绘。值得注意的是唐绘与大和绘在技法表现上并无太大区别，只是主题上的差异而已。直至平安时代后期，日本绘画才渐渐摆脱了对唐美术的生硬模仿，开始探索具有自己民族风格的绘画之路。日本室町时代(1392—1523)宋代水墨画逐渐传入日本。为了有别于唐绘，这种宋代水墨风格的绘画在当时被称为汉画。受宋美学思想的影响，15世纪，一些

---

① 宋代山水画对日本绘画的关联性这一部分主要参照：李增华.浅谈宋代山水画对日本绘画的影响[J].大众文艺,2017(11)：70-71.

居住在镰仓和京都的贵族或僧侣，享受着宋式的高雅生活，他们用中文写诗唱和，以表达彼此之间孤高的性情及清虚优雅的心境，大量的寺院成为汉文化交流的中心，画僧们常仿宋代山水画图式创作一些风景画，作品的上半部分往往也留有大量的空白，供友人题写抒发情怀。15世纪末，随着对宋代绘画的进一步研究，日本画僧将南宋马远、夏圭式的边角构图与本土画风完美融合。这种逸笔草草、不求形似的大写意文人画对日本画风影响最大，开启了日本文人画的新天地。

宋代水墨画的传入使日本找到了一个将禅宗思想与绘画完美结合在一起的契合点。在之前日本的唐绘或大和绘中，山水只是作为人物画的背景出现，还未从中剥离形成独立的学科。自宋代山水画传入日本后，日本人才对山水画产生了兴趣，并将其作为独立的学科。日本人称宋画为"墨画"，北宋米芾、马远、夏圭的作品在当时日本被大量模仿。至14世纪北宋的水墨山水占据了日本的画坛。值得关注的是14世纪的日本画家首先关注的禅学主题的宋画。禅画题材对日本影响最大的宋代画家首推牧溪。牧溪俗姓李，佛号法常，生于四川，日本美术作品《松斋梅谱》中对法常的点评是"皆随笔点墨而成，意思简当，不费装缀"。牧溪是一位全能型画家，擅长山水、人物、走兽、花鸟，尤其花鸟画逸笔草草，清幽淡远。山水代表作《远浦归帆图》真迹现藏于日本京都国立博物馆。他的另一幅作品《松猿图》对日本影响尤大。牧溪的《潇湘八景图》曾被幕府将军足利义满收藏，现存于日本根津美术馆。宋代时海上贸易的发达使得牧溪的大量作品东渡至日本。室町幕府将收藏的中国作品按优劣分为下、中、上三类，法常的画被归为上上品。以牧溪为代表的宋代水墨山水画家对日本水墨画的形成及影响巨大，使日本绘画与当时流行的禅宗思想更加紧密地联系在了一起。从镰仓至室町幕府这一时期，日本战乱连年，权力之争日趋激烈，有着能够解脱苦厄、放空一切的禅宗思想利用这一历史机遇获得了划时代的发展。因其不同于代表贵族和朝廷的旧佛教而得到了急于摆脱朝廷控制的幕府将军的大力支持，并不断日本化，形成了一个带有中国特色的日本宗教，迅速普及全日本。宋代以形写神的写实观对日本佛教绘画影响很大。佛的造型由幻想式的神秘感向写实性过渡，更加贴近现实中的日本人形象。可以说禅宗思想的普及为水墨画的发展奠定了坚实的思想基础。这一时期禅宗仅停留在思想和宗教领域，在这种情况下，以牧溪为代表的宋代大写意画家的作品适时地流入日本，这种空寂幽微不求形似，少艳丽尚古趣，注重抒发性情的大写意水墨简笔画与当时的禅宗不谋而合。以禅宗思想为支撑的大写意水墨画,在日本建立了新的绘画样式。

宋代院体山水画对日本宫廷绘画及新绘画样式的形成,起到了决定性的作用。随着宋画的不断传入,宋代宫廷画院体制也被日本所仿效。如金阁寺的能阿弥、周文、雪舟、狩野正信等都是足利幕府的著名御用画家。周文是第一个采用全新的宋代山水图式的画僧。周文的作品采用南宋马远、夏圭的"边角构图法",从他的代表作《蜀山图》来看,周文对宋代山水画的笔墨技法、经营位置、随类赋彩可以说烂熟于胸,画面气韵生动,笔墨纯熟、意境空灵。一叶小舟漂于江心之上,飞檐亭台立于江边,皴擦染点颇具宋意。《蜀山图》现藏于日本京都静嘉堂内。周文的弟子雪舟是将宋代山水画日本化,并形成本民族特色的重要人物。雪舟曾随遣明使出使中国,在各大寺院研习宋代著名山水画家的代表作,逐渐形成了自己的风格。作品有全景式构图和边角式构图,以勾线填色法描绘物象,注重对空白的使用。这一时期日本水墨画代替了色彩,改变了美的评价标准,为以"空寂"美学思想的形成奠定了基础。

周文及其弟子雪舟是宋代水墨山水画的直接继承人。足利义满时代的能阿弥是承上启下并开启狩野画派的关键性人物。能阿弥是艺评家也是画家,对于宋画颇有研习。其子芸阿弥和其孙宗阿弥继承了能阿弥的衣钵。经过对宋画的不断深入研究,宋代水墨山水画与本土绘画不断融合,狩野派在这个时候登上了历史舞台。狩野派开创于安土桃山时代,其代表人物有狩野永德、狩野正信和狩野元信。这一派别的成就和特点是在继承宋画风格的基础上,加入了装饰性重彩技法,并影响至今。随着日本政局的稳定,狩野派得到了幕府的认可与推广。在狩野派的作品中既保留了宋代的山水画传统,如牧溪、夏圭式的线条,雪舟式的重墨,能阿弥式的淡彩,又体现了日本民族的审美。对中国宋代自然精神的吸收,对后世影响巨大。

第三节　音　乐

中国音乐起源较早,可以追溯到尧舜古乐。河南省舞阳县考古发现的 18 支七音孔和八音孔的古笛,距今有 8 000 多年的历史。原始社会的音乐与礼仪是相连的,中国音乐形成了自己独特的体系,分别创立了七音阶和五音阶体系。因为五音阶体系与中国哲学中的五行相合,所以地位较高(张 2005:188)。唐朝是我国封建社会的鼎盛时期,政治、经济、文化等高度发达,对外开放水平空前,与世界各国特别是东亚各国有着密切的交流,在多项交流中,中国文化对其他各国产生了极为深远的影响。唐代音乐作为中国文化的一部分也对周边其他国家产生了极大的影响,日本便是该时期与我国进行音乐文化交流的典型代表,在频繁的交流活动中,其音乐深受中国唐代音乐文化的影响。

一、唐代中日音乐文化的交流

日本接受了唐代文化这一优秀的异质文化,并在坚持主体性的前提下进行合理吸收,使其发展成为具有本民族特色的音乐文化。此外,地理位置上的优势为中日两国频繁的交流提供了极大的便利,且两国同属一个文化系统,相近的信仰崇拜等都成为中日音乐文化交流的条件。唐朝时中日文化交流进入黄金时期,日本曾派出十余批遣唐使团代表日本政府来确立中日两国的交流关系,学习唐朝先进的政治经济制度,吸收唐文化,从而建立适合本国的极具有本民族特色的文化系统。这些使团规模宏大,组织极为完备,设有正使者、副使者、学问僧、留学生、音声长、音声生等众多职务。其中,音声长和音声生专门负责音乐文化交流,当遣唐使团在我国朝廷进行礼见、朝贺等活动时,便由这些日本音乐家来演奏他们本国的音乐。此外,他们也学习中国音乐,并将其带回日本。日本留学生吉备真备就为中日音乐文化交流做出巨大贡献。吉备真备留学期间正值盛唐,在中国的十七年间,他刻苦钻研,对中国音乐文化进行深入的学习研究。公元 732 年吉备真备归国,他将律管及中国一部重要的音乐理论著作《乐书要录》带回了日本。随着该著作的传入,中国的音乐理论与音乐思想开始在日本传播并产生影响。

在唐朝亦有许多音乐家东渡日本,将唐朝音乐介绍给日本人民。中唐的皇甫东朝就是众多东渡日本的音乐家中较为有名的一位。皇甫东朝善奏唐乐,据《续日本纪》记载,皇甫东朝和他的女儿皇甫升女于公元 737 年到达日本传播中国音乐文化,并在日本演奏了唐乐,父女二人后因风浪阻挡没能回国,从而定居日本。767 年,皇甫东朝被任命为日本宫廷音乐机构雅乐寮的雅乐员外助,成为朝廷乐官,推动了日本音乐的发展。除音乐家东渡日本,唐朝还曾派演出团体到日本演出。在日本的史籍中,记载有天皇观看汉人表演"踏歌",这一民间集体歌舞便是由唐代乐工在授元年间带去日本的。这种歌舞形式传到日本后与日本本土的"歌垣"相结合，在日本民众中广泛流传。

日本对唐代中国音乐的引进是包括音乐理论、音乐形态与音乐思想的全方位引进，与之相配套，日本还仿照中国宫廷管理模式建立音乐管理机构，创设了格局宏大、系统完备的音乐体制。这一由政府推动的规模化行为改变了日本音乐的面貌。在中日音乐文化交流的过程中，日本虽然引进了儒家的礼乐思想，但是并未引进纯粹的儒家礼乐，而是引进了唐代堪称国际音乐的燕乐（后来成了日本的雅乐）。

二、中国雅乐与日本雅乐

中日雅乐虽用同一名称，却属于性质不同的两种音乐形态[①]。中国自周代开始，已经奠定了雅乐的根基，并专门在祭祀先祖与举办宫廷典礼时演奏。到了隋唐时代，这种为宫廷所专享的雅乐体系逐渐僵化和衰落，随之兴起的是生机盎然的俗乐。传入日本的唐燕乐实际上是俗乐的一种，是当时在中国宫廷演出且经过加工的中国民间音乐，这些构成了日本雅乐的主体。日本音乐史学者吉川英史在《日本音乐的历史》一书中有如下论述。

> 构成日本雅乐的中心是唐乐。但要注意，那不是中国的雅乐，而是称作燕乐的音乐。在中国被称作雅乐的，是在祭祀天神地祇、天子祭祖先、祭孔子等祭礼时演奏的宗教音乐。因为当时日本已经有了神乐等传统的宗教音乐，而且在佛教界也有了佛教独特的音乐"声明"，还已经有了伎乐。所以就没有引进作为儒家宗教音乐的中国的雅乐，而是引进了当时被称作是国际艺术音乐的燕乐。出于其精神面的高雅，故称其为雅乐。也就是说，中国和日本的雅乐，虽然同名，却是不同的音乐。

日本正仓院今天还保存有曲名为《番假崇》的琵琶谱，这是日本天平年间使用过的唐乐乐谱中唯一遗存的一卷，此外，很多唐乐的乐器和舞乐用具都有所保存，成为今天日本音乐史研究的宝贵资料，与此直接相关的音乐可被认作是平安

---

① 中国雅乐与日本雅乐的区别主要参照：张小梅.中日音乐文化交流的背景及音乐形态比较[J].文艺研究，2005(7)：83-87.

朝乐制改革以前的唐乐。根据正仓院的其他资料,奈良时代又有"五帝太平乐""番假崇""武王""破阵乐""安君子""苏芳皮""倾杯乐""三台""涩河鸟""宗明乐""嗔面""浑脱""皇帝破阵乐"等唐乐传到了日本。据日本学者的研究,日本当时把从唐朝传入的燕乐称作唐乐,并没有使用"雅乐"这一称谓。后来文武天皇颁布大宝令,日本宫廷才开始设立宫廷歌舞管理机关雅乐寮,又称作歌舞所。明治以后,才正式使用"雅乐"来称呼日本古代乐舞。

日本雅乐不仅包括唐乐,而且包括右方的高丽乐,以及日本古代的传统歌舞,例如东游、人长舞、久米舞、五节舞等。可以说日本雅乐是日本古代歌舞音乐的总称。中国雅乐与日本雅乐虽然使用同一称谓,但它们所指不同、性质也不同,真正与日本雅乐有血缘关系的是燕乐而非唐代雅乐。日本遣唐使没有选择中国的宫廷雅乐,而是将正在兴盛繁荣的燕乐体系引进日本,并在当时和以后很长的历史时期内都把唐燕乐称作唐乐。原因主要有两点,一是日本有独特的神道教作为其信仰,不需要中国雅乐作祭祀音乐;另一方面可能是日本人对已僵化的雅乐缺少兴趣,他们需要的是可以在日本宫廷实际演出且生动活泼的歌舞音乐(吉川1965)。

大量中国乐曲传入日本,刺激了日本音乐家创作本土音乐的热情。随着中日音乐交流的进一步深入,日本朝野上下,特别是从平安朝到嵯峨、淳和、仁明帝时代的音乐家、舞蹈家们,并不满足于照搬外来的歌舞音乐,而是把日本人的审美意识与日本本土音乐舞蹈相结合,将传入的中国音乐经由一系列本土化的改造使之成为具有日本特色的管弦与舞乐。

三、日本雅乐与唐燕乐

经过一系列改造后的日本雅乐与唐燕乐呈现出了较大的差异,这些差异主要体现在形式和结构上。

先说形式上的差异,唐燕乐是歌、舞、器乐演奏相辅相成、三位一体的大型歌舞音乐体系,而经过日本平安朝乐制改革的雅乐,被分为管弦与舞乐两种形式,歌的部分被削弱了。也有一种说法认为唐燕乐最初传入日本的时候,有一部分似乎是有歌唱的,日本乐书中至今还留有部分汉语歌词。如史书对于乐曲《甘州》的记载中有"有咏近来不用之""南宫谱曰,三反之后咏,博雅三位谱曰,三帖之后咏,四帖之后咏,有咏,其词曰,但近来不用"。三帖后的歌词为"燕路波山远,胡关易水寒,茫茫风骚动,跨跨阳使闲。"四帖后的歌词为"残月芦江白,老花菊岸舟,竹惊暖露冷,桑落寒飚阑。"《柳花苑》这首曲子也留有汉文歌词"后园桃李正芳菲,芳菲正是妾愁时,昨来新列昭阳殿,更勿非情形画眉。"

再说曲式结构,唐燕乐大曲分为散序、中序、破三大部分,三大部分又划分为若干段落。而日本雅乐的基本曲式则由序、破、急等几个部分构成。张前在《中日音乐交流史》中做了举例说明,其中被称为日本唐乐的四首大曲《苏合香》《万秋香》《春莺啭》《皇麞》的基本曲式结构可概括如下(见表4-2)。

表4-2　日本雅乐(唐乐)的基本趋势结构

基本曲式	"四首大曲"名称	"四首大曲"的基本曲式
由序、破、急等若干个部分构成	《苏合香》	序、三帖、四帖、五帖、破、急
	《万秋香》	序、破、二帖换头、三帖换头、四帖换头、五帖、六帖
	《春莺啭》	游声、序、飒踏、人破、鸟声、急声
	《皇麞》	破、七帖、八帖换头、九帖、急

日本雅乐的基本结构及名称与燕乐大曲之间有深刻的渊源联系,但经过改造变化,其乐曲规模、细部结构已大相径庭,日本雅乐不仅规模较小,曲式也不尽相同。燕乐大曲的散序是自由节奏,速度变化丰富;中序是歌唱部分,慢板速度;破的节奏不规则,速度逐渐加快。而日本雅乐的序、破、急的结构相对有所缩减;中间插有若干其他音乐段落;整体速度则呈现逐渐加快态势,与燕乐大曲最后部分破的速度变化相近似。

第四节　戏　　曲

所谓戏曲,是由民间歌舞、说唱和滑稽戏等不同艺术形式综合而成的艺术样式。它起源于原始歌舞,是一种历史悠久的综合舞台艺术。经过汉、唐到宋、金才形成比较完整的戏曲艺术,它由文学、音乐、舞蹈、美术、武术、杂技以及表演艺术综合而成,有三百六十多个种类。中国戏曲的涓涓细流从原始仪式、汉代百戏、唐代参军戏、宋金诸宫调,到元杂剧,蔚为大观。杂剧成为一种主要的艺术形式,并涌现出了一批杰出的剧作家(关汉卿、王实甫、马致远、白朴等),产生了一批优秀的作品(《窦娥冤》和《西厢记》等)。明清戏曲不断高潮迭起。明代兴起了"海盐腔""弋阳腔""余姚腔""昆山腔"等,清代形成了"高腔""昆腔""弦索""梆子""皮簧"五大声腔系统。乾隆至道光年间,各大声腔在合班演出中相互影响,又陆续形成了京剧等新的大型剧种。清末,民间地方戏也很兴盛,诸如花鼓戏、采茶戏、花灯戏、秧歌戏等。中国古代戏曲最优秀的代表当属昆曲和京剧。广义的中国古代艺术发展到明清,小说和戏曲占据了中心地位,小说更典型地代表了中国社会转型期的市民趣味,而戏曲则代表了对整个中国古代艺术的总结(张 2005:189)。

日本能乐是日本三大传统戏剧剧种之一,在日本艺术舞台上占据着重要的地位。其成形于 13 世纪,发展成熟于 14、15 世纪,是吸收中国民间曲艺和唐朝散乐而创立发展起来的一种带有滑稽性表演、对白、吟唱的艺术,包含有戏剧文学、表演艺术、音乐、舞蹈等多种艺术形式,是日本历史上最早形成的戏剧艺术之一(张等 2019:43)。日本的传统戏曲是以和京剧等中国传统戏曲同样的古代音乐、舞蹈、戏剧为母胎而形成的,但它是由两条道走过来的,一是原封不动地保留了"母胎"的东西,一是由"母胎"变化为日本式的东西(向井 1994:4)。一般说来京剧有"唱、念、做、打、舞"五种表现方法。而日本的能乐的舞、歌、台词和演技舍弃了中国传统戏曲的"打"(武术)的激烈性,而采用以假面具这样静的艺术为特征的形式延续到现在。狂言最早选择了话剧的方向,淡化了歌和舞,可以说狂言也舍弃了激烈的"打"。歌舞伎进一步舍弃了"歌",但日本式的"打"以静的打斗形式复活了。进入近代后,"新国剧"以激烈的打斗为叫座的法宝(向井 1994:4)。

一、宋元戏曲与日本能乐的渊源

宋元戏曲与日本能乐之间没有直接的接触关系,目前没有发现二者交流的文献,也看不到相关的资料。但这并不等于两者之间完全没有关系。这种关系是通过佛教作为中间媒体产生的间接影响关系。即佛教是宋元戏曲与能乐之间传递交流的中间桥梁,通过这一桥梁产生了一定程度的影响关系①。

佛教一直是中日两国文化交流的重要桥梁,通过佛教进行的交流不单是宗教方面,在文化的诸多方面,佛教都起到不可忽视的传递交流作用。在中日戏剧关系方面,尤其是能乐与杂剧之间的关系方面,可能也起到了交流的桥梁作用。

---

① 这一部分主要参照:张哲俊.日本能乐的形式与宋元戏曲[J].文艺研究,2000(4):55-63.

元代由于中日两国兵戎相见,彼此交恶,故《元史·日本传》没有记载中日两国僧人之间的交流。《泰山志》附考之中竟称终元之世未有日本僧人来中国,其实这个时期中日僧人之间的交流就没有间断过。据史籍所载,元僧渡日者有十三人,日僧入元者达一百四十余人。这只是有据可查的人数,尚有失于史籍所载者,总数应该多于这个数字。现今少林寺、灵岩寺等寺庙中留下了大量入元日僧塔铭碑文等。这样频繁的中日僧人之间的交流为佛教充任中日戏曲之间的桥梁提供了可能性。同时,从文献资料和戏曲本身的性质两个方面来看,宋元戏曲和日本能乐都与佛教有着密切的关系。首先,佛教方面的文献记录了宋元杂剧,这里既有中国赴日僧人,也有日本的僧人。他们都写了观剧诗。下面几首观剧诗便是当时的僧人们写下来的。

> 戏曲一棚川杂剧,神头鬼面几多般。
> 夜神灯火阑珊甚,应是无人笑倚栏。(兰溪道隆)①

> 随处开场打杂剧,神头鬼面得人憎。
> 今朝脱却戏彩去,手里拈来一枯藤。(南山士云)②

> 秋风鼓笛发清狂,哭一场兮笑一场。
> 识得从来无实法,玄沙只是谢三郎。(古剑妙快)③

上面三首僧人们留下来的诗已经提供了佛教作为桥梁作用的最基本的文献资料。中国的僧人到日本,日本的僧人也到中国观看杂剧并写下了杂剧诗。诗中的内容有两处值得推敲,首先是"神头鬼面"。这三首诗中有两处提到了"神头鬼面",即"神头鬼面几多般"和"神头鬼面多人憎"。日本僧人谓"神头鬼面多人憎"恰好印证了《元典章》中的记载④。由此来看日本僧人不仅熟悉元杂剧,对

---

① 兰溪道隆《大觉禅师语录·南泉玩月》。
② 南山士云《南山录》。
③ 古剑妙快《了幻集·看戏剧》。
④ 《元典章》至元十八年载有世祖忽必烈一道禁令,即"骷髅头休穿戴者"。骷髅头为可怕的假头,神鬼面具和假头中多有可怕恐怖的形象。"骷髅头"之所以被禁止使用,主要是因为其面目可憎可怖。"神头鬼面"的道具在元杂剧中不仅使用,而且还是比较常见的。

"神头鬼面"也非常熟悉。其次是笛和鼓①。古剑妙快的诗中有"秋风鼓身发清狂"之句,说明当时的杂剧是用鼓笛来伴奏的,很显然,杂剧的这一伴奏形式也为日本僧人所熟知。诗中写的笛、鼓与杂剧的伴奏乐器相合,没有出入。

综上可知,从面具和伴奏乐器、僧人留下的文献、散乐与杂剧和能乐的关系等几个方面来看,以佛教为中间桥梁,宋元戏曲(杂剧)与日本能乐发生了一定的关系,并对日本能乐产生了一定的影响。

二、中国戏曲与日本能乐的异同

日本能乐产生于日本的中世纪,与奈良时期由中国传入的散乐有着直接的关系,中日两国戏曲之间有着上千年相互交流和影响的历史,因此它们之间不仅有着共同的特征,也存在着差异之处②。

1. 相似性

(1) 程式化。

在剧本结构方面,中国地方戏曲是以完整的故事情节、各种不同场子的转换、人物之间的上下场形成程式化的结构和戏剧性的起伏变化;同样,日本能乐由序一段、破三段、急一段的五段式的程式化结构构成,按照工整的剧本结构,从交代剧情到情节发展,最后到高潮结束。在表演要求方面,中国地方戏曲演员在表演过程中,一招一式都有固定的程式化的规范要求,比如戏曲演员走一个圆场,就表示越过了千山万水,一将两兵则表示千军万马;同样,日本能乐的演员在舞步、身段、歌唱等表演中,也显示出高度的程式化,比如演员两手平举、手心向上表示极大的悲痛,一只脚向后退,则是表现惊讶和欢快等。

(2) 情景交融。

中国地方戏曲的舞台采用戏曲环境与人物情感相结合,通过演员虚拟化的表演与借景抒情的演唱,突破了舞台时间、空间的限制,使观众可以想象出舞台上并不存在的景象,如越剧《蝴蝶梦》一幕中的唱词:"我所思兮,远在天涯,欲往

---

① 从宋金杂剧的演出文物中可以看到与元泰定年间杂剧演出图非常近似的砖雕。宋末金初樱山段氏墓群中有杂剧演出砖雕非常近于广胜寺明应王殿中的壁画。这个杂剧伴奏队为五人,一人双手执梓击大鼓,一人腰系杖鼓,一人吹笛,一人持拍板,一人吹筚篥。这个乐队有笛、鼓、板,只是多了杖鼓和筚篥,与元代杂剧的乐队基本相同。由此也可以断定元代杂剧伴奏乐队的组成是笛、鼓、板为主的乐队(张 2000:57)。

② 本小节主要参照:张旭东,王宁.关于日本能乐、中国戏曲以及西方音乐剧的异同比较[J].山东艺术学院学报,2019(1):43—46.

相从兮,似隔万重烟霞。会思念,紫竹萧萧月如钩,溪光摇荡屋如舟。"这段借景抒情的唱词描绘了一幅情景交融的凄美意境。日本能乐也十分注重创造情景交融的意境,但能乐唱词中往往写景先于写情,于是就产生了以景生情、以情寓景的艺术效果,如《熊野》一幕中的唱词:"都城虽惜春花去,东国无奈落花愁",以伤春惜逝的借景抒情,渲染出寓情于景的悲切凄情。

2. 差异性

(1)表现手法不同。

中国传统文化讲究"中和"的审美理想,要求艺术作品要有"乐而不淫,哀而不伤"的切中表现,因此,在中国地方戏曲中,无论是歌颂唯美浪漫的爱情故事,还是经典奇幻的神话传说,在表现手法上都有含蓄委婉的内在寓意,表而不突,白而不直,如《白蛇传》《梁山伯与祝英台》,虽然故事中间都有曲折的剧情发展,但都表现得适中含蓄、点而不破,并以完满的结局收场。而日本能乐则讲究"物哀"的审美情感,包含着对他人的同情以及与悲哀的共鸣,这是一种"哀屋及物"的意向美,表现出一种空灵的感情意境,比如在能乐大师世阿弥的音乐中,其主人公常常从人演化为亡灵,以超自然的视角渲染出悲凉、凄切之情。

(2)音乐伴奏功能不同。

中国地方戏曲音乐中唱伴相随是其艺术特色之一,伴奏乐器对于戏曲声腔的行腔、衍变、发展起到了重大作用,从最初以曲笛和二胡为主的伴奏乐器,渐渐发展为融进三弦、琵琶、笙、唢呐等乐器,推动了戏曲声腔音乐的不断发展,比如板胡通过琴师按弦、揉弦等技巧发出音高的微妙变化以及颤音等音响效果,使板胡特有的音色充分展现出秦腔朴实、委婉的音乐语汇以及刚健粗犷的气质;而在日本能乐中,器乐伴奏部分叫囃子方,是能乐中非常重要的部分,由小鼓、大鼓、太鼓和笛子(也称能管)四件乐器组成,其中四分之三是打击乐,可见能乐是十分强调节奏的,囃子的音乐部分不仅能烘托场景与气氛,还常与伴唱一起,用音乐来描述主角的心理活动及其内心世界。

第五节　关于中日艺术的几点思考

艺术的门类有很多,本章在参照参考资料的基础上仅就与传统文化及公众生活密切相关的"书法""绘画""音乐""戏曲"四个方面,从中日比较的视角进行了梳理。引发了以下两点思考。

中国艺术呈现出了"自主创造性"和"原发先进性"的特点,而日本艺术则呈现出了"移植模仿性"和"继发后进性"的特征。不管是书法、绘画还是音乐、戏曲,其在中国产生的历史都要早于日本,虽然中国艺术在发展的过程当中都或多或少地融进了外来的艺术要素,但其发源地是中国,主要是在中国土生土长起来的,而且并没有因外来艺术要素的融入而丢失自我。这很好地体现了中国艺术强劲的原创力和持久的生命力。反观日本艺术,在书法、绘画、音乐、戏曲四个方面,无一不受到中国传统艺术的影响,与中国传统艺术有很深的渊源。在某种程度上说中国传统艺术是日本艺术的母体也不为过。单从这一点来看,与中国艺术相比,日本艺术缺乏原创力,甚至可以说几乎很难见到日本土生土长的艺术形式。不过,日本艺术在发展的过程中,并没有拘泥于单纯的模仿学习,其在引进中国艺术的基础之上,根据日本社会现实和实际需要,充分发挥主观能动性,创造出了具有自身特色的、同类别的艺术形式。而且,在漫长的历史长河中,日本艺术继发动力强劲,加上持久的继承性和强大的包容性,让日本近现代艺术几乎在所有领域都取得了极大的发展。

思考题

1. 中国艺术与日本艺术有何渊源?

2. 中国艺术与日本艺术有哪些异同?请从宏观和微观两个角度来回答。

3. 中国艺术与日本艺术的本质差异是什么?为什么?

第五章

中日物态文化比较

物态文化属于实体文化,是文化中可以具体感知、摸得着、看得见的东西,是具有物质形态的文化事物。表现为物体形态,故称物态文化。它是人的物质生活活动及产品的总和,是整个文化的基础,可以满足人衣食住行的基本生存需要。服饰文化、饮食文化、建筑艺术文化均属物态文化层。物态文化以满足人类最基本的衣食住行等方面的生存需要为目标,直接反映人与自然的关系,反映社会生产力的发展水平。物态文化的固化与可感知是其主要特征。历史遗存中的文物,现代社会中的建筑,科学技术的创造物,书籍、影像、风俗习惯等都是物态文化的具体形态。物态文化既是人类主观世界外化的产物,也是人类价值的承载体。历史古迹、自然景点具有历史教育和文明教育的功能。转化机制,从重视经济效益拓展到重视教育功能和社会效益,能充分发挥物态文化的价值教育功能。本章将围绕饮食、服饰、建筑、茶、烟酒这几种物态文化进行中日对比,探讨中国物态文化对日本的影响。

第一节　饮　食　文　化

中国和日本都属亚洲东部国家。从很早以中国的饮食文化就已经对近邻日本有了潜移默化的影响,因此两国在饮食文化上存在很多共同之处。但是,由于两国地理位置及风俗习惯等不同造成两国饮食理念存在较大的差异。

一、中国饮食特点

中国人常说"民以食为天",从文字中就可以看出饮食在中国人心目中的位置。中国中央电视台播出的《舌尖上的中国》生动地表现出中国饮食文化的深奥精微和中国人对饮食的珍视。中国人的饮食追求是"美味享受，饮食养生"，食物的好坏，味觉永远是非常重要的。评价佳肴时一般用"色、香、味"作为标准，虽然在"色、香、味"的排序中"味"在最后，但一般宴请宾客时，常常会先说"今天的菜不知道合不合您的口味"，而绝不会说"菜的营养价值不高，不够精美"等。自古以来中国人吃饭讲究色香味俱全，这三种要求中"味"是最重要的一项。

中国一面濒临大海，三面环接陆地，幅员辽阔，气候多变。这就决定了制作中国饭菜的材料十分丰富。北方盛产小麦、玉米、大豆、高粱。南方盛产水稻，大海为人们提供了海味，山林为人们献上了山珍。在主食里，北方人爱吃面，南方人爱吃米。馒头则是主食中具有代表性的食物。除了馒头，人们还用小麦粉做成包子、饺子、面条、大饼、花卷、春卷、馄饨等。俗话说"舒服不如倒着，好吃不如饺子"，饺子是主、副食的巧妙结合，是中国北方人最喜欢吃的、最有代表性的主食之一。

根据地域特点和风俗习惯的不同，中国饮食被分为八大菜系：鲁菜、川菜、粤菜、苏菜、浙菜、闽菜、湘菜、徽菜。尽管中国各地在调料的使用上不尽相同，但总的印象是：调料使用得全、多，目的是为了加色、加味。常用的调料有酱油、醋、糖、花椒、大料、葱、姜、蒜、淀粉等。中国菜的制作，主要以"合"为主，即运用煎、炒、烹、炸、炖、溜、蒸、焖、煮等方法，将几种材料配以调料，人工地合为一个有机的整体。做好的菜，很难再将其还原成原来的物料。这也是中国菜香味浓郁的主要原因。中国菜的制作，注重烹饪手法，讲究色、香、味的统一，特别是对味的处理十分认真：去怪味、出原味、加香味，使其更符合人的主观需求和各地的特色。"南甜、北咸、东辣、西酸"便是一例。另外，中国菜的制作，用油较多，不少菜的制作，是先炸，捞起后再溜、蒸等，所以油腻。

"民以食为天"，吃饭不仅仅是一日三餐，其中还蕴藏着中国人认识事物、理解事物的哲理。用四个字来概括中国的饮食是"精、美、情、礼"。"精"在于选料、烹调、饮食环境要精致；"美"在于味道要鲜美。"情"在于有人情味，过去中国的茶馆，大家聚在一起喝茶听书，具有一定的抒情功能，对于饮食中的情感文化，我们应该保持自身高尚的追求。"礼"指饭桌上的礼节问题，中国是一个很注重辈分排序、礼貌情分的国家，在饭桌上，事物摆放的位置、上菜的次序、座席的方向都有讲究。

二、日本饮食特点

　　日本人早期的传统思想观念认为做饭做菜是下等人才会做的工作，上不了大雅之堂，因此饮食文化在日本早期不被人们重视。日本人口多，面积小，保护环境、不破坏自然景观是自古以来的风俗。日本人习惯于传承先人留下的美，饮食也表现出含蓄、内敛的美。日本人认为，万事万物均以"平衡"为第一要义。由于各种食物均有"阴阳"之分，自古以来，日本人始终贯彻吃杂食的原则，以保证"阴阳"的平衡。正是这种观念，使杂食成为日本饮食文化的一大特色。

　　日本是受惠于海的国家。海风造就了湿润多雨的海洋性气候，使日本列岛蔬菜种类丰富。海水为日本人带来大量的海产品，所以日本人食用鱼类在世界上是数一数二的。肉类中常吃猪肉、牛肉、鸡肉，而羊肉很少吃，鸭子几乎不吃。日本人做菜时较少使用调料，所以日本菜较多地保持了原色原味。前面所说中国菜的制作主要以"合"为主，日本菜虽然也有这样的做法，但更多是使用"分"的方法。将几种材料先进行简单的加工，然后摆放在一起。表面看是一个菜，但几种材料之间，你中无我，我中无你。日本的盒饭是"分"的典型：盒内约有二两米饭，上撒芝麻、紫菜，还有一块鱼或肉、几块胡萝卜等蔬菜，外加一小包酱汁。所以日本菜香味不如中国菜，但是味道清淡，色泽自然，营养破坏较少。日本除了天妇罗以外没有大量使用油的料理。在调料方面使用酱油、酒、醋、砂糖等。和中国菜相比，日本料理的烹饪方法比较单纯。

　　日本人喜欢食用生冷、素淡的菜肴，为此日本菜采用简单的制作方法，生食或把食物放入水中煮为多，所以日本料理被称为"煮文化"。日本料理讲究的是色、味、形、器的统一。绿色代表生命力，日本人在制作菜肴时，十分讲究用绿色点缀，不论是生鱼片，还是天妇罗、盒饭，总要放上一片绿叶，令人赏心悦目，有一种回到大自然的感觉，这也许是日本文化中"亲自然"这一重要特点的具体体现。白色或粉色的生鱼片、浅黄色的天妇罗、浅绿或灰褐色的荞麦面条、五颜六色的腌咸菜，构成一个五彩缤纷的食世界。日本的冷菜，千奇百怪，在世界上获得了荣誉。日本人十分讲究餐具、茶具、炊具的实用、精美、配套。哪怕两片咸菜也要装在一个精致小碟里。颜色自然、味道清淡、形式多样、器具精美，这四者的统一是日本菜的最大特点。

三、日本饮食文化的形成与自然环境

1. 日本是岛国

日本是一个岛国,被很多山脉和河流包围,地形复杂,自然变化丰富。《魏志倭人传》里形容倭国是'山岛',因为日本除了是岛国,也是一个国土面积的 73% 被山地和丘陵覆盖的山国。全国山脉纵横,形成郁郁葱葱的森林。降落在山里的水渗透进地下,形成了很多的河流湖沼和平原。这样的自然环境是日本饮食文化形成的一个重要原因。具体表现为:首先,日本属于东亚季风气候,夏季高温多湿让以水稻为主的农耕文化得以形成。形成了以大米为主食,配上发酵食品和调味料食用主食的日本饮食习惯。其次,南北细长地形包含温带、亚寒带、亚热带地域,四季分明。蔬菜、水果等食材丰富。干净、美味、丰富的水资源培育了作物、淡水藻类、水产物等。从食品调理加工层面来看,丰富的水资源能使土地作物除去异味,也使得酒、豆腐等食品的加工法和生鱼片、煮食、蒸食、汤食等调理方法得以发展。

2. 发达的鱼文化

日本四周受暖流(日本海流、对马海流)和寒流(千岛海流、利曼海流)的影响,暖流与寒流相遇的地方就形成了天然的渔场。近海、大大小小的湾、岛养育了很多海产生物,四个海流把南北方的鱼聚集起来,人们能享用到多种多样的鱼类。寿司、生鱼片更是成为日本美食的重要标志。因此,日本的鱼文化能发展得这么多彩,得益于最大化利用自然环境的人们的智慧和努力。

四、日本饮食文化的形成与社会环境

1. 日本饮食文化的变革

绳文时代晚期,北九州的稻作文化很快传到东北地区。与此同时,产生了以水田为主的农业形态,形成了能稳定供给的粮食、安定的生活、以大米为主食的饮食习惯,统治阶级与被统治阶级的分离等很大程度上改变了当时的社会结构和经济制度。到明治时期为止,日本和东亚大陆的交流较多,特别是明治政府推出富国强兵政策后,以西欧国家为榜样建国。在饮食方面也引进西欧文化,鼓励食用在这之前一直强烈禁止的肉类食物。相继引入西洋蔬菜、牛奶乳制品、面包、西洋点心、调味料等。在这个时期,日本积极引进西欧的学问技术,饮食也开

始讲究科学性与合理性。第二次世界大战后,由于粮食供给不足,国家推行粮食分配制度,国民处于饥饿状态,为了获得食物,节约食物,尝试了很多方法。进入昭和时代后,迎来了经济高度成长期,一改二战战败后的混乱状态,食物也从依靠自然转化到在工厂大量生产食品。虽然丰富了物质生活,但在大量生产、大量消费、大量废弃的过程中,也浮现了食品安全、食品公害等问题。

2.与异文化接触

明治维新以前日本主要是与中国、朝鲜等国交流。无论是遣唐使时期、禅宗传入日本时期,还是日明贸易时期或江户时代,中国对日本的影响都是非常大的。例如、日本栽培的农作物大豆、赤豆、稻米、小米、玉米等,日本饮食中常用的酱、酒、醋、盐、豆豉等主要经由中国传入日本。每年的秋季中国人特别是北方人都要以大豆、麦曲和盐为主要原料制作大酱,但是大酱主要是伴着生蔬菜食用。传到日本后发生了一些改变,日本人将稻米、大豆和麦子发酵后做成谷酱,谷酱是味噌和酱油的源头,它们是日本饮食中最重要的调味品。日本饮食最具代表性的拉面也来源于中国。早在汉代中国就已经有了面食。直至明朝遗臣朱舜水流亡到日本,面条才传入了日本。昭和年间拉面在日本开始流行,那时拉面叫作中国面条,可见中国饮食文化影响力之大。后来拉面成为日本人餐桌上的一道风景,形成独具特色的拉面口味。二战以后,日本主要与美国交流。第二次世界大战以后随着经济高度成长,日本与全世界的交流加深,饮食文化发生了很大的变化。日本人吸取不同的文化,经过一段时间的模仿,巧妙地折中同化,形成了日本饮食文化的特征。

3.都市和地方

随着中央集权的政治势力和地方权力者产生,民众向城市迁移,形成了都市以后,食品生产、食品流通机构、外卖等符合消费者需求的食品生产、流通、销售、消费形式也发生改变。在乡村,普遍存在的是自给自足的饮食生活,也有很多人饥饿致死。都市和地方,都市和农村渔村之间的饮食差异,也可以说是社会经济原因引起的。

4.信息教育、宗教思想

在地区、家庭、公共设施等地方开展饮食教育。各种食品信息、饮食思想、宗教禁忌等(例如,佛教禁杀有四肢的动物、儒家的禁欲主义、日常生活中规定吃饭时的礼仪等),都给日本人的精神、行为带来很大的影响,形成了日本独特的饮食文化。

5. 饮食礼仪

日本人对饮食生活的态度就是「日常食は慎ましやか、ハレの食事は豪勢に(日常餐要谦恭,吃大餐要奢华)」。这是儒家的禁欲主义和贫穷导致的在日常生活中的节俭,以及从其中解放之后在非日常生活中奢侈的精神文化和社会习惯造成的。日本人无论是大人还是孩子,不论在自家吃饭还是去别人家做客、在餐馆吃饭,在用餐前,都会说「いただきます(我要开动了)」。用餐结束后会说「ご馳走様でした(谢谢款待,我吃好了)」。日本人在到别人家里做客或在餐厅吃饭时,通常会把饭菜吃光,以表达对食物和厨师的尊重。另外,包括中国在内的很多国家,在吃东西时不发出声音是一种礼貌的行为,在日本却有一种独特的习惯,吃拉面时日本人习惯发出声音,以示面条的美味。

五、传统正式日本料理

1. 本膳料理

这是传统正式日本料理之一,属于红白喜事所用的仪式料理。一般分三菜一汤、五菜二汤、七菜三汤。源自室町时代,是日本理法制度下的产物,是最基本最正宗的日本料理形式。现在正式的本膳料理已不多见,只出现在少数的正式场合,如婚丧喜庆、成年仪式及祭典宴会上,菜色由五菜二汤到七菜三汤不等。本膳料理器物的摆放形式、上菜顺序、出席服装等都有严格的规定。本膳料理按一到五的顺序上菜。本膳(一膳)上到客人的面前,二膳上到客人的右手边,三膳上到客人的左手边。上菜的顺序也是事先决定好的,先给上座的客人上菜,再给下座的客人上菜,最后给主人上菜。一般的家庭食用和食时是"左边米饭、右边汤、中间菜",这样的摆放方法就是从本膳料理那里继承来的。

2. 会席料理

是以酒为中心的宴席料理。将本膳料理进行简化,便形成了会席料理。会席料理源自江户时代后期,原本是为了饮酒而在料理茶屋享用的美食,也可称为"酒席"。正如其名所示,会席料理一般指很多人一起享用的宴席料理,有时是一道菜一道菜地上,有时是从一开始就将所有菜肴摆在餐桌上。由于会席料理的根本目的是饮酒,所以菜品也都是配合酒水准备的。在会席料理上,常常是最先上酒和菜,其次才是米饭、汤。会席料理的菜品数量一般为奇数,因为认为奇数比偶数更加吉利。而在一般的日本旅馆、料亭里品尝到的宴席料理,大多是会席料理。

3. 怀石料理

与会席料理不同,怀石料理是在茶会饮茶时享用的料理,其目的不是饮酒,而是饮茶。安土桃山时代,千利休确立起日本茶道,修行中的僧人们将温热的石头包在布中,放在怀中抵御饥寒,"怀石"便由此得名。怀石料理的菜肴一般是一道一道地上,食客可以慢慢品用。与会席料理的热闹氛围不同,怀石料理比较安静闲适,而且菜品比较朴素,一般由茶会举办者亲自选择时令食材烹饪,充满季节感,也凸显了主人的待客之心。同时,为了保证品茶时的味觉,怀石料理中一般不会出现过多使用调味料的"重口味"菜肴。

第二节　服饰文化①

每个国家或每个民族都有自己的传统服饰,尤其是当他们出席一些庆典活动的时候,大都喜欢穿着本国本民族特有的服饰。全世界都在呼吁保留传统,特别是服装行业一直倡导"传统的、时尚的就是流行的"。中国近几年来,先是大学生倡导汉服,继而出现了以汉服推广和普及为目的的专门网站,而今街上也偶尔能见到穿着汉服者,汉服表演也比较平常了,似乎在保留传统服装上已经做出了很多的努力。然而在现实中,人们对传统服装的认识还比较模糊,何种服装能作为中华民族的文化符号,闪亮在国际舞台上,相当长的一段时间里一直是一个有待解决的问题。而与中国隔海相望的日本国在这方面就与中国存在明显的不同。

一、中日在保留传统服装上的差异

提起中国特有的传统服饰,直至今日,也没有统一的答案。有的人推荐旗袍,有的人却认为旗袍最多只能代表最后一个封建王朝的影子,不能代表中国悠长历史的传统服饰,或者说旗袍不能体现中国传统的服饰所代表的文化;现在更多的人赞同的是"汉服"。因为在中国漫长的服装历史当中,历朝历代大都穿汉服。

---

① 本节主要引用来源:苗芃.中日服饰文化对比研究[D].陕西:陕西师范大学,2014.

时至今日,中国还没有一种被大多数人认可并喜欢的国服。最近几年,不管是现实中还是网络上都出现了呼吁保留中国传统服装的声音。2007年,网上还发起了"奥运会上,中国的汉族运动员应着汉服入场"的倡议书,引起了很大的反响。可以看出中国人也开始意识到传统服装的重要性,但毕竟这只是小群体的认识,而且或多或少都带有表演、宣传的性质,再加上汉服价格昂贵,使其尚未作为日常穿着的服饰走进我们的生活。

然而今天,日本的大街上依然可以看见穿着紧紧包裹着身体的和服的人,他们迈着细碎的步子一步步前行,这些服饰并没有随着时间的推移而消失。相反,人们依然习惯穿着它们行走在大街小巷。一到"七五三节",天满宫附近就随处可见大人带着穿着传统和服的孩子们。但是在这个节日中孩子们穿的和服和大人们在传统节日穿的和服还是有所区别的,比如小孩穿的和服制作面料一般,而且与和服配套的配件只有衣服背后带有花结的腰背和一只小小的包,没有什么其他的装饰。节日上的和服颜色千差万别,有的很鲜艳,也有的很素雅,用一句话简单来说,就是没有感觉人们是为了节日而专门穿着和服,感觉很自然,只有穿在小孩子身上的全套小和服才能看出来是被家长精心打扮过的。在日本的街道上可以看见各种和服商店,里面有和服成品,也有专门做和服的布料,还有为参加"七五三"节的小朋友准备的一整套儿童和服,当然所有的和服都是包括配件的,比如木屐。在和服商店工作的工作人员也穿着和服。大型商场中也摆着许多展示和服的模特,甚至在欧洲的一些服饰橱窗中也可见穿着和服的模特。在传统的日本影楼中,一般都会有两套结婚用的衣服,一套是西式的白色婚纱,另一套是传统的和服结婚礼服。这些并不只是表面的东西,而是继承得来的深层次的文化表现,是文化的一种自然的流露和展现。现在随着社会的进步,人们的生活逐渐欧化,穿和服的人越来越少了。

二、中国传统服饰对日本服饰的影响

和服的得名来源于日本人口中90%以上的"大和"民族。根据史料记载,和服与中国也有一定的渊源,和服面料的形成、款式的产生以及纹理的演变等方面,都与中国有着千丝万缕的联系,在此过程中中日频繁的文化交流对和服的形成、发展起到了关键性的作用,甚至可以说和服是中日文化交融的产物。下面从四个方面分析中国服饰文化对日本服饰的影响。

1. 纺织技术来源于中国

日本四面环海，是一个岛国，古代的日本与外部世界相对隔绝，在与外界沟通不便的情况下，古代的日本经济、政治、文化都比较落后。公元前 3 世纪秦始皇统一六国的时候，日本还处在原始社会时期。据《日本书纪》《古语拾遗》等文献的记载，日本绳文时代（约一万年以前到公元前 1 世纪前后）后期，到弥生时代（公元 3 世纪前后）的服装材料，大多使用原始植物纤维，如麻布、藤布等。直到应神天皇时代（270—310），中国内地的秦人和汉人来到日本，日本的养蚕织绸业得到了非常显著的发展。应神天皇十四年（公元 284 年），百济的通融王率领秦一族移居到日本，并给天皇献上绢帛，日本天皇赐其大和的朝津马土地，命令其织绸布，并将中国织绢制品的技术传授给当时的人们。

在日本，为了推广养蚕织绸的方法和传播织锦等技术，"汉人"和"秦人"作出了巨大的贡献。据相关史料记载，织锦起源于中国的周代，直到汉朝时，织锦技术才传入日本。在中国南北朝文化影响下，当时的日本希望能和中国一样成为"衣冠之邦"，采取了一系列的措施，促进养蚕织绸事业的发展，日本曾经派使者来中国聘请缝衣技工。此时中国的纺织和服装技术传入日本，改变了日本"其衣横幅，但结束相连，略无缝缀"的状态。日本有名的博多织品，也与中国有很深的关系，据《博多记》记载，承天寺僧人出使唐朝时，有一名叫作弥三的人随同来到中国，在广东学习了织缎的技艺后回到日本，成功织出流传至今的博多织品。

16 世纪中期，棉花才在日本正式栽培成功，江户时代才得以推广。明代万历年间（1573—1620），当时在长崎的中国人，向日本当地居民传播中国弹棉弓的制作及使用方法，使日本服装材料发生了较大的变化。由于棉布比麻布更加舒适，所以不久就取代了麻布，成为日本的主要服装材料。

2. 和服的款式源于中国

根据相关史料记载，公元 3 世纪前后，和服的雏形开始在日本出现。《魏志·倭人传》有这样的话语来描述当时的和服："用布一幅，中穿一洞，头贯其中，毋须量体裁衣。"就是描述日本人当时穿的和服，只是一块布，中间仅仅开一个洞，在穿和服时只需将头从中穿过即可。这便是和服最开始的形态了。

隋唐时期，日本天皇派出遣隋使来中国学习先进的文化，先后派出 4 次遣隋使、19 次遣唐使。遣隋使和遣唐使的使团人数最多时达五六百人，其中有很多留学生、留学僧等等。这些人广泛地学习吸收中国的文化知识、儒家思想、道教思想、教育科学、政治法律以及中国的风俗,其中就包括中国的服饰文化。

在政治上,天皇为了排除国内的豪族,不断加强皇室集权,使古代的日本从部落式的氏族制度逐渐成为中央集权的统一国家,公元 603 年,日本颁布了"冠位十二阶"制度,这是在中国隋代的服装制度基础上进行模仿,同时日本宫廷还制定了相应的冠服和朝服制度,如:布料选用粗厚绵绸,系带垂结于前,以服色区别等级。

公元 701 年,日本政府颁布法律明文规定制作衣服要仿照中国服装的样式,决定采用中国确定的着装制度。根据这一制度,任何人在出席典礼时都必须穿礼服,出入日本宫廷时穿朝服。日本宫廷的朝服模仿唐代的朝服,比如天皇的冕有 12 旒,用彩色的线穿珠玉,分别垂在冕的前后;衣服的袖子为大袖,上面绣有日月星辰、虎、龙等等图案。通过模仿中国的服饰制度,日本的服饰可以说是完成了中国化的改革。

3. 和服的色彩图案来源于中国

日本和服的花纹图案,与中国唐朝服饰的花纹图案有很深的历史渊源。和服又名"唐衣""唐绵"等,也就证明了这一点。

古代的日本服饰几乎都是素服,没有图案。后来随着隋唐文化的传入,日本也进入了使用花纹图案对服饰进行装饰的阶段。和服上的很多图案,明显地受到了中国传统文化与观念影响,例如天皇的冕服,上面绘有日、月、星、辰、龙、凤、虎、猿等等,可以看出《礼记》相关记载的影响;还有一些图样是在中国花纹图案基础上演变而来的,如云鹤、波涛等图案,大多是在唐代传入日本,后经过加工演变而来。和服使用的图案当中,由中国传入的松竹梅和动物图案占大多数,很受日本当地人的欢迎。代表吉祥的龙、麒麟和凤凰等图案,不仅被用在朝服礼服上,在农民的一些喜庆节日当中也会被用到。凡此种种,都可以感受到中国文化的明显影响。

根据《礼记》的记载,天子的服装根据不同的季节而使用不同的颜色,按季节、阴阳五行分为五种颜色,分别是青、赤、黄、白、黑五大类。公元 603 年,圣德太子颁布了"冠位十二阶"。"冠位十二阶"中规定,不同的阶位使用不同的冠,从上到下分为两种大小和六种不同的颜色,共为十二阶,这种以不同色彩显示不同等级的特点与中国的礼制十分相似,可谓一脉相承。

4. 木屐来源于中国

和服作为日本的标志性服饰,其重要性不言而喻。与其同等重要的,还有穿和服时的配饰,比如木屐、发饰等。少了这些配饰,服装再完美,也会显得稍许美中不足。

据文献记载,中国人穿木屐的历史至少有三千多年。据《庄子》记载,"介子推抱树烧死,晋文公伐以制屐也",春秋五霸之一的晋文公制作了距今已有两千多年的木屐。春秋战国时期,穿木屐日益普遍。《太平御览》卷六九八引《论语隐义注》中记载,"孔子至蔡,解于客舍,入夜,有取孔子一只屐去,盗者置屐于受盗者家。孔子屐长一尺四寸,与凡人异",说的是孔子周游列国,来到蔡国,投宿于客舍,按当时的习俗,鞋履不能穿入室内,只能放在门口,没想到第二天起来,木屐不翼而飞被人偷走了。到了汉代,穿着木屐也成为一种时尚,在东汉首都洛阳,还流行一种习俗,《风俗通义》中记载,"延熹中,京师长者皆着木屐。妇女始嫁至,作漆画屐,五彩为系"。新娘出嫁,嫁妆之中必备有木屐,考究的人还在木屐上施以彩画,并以五彩丝绳为系。到了魏晋南北朝时期木屐更是盛行,这个时期的木屐不仅用于出行,还适用于家居。到了唐代,李白《越女词》中写道"屐上足如霜,不着鸦头袜"。"鸦头袜"即"丫头袜",是与木屐相匹配的一种袜子,制作时将大脚趾与另外四趾分开,形成丫形。从李白的诗句中可以了解到,当时穿着木屐,已经出现了和木屐匹配的袜子。宋代以后,木屐多用作雨鞋。明清时期将木屐称之为"泥屐"。到了近现代,广东一带的客家人还保留着穿木屐的习惯。

木屐在日本出现可追溯到弥生时代,日本把木屐称为"下驮",而日本的"下驮"源于谢公屐。据《南史》中记载,南朝宋永嘉太守谢灵运(385—433)性喜山水,为了登山时保持人体平衡,创造了一种上山时卸掉前齿,下山时脱掉后齿的"谢公屐"。由于这种木屐优点甚多,后来被人们模仿,传遍了中国的大江南北。日本的木屐款式与"谢公屐"十分相似。木屐传入日本后,很快被日本人接受,因为日本潮湿,所以木屐在日本得到发展和改良,并流传至今,成为穿和服时必备的鞋履。

第三节 茶、酒、烟文化①

中国是茶的原产地,酒的故乡。喝茶、饮酒早已成为中国人的生活习惯,人

---

① 本节主要参考了:蔡振生.中日文化比较[M].北京:北京语言学院出版社,1994.

们常说：每天开门七件事，柴、米、油、盐、酱、醋、茶。可见茶是人们日常生活中的必需品。不过，对有些人来说，还应该再加两件事——烟和酒。"饭后一支烟，赛过活神仙"，"日饮一盅酒，活到九十九"是烟酒嗜好者的美谈佳话。总之，茶、酒、烟与人们的生活关系密切。喝茶、吸烟与饮酒不仅成为人们的一种嗜好、一种生活习惯，而且已深入社会生活的其他方面，特别是交往和待客方面。同样，这也是日本人民日常生活不可缺少的组成部分。

中日两国是一衣带水的近邻，两国之间的交往有着悠久的历史，在文化方面的互相影响，也是源远流长。茶叶很早就从中国传到了日本，大约八百年前，日本的一位和尚把中国种茶、制茶、品茶等有关茶的文化传到日本，并写有《吃茶养生记》一书。但是，由于时间的流逝，社会的发展，两国的茶文化又不尽相同。在吸烟与饮酒方面，也都有着各自的习俗。

一、茶文化

茶，从最初被人们发现到现在成为风靡世界的三大无酒精饮料之一，已经有四千多年的历史。人们在细细品茶的过程中，逐渐形成了一种新的文化现象，品茶活动也从原本的物质享受慢慢升华到人类更高的精神层面。品茶活动不仅具有文化的一般表象，还具有融合人际关系、推进社会进步、创造人类新的社会文明的功能。中国与日本之间的文化交流有着悠久的历史，其内容丰富、影响深远。茶文化也不例外。

1. 中国茶文化

中国利用茶叶的历史，已四千多年。最初是作药用，后来又当菜吃。随着历史的推进，茶逐渐成为中国人民喜爱的一种饮料。中国人工栽培茶树，也有两千多年的历史，是世界上产茶和饮茶最早的国家，从唐代开始，饮茶已成为中国人的生活习惯。当时出现了一位茶叶专家陆羽，他总结了种茶、制茶、饮茶的丰富经验，写出了中国第一部茶书——《茶经》，后人称他为"茶神""茶圣"。中国有六大茶类：绿茶、红茶、乌龙茶、白茶、黄茶、黑茶，各类茶叶的制作方法不同，每类茶中又包括很多品种，茶叶的名字，习惯上以产地命名。

中国地域辽阔，民族不同，饮茶的方式和所需的茶叶种类也有所不同，形成各自不同的饮茶习俗。一般说来，北方人爱喝花茶，南方人爱喝绿茶。上海、杭州等城市的人尤其喜欢喝龙井茶和碧螺春。福建、广东一带的人最爱喝乌龙茶。

蒙古族人喝茶，一般是在茶水里放入奶和盐，叫奶茶；藏族人喝茶，往往在茶水中加入酥油和盐，叫酥油茶。茶在少数民族生活中尤为重要，是一天也离不开的必需品，有的少数民族地区流传着这样的歌谣："早茶一盅，一天威风；午茶一盅，劳动轻松；晚茶一盅，提神去痛；一日三盅，雷打不动。"

中国人饮茶，注重一个"品"字。"品茶"不但是鉴别茶的优劣，也带有神思遐想和领略饮茶情趣之意。在百忙之中泡上一壶浓茶，择雅静之处，自斟自饮，可以消除疲劳、涤烦益思、振奋精神，也可以细啜慢饮，达到美的享受，使精神世界升华到高尚的艺术境界。在四川、江苏、浙江、上海等地，人们喜欢上茶馆喝茶。各地茶馆都具有浓厚的地方色彩。其中，成都茶馆历史悠久，数量众多，风格各异。有遍布街巷的中小茶馆；有设在公园、名胜古迹的文化茶园；有个体户开办的草房茶坊；也有新发展的高级茶厅。茶馆多设置竹靠椅、小茶桌，平稳、贴身，或靠或坐不觉累，闭目养神不怕摔。茶具为三件头的"盖碗茶"，即茶盖、茶碗和茶盘。饮用时连同茶盘一起托起，用茶盖轻轻在碗内调匀，撩开和压住飘浮的茶叶，既不烫手，便于饮用，又可避免茶水滴湿衣衫。茶馆里多以紫铜壶烧水，由招待员跑堂送水。成都人爱坐茶馆，有的人习惯于来此喝早茶，享受清晨的宁静；有的人下班后来此品茗谈天，或阅读书报，消除疲劳。节假日挚友亲朋约聚于茶馆，或洽谈生意，或研讨问题，或摆"龙门阵"，天南海北，无拘无束。一些茶馆还经常举办评书、扬琴等曲艺演出，以丰富茶馆的文娱生活。成都茶馆不仅是群众生活中不可少的交往、休息场所，还是传递商品信息的一条重要渠道，也为国内外旅游者提供了一个体察民间风情的地方。

茶也是中国传统祭祀常见的祭品之一。以茶祭天始于南齐世祖武皇帝遗诏："我灵座上慎勿以牲为祭，但设饼果、茶饮、干饭、酒脯而已。"（陆羽《茶经》）开后世帝王以茶祭天、祭神、祭山的先河。唐代文人摆茶宴祭泰山。清代帝王祭天之礼大盛。逢正月初九天诞日、七月七日七夕日、八月十五中秋节、十二月二十三灶君日等节日，紫禁城内养心殿摆茶祭神。民间流行中秋节以茶拜祭月娘娘。品茶文化普及之后，各种民间祭祀也常用茶为祭品。

在中国社会，当晚辈要向长辈表示尊敬时，会向他们奉上一杯茶。以往，下属要为上级准备茶水；但时至今日，社会变得开放自由，这种传统一般只有重要节日或场合才出现。而长辈为晚辈冲茶则是关怀、友好的表现。当有人犯了严重错误，想表示歉意之时，会为对方奉上一杯茶作为表示。在中式婚礼上，新人在订婚时常会以茶作为礼物,这是因为茶树种植后根深,不能移植,寓意坚贞。新郎和新娘在正式婚礼之后,会向自己或配偶的父母、长辈敬茶,父母、长辈喝茶后会给新婚夫妇一个代表着好运的红包,然后新人再向其他亲属逐一奉茶,并会用正式亲属称谓来称呼对方,这也代表新人各自与配偶原有的亲属确立姻亲关系。

2. 日本茶文化

日本茶道源自中国。现在的日本茶道分为抹茶道与煎茶道两种,但茶道一词所指的是较早发展出来的抹茶道。日本茶道是在"日常茶饭事"的基础上发展起来的,它将日常生活行为与宗教、哲学、伦理和美学熔为一炉,成为一门综合性的文化艺术活动。它不仅仅是物质享受,而且通过茶会,还可以学习茶礼,陶冶性情,培养人的审美观和道德观念。

16世纪末,千利休继承、汲取了历代茶道精神,创立了日本正宗茶道。他是茶道的集大成者。剖析千利休茶道精神,可以了解日本茶道之一斑。村田珠光曾提出过"谨、敬、清、寂"为茶道精神,千利休只改动了一个字,以"和敬清寂"四字为宗旨,简洁而内涵丰富。"和"代表平和的和,也就是人与人之间的和,当我们进入茶室之中品尝一碗茶时,无论是客是主,"先请""请慢用"等种种的言辞,都代表了茶道中所蕴含的"和"之意。在茶道的本质中,"和"所代表的真谛是人与人之间的关系,只要随时随地从内心去体会茶道里的和,必定可以了解到和的真谛。"敬"则是对于长辈的尊敬,同时也代表了对友人与同侪的敬爱。"以和而敬",从此开始便展开了茶道的真髓。"清寂"也写作"静寂"。它是指审美观。这种美的意识具体表现在"侘"字上。"侘(わび)"原有"寂寞""贫穷""寒碜""苦闷"的意思。平安时期"侘人"一词,是指失意、落魄、郁闷、孤独的人。到平安末期,"侘"的含义逐渐演变为"静寂""悠闲"的意思,成为很受当时一些人欣赏的美的意识。这种美意识的产生,有社会历史原因和思想根源。平安末期至镰仓时代,是日本社会动荡、改组时期,原来占据统治地位的贵族失势,新兴的武士阶层走上了政治舞台。失去天堂的贵族感到世事无常而悲观厌世,佛教净土宗应运而生。失意的僧人把当时社会看成秽土,号召人们"厌离秽土,欣求净土"。在这种思想影响下,很多贵族文人离家出走,或隐居山林,或流浪荒野,在深山野外建造草庵,过着隐逸的生活,创作所谓"草庵文学",以抒发他们思古之幽情,排遣胸中积愤。这种文学色调阴郁,文风"幽玄"。日本茶道除了"和、敬、清、寂"这"四规"以外还有"七则",七则指的是:提前备好茶,提前放好炭,茶室应保持冬暖夏凉,室内要插花保持自然清新的美,遵守时间,备好雨具,时刻把客人放在心上,等等。

日本的茶道品茶是很讲究场所的,一般在茶室中进行,茶室多起名为"某某庵"的雅号,有广间和小间之分。茶居室一般以"四叠半"(约为9平方米)为标准,大于"四叠半"的称为广间,小于"四叠半"的称为小间。茶居室的中间设有陶制炭炉和茶釜,炉前摆放着茶碗和各种用具,周围设主、宾席位以及供主人小憩用的床等。接待宾客时,由专门的茶师按照规定的程序和规则依次点炭火、煮开水、冲茶或抹茶,然后依次献给宾客。点茶、煮茶、冲茶、献茶,是茶道仪式的主要部分,都要经过专门的训练。茶师将茶献给宾客时,宾客要恭敬地双手接茶,致谢,而后三转茶碗,轻品,慢饮,奉还,动作轻盈优雅。饮茶完毕,按照习惯和礼仪,客人要对各种茶具进行鉴赏和赞美。最后,客人离开时需向主人跪拜告别,主人则热情相送。

日本人在敬茶的习俗上有自己的特色。客人一到,他们便会端出淡雅的清茶和精美的日式点心来招待。日本人倒茶时,只倒茶杯的2/3左右。他们认为倒满杯,容易外溢,既不卫生,也不雅观。喝茶的主要目的是品味,不在量多。如果给两个以上的客人倒茶,他们往往不是倒完一杯再倒第二杯,而是每杯里先都倒一点儿,然后再每杯倒一点儿,数次重复后,将所有的杯子倒满。这是为了使各位客人杯中的茶水,味道浓淡一致。日本人喜欢喝温茶、凉茶,所以招待客人时也常常拿出温茶、凉茶来。在以茶待客方面,中国人讲究多、热、浓,而日本人却喜欢少、凉、清。

二、酒文化

酒渗透到人们生活的各个方面,大到政治外交、宗教礼仪,小到饮食烹饪、养生保健。中日两国都形成了自己独特的酒文化。

1. 中国酒文化

中国造酒已有四千多年的历史了。现在,酒的种类丰富多彩,大致可分为白酒、黄酒、啤酒、果酒、料酒等几大类,至于具体品种则多得无法统计。单是有一定质量的好酒,就有近200种。其中,茅台酒、汾酒、西凤酒、泸州大曲、五粮液、剑南春、竹叶青、北京中国红葡萄酒、红玫瑰葡萄酒、绍兴加饭酒、青岛啤酒都是名酒。酒好,名字也美。特别是白酒的命名,方法很多,而且饶有情趣,有的平白通俗,有的古朴典雅。像茅台酒、汾酒、西凤酒都是以产地命名。江西名酒"四特酒"、桂林三花酒是根据酒质的特点命名的。唐朝称酒为"春",一直沿用到现在,便是许多酒名的由来,如剑南春、燕岭春、岭南春等。美酒佳酿在文学作品中又称琼浆玉液,因此又有五粮液、白沙液、芦台液等酒名。其中四川五粮液以高粱、大米、糯米、小麦和玉米五种粮食酿造而成,是中国名酒之一。还有一些白酒,以人名命名。其中包含着不少历史、文学知识或脍炙人口的典故、传说,如杜康酒、文君酒、太白酒、包公酒、关公酒等。看到这些酒名,能让人想起酿酒祖师酒仙杜康、汉代司马相如和卓文君、诗仙李白和铁面无私的包龙图的桩桩轶事。

酒文化在中国源远流长,黄帝造酒的传说,给中国的酒历史增添了不少神秘和趣味性。而曹操的煮酒论英雄、赵匡胤杯酒释兵权,都是历史美谈。古人饮酒时爱作诗,醉意微醺时,不少文人墨客写下了无数优美的诗篇歌颂酒的魅力,留下了无数宝贵的文化财富。虽然有灯红酒绿的描绘,表达了欢乐的心情,但绝大多数离不开一个"愁"字。如李白的"抽刀断水水更流,借酒浇愁愁更愁",陆游的"闲愁如飞雪,入酒即消融",贾至的"一酌千忧散,三杯万事空",辛弃疾的"万事一杯酒,长叹复长歌"等诗句,无非都是借酒解忧。连曹操这样的英雄人物,在他的《短歌行》中也说"何以解忧,唯有杜康",痛感人生的短暂,不免要借酒遣愁。在陶渊明、杜甫、白居易、苏轼、李清照等人的诗词中,无不散发出淳厚的"酒香"。诗与酒好像一对孪生姐妹,是神州沃土上育出的奇异花朵。

千百年来,酒与人们的生活结下了不解之缘。古人认为,无酒不成礼,无酒不成欢,无酒不成敬,特别是祭祀天地、祖宗,非酒不行。现在,每逢佳节,亲朋聚会,好友交往,家宴国宴,都少不了这琼浆玉液。中国人请客吃饭时,往往要准备丰盛的饭菜,主人请客人入座后,先陪客人喝酒。而且尽量劝客人多吃一些,不断地给客人斟酒。中国人有爱热闹的习惯,喜欢猜拳行令。亲朋好友欢聚在一起,少不了互相敬酒,甚至劝酒,以醉为衡量心诚的标志。"酒逢知己千杯少",非喝个一醉方休不可。在中国人的日常生活中,酒也不单纯是作为一种饮料来看待的,它已成为人际交往的桥梁和纽带,调节着人际关系,培养和促进人们性格的发展形成,被称为"润滑剂"和"壮胆剂"。处在"关系社会"的中国,喝酒关系到礼节、面子和人际关系问题,譬如"感情深,一口闷",喝得多喝得好就代表关系不错。一场酒席下来,会喝酒、会行酒令的人春风得意,往往办事得力。即使相处不睦,心有芥蒂的两人,一场酒宴下来,也可以"一笑泯恩仇",刀光剑影,黄袍加身,一场皇室酒宴,同样可以"杯酒释兵权"。由此可见酒在日常生活中有着非常重要的作用。

中国古代的各种活动,都有酒的参与。古人认为:"国之大事,在祀在戎。"在古代的祭祀活动中,作为首要贡品的酒,首先要奉献给上天、神明和祖先享用。古代出征打仗之前,将军甚至是皇帝,要用酒来鼓舞士气。酒与国家大事的关系由此可见一斑。这反映在周王朝及战国时代制度的《周礼》中,对祭祀用酒有明确的规定。如祭祀时,用"五齐""三酒"共八种酒。在一些重要的节日,举行家宴时,都要为死去的祖先留着上席,一家之主这时也只能坐在次要位置,在上席,为祖先置放酒菜,并示意让祖先先饮过酒或进过食后,一家人才能开始饮酒进食。在祖先的灵位前,还要插上蜡烛,放一杯酒、若干碟菜,以表达对死者的哀思和敬意。

2. 日本酒文化

日本的造酒文化起源于中国。2 000 年前,中国江浙一带的大米种植技术和以大米为原料的酿酒技术传到了日本。在那个时代,酒只用于祭祀神灵和祖先,人们通过酒来和神灵交流,表达敬意。奈良县的三轮神社、京都府的松尾神社、梅之宫神社在日本因供奉酒神而非常出名。三家神社所供奉的酒神代表了日本酿酒技术在不同时期的盛况。

随着商业的繁荣,酒文化在日本发展迅速,酒成为人们日常生活中的饮品。在日本的酒文化中,常见的酒类有清酒、烧酒和啤酒。清酒,也就是平常所说的"日本酒"。日本人常说,清酒是上帝的恩赐。从味道来说,有甜的和辣的两种。从等级来说,有特级、一级和二级三种,大概都在 15 度上下。最有名的清酒有"大关""菊正宗"和"富久娘"等。另外还有京都的"月桂冠"、广岛的"醉心"和秋田的"太平山"等。日本人最常喝酒的地方便是居酒屋。入夜后,街道上随处可见日本人三三两两出入居酒屋,畅饮啤酒,聊聊工作的烦恼,聊聊生活的展望,酒陪伴他们度过每个夜晚,结束一天的疲惫。但是,日本人喜酒不胜酒,喝得并不多,有点儿"醉翁之意不在酒"的情怀。

作为日本文化的典型代表,清酒在日本人的生活中占据重要地位。每年日本的成人节,年满 20 周岁的男孩女孩都会穿上漂亮的和服,与朋友们到神社祭拜,饮上一杯清酒,虔诚地祷告,祈盼神灵的庇佑。这一习俗沿袭至今,也表明了日本人对清酒的重视。

在日本,如果天皇参与祭祀活动,要使用特定的酒。其余一般祭祀活动的酒,则没有什么过多要求。等祭祀活动一结束,大家就一起喝供奉神灵的酒,吃供奉的食物。这就是所谓的"神人共食"。然而中国却不同,我们清明节供奉给祖先的酒,要恭敬地洒在坟前,以示敬意。从这点来看,日本人比中国人节约,注重实用性,大家一起捧起供奉的酒杯喝酒,也向神灵和祖先祈祷来满足自己的愿望。同中国一样,日本人的婚礼上,夫妻也喝交杯酒,即"三三九度"交杯换盏。用三只浅的酒杯,每杯各饮三次,共九次。据说,三杯表示天、地、人,九是阳数中最高的数字,表示喜庆至极。

三、烟文化

烟草是土生于南美洲的一种植物,最早使用烟草的是印第安人,因其具有很强的刺激性,可以起到恢复体力和提神的作用。到了 16 世纪,烟草传入欧洲,然后再流传至世界各地。16 世纪中叶烟草传入中国,距今已有 400 多年的历史。大约在 16 世纪末,烟草传入日本后。由于当时吸烟风气盛行,德川家康颁布禁烟令,禁止栽种烟草,但是屡禁不止,吸烟之风越来越盛。虽然烟草最开始在中国和日本都属于外来文化,且传入时间相距不远,但是在现代文化中,中国和日本的香烟文化有很大的不同。

1. 中国烟文化

中国有句俗话,叫作"烟酒不分家"。意思是吸烟或喝酒的人不分彼此。就烟和酒本身来说,它们也是分不开的,总是形影不离。一般来说烟酒之嗜好总是集于一身。待客会友,除敬酒之外,还有请烟。在中国,请烟也是一种习俗。朋友见面,先"来一支"。男客人光临,首先递烟,以表敬意。朋友们聚会,同事们开会,常常是你一支、我一支地互递香烟,似乎谁请烟多,谁就表现得豪爽、气派。

中国的香烟包装设计极具中国特色。香烟品牌经常以旅游景点名、花卉名、动物名等来命名。如"黄山""牡丹""熊猫"等,并利用中国传统的书法艺术,如隶书、楷书、草书、行书等来表达,书法的恰当运用,使中国香烟包装散发出特别的美和感染力。中国烟标上的图案往往以品牌名称为主题展开,使消费者能从文字和图案双面认识并记忆香烟品牌。如"红双喜"牌香烟的烟标主要是采用红色和黄色两种色调,烟标的中央位置是醒目的"喜"字,两旁则是对称的一对灯笼。整体给人感觉喜气洋洋,欢快吉祥。"中华"牌香烟运用大红色为底色,烟标的主要图案是北京天安门的特写等标志性建筑。

2. 日本烟文化

日本烟文化与中国有很大的不同。日本人吸烟却不请烟,不递烟,没有以烟待客的习惯。在对方面前,日本人会平静地拿出烟,自己点上一支吸起来,然后或把烟收起来,或把烟放在自己一方。这可能会使初到日本而又会吸烟的人大为茫然,误解日本人真小气,以致闹出不愉快来。其实,这不是因为日本人小气,而是由于习俗不同。日本人觉得吸烟有害健康,香烟盒上往往印有"为了您的健康,请勿过量吸烟"的提醒语,用对健康有害的东西待客,就更不该了,所以他们只顾自己吸,一般是不让烟的,他们还有一个想法,就是吸烟的人一般自己带烟,所以没有让烟的必要,再者,如果对方吸自己的烟,那么要考虑两个问题:一是对方会不会吸烟,二是对方喜欢不喜欢自己这个牌子的烟,对方如果不会吸烟或不喜欢自己这个牌子的烟,而自己却让人吸,大有强加于人之嫌。由此看来,日本人与中国人的思维方法是截然不同的。另外,日本法律规定未满 20 周岁禁止吸烟,在日本出售烟和酒的超市便利店等购买香烟时会查看证件确认年龄,未满 20 周岁的人是无法购买到香烟的。

日本的香烟包装整体上给人以清新、柔和的感觉,常以白色、蓝色作为主色调。为了使自己的香烟品牌在国际市场获得知名度,日本香烟包装的主要文字是拉丁字母,与欧美烟标不同的是,烟标上的品牌文字有时会采用竖式排列。烟标上的图案设计采用抽象的点、线、面构成朴素、简洁的几何图案,既传承了民族的审美,又不失现代感。能够给消费者留下独特的印象。例如"七星"香烟的包装,整个烟标画面由小五角星规则地排列成淡灰色的色块,巧妙的组成"7"的形状。整个烟标设计风格清新素雅,恬淡自然。

日本吸烟人口逐年下降。根据日本烟草产业株式会社(JT)所做的调查,1966 年日本成年男性的吸烟率为 83.7%,女性为 18.0%,2015 年下降至男性为 31.0%,女性为 9.6%。2016 年日本成年男性的烟民占 29.7%,首次跌破 30%。日本国内吸烟率的大幅下降及烟民总数的不断缩减,致使日本国内对烟草的需求不断减少。

第四节　建 筑 文 化[①]

世界上不同民族的建筑,各自具有符合本民族特性的表现形式,并且存在着较

---

① 本节主要引用来源:刘明利.日本传统文化中唐文化的烙印[D].济南:山东大学,2009.

大的差异。当今日本的建筑在世界享有很高的地位,东京、大阪这样的大城市中有着众多现代建筑的典范之作,其设计理念和建筑施工技术堪称一流。在建筑领域,传统风格的建筑风格依然得到了完美的保留,除了在现代建筑中融入传统建筑思维方式外,遍布日本全国的日式建筑成为日本建筑的一个最鲜明的特色。从明治维新开始,日本现代建筑的发展在经历了全盘西化、帝冠式与和风样式的传统复兴等多种风格后,最终通过对日本民族深层文化的不断探究,从建筑与环境的对话、空间意象的把握和材料性能理解等方面找到了传统和现代的契合点。

一、日本建筑历史的划分

纵观日本建筑的发展,若以佛教建筑进入日本的飞鸟时代算起,到现在为止,经历了 1 500 多年的悠久历程,其间不断发展和演变。一般来说,研究古代日本的建筑史,会把其一千多年的建筑发展历史,按社会发展阶段的划分方法,划分为相应的三个阶段,即古代、中世和近世。所谓古代,包括飞鸟时代、奈良时代和平安时代。中世纪则包括镰仓时代和室町时代(公元 1185—公元 1573 年)。近世则为桃山时代和江户时代(公元 1573—公元 1868 年)。围绕这三大阶段,相应形成了三大史的研究内容,即古代建筑史、中世建筑史和近世建筑史。

伴随着佛教传来,以修造佛像为核心的雕刻艺术、绘画艺术有了长足的发展,而富丽堂皇的佛寺建筑则是日本建筑新文化的开端。佛教传入以前的日本建筑较为简陋,平民大多居住在茅舍,即使是达官贵人的住所也不过是规模大一些,数量多一些,并无本质的不同。佛教的传入,把寺院建筑的技法一同带到日本。圣德太子摄政后,为了礼敬佛教,调集资金修建了四天王寺、法兴寺、法隆寺以及稍晚的蜂冈寺、金刚寺、橘寺、熊凝寺、法轮寺、山田寺和药师寺等大批寺院。为了把宝像庄严的佛教神圣化,寺院修造的太子及其大化革新后的统治者们充分发挥渡海来到日本的中国和朝鲜半岛的工匠的才能,直接引进了中国寺院那种朱红梁柱、斗拱飞檐的辉煌建筑形式,后来,渡来人移居日本之后的职业就渐渐固定在传统技艺与专长上,其子孙又继承了先人的职业,逐步形成了从事寺院和宫殿建筑、宗教造像和绘画等的专门职业队伍,飞鸟时代的艺术家大多来自渡来人群体。

上层统治者的崇信与中国艺术的到来,使飞鸟、白凤时期日本大量吸收中国的技巧,建筑艺术随之发生了革命性的飞跃。特别是飞鸟时期的建筑,忠实地反映了中国当时的建筑式样和风格。其中法隆寺是最具有飞鸟文化特征的佛教寺院。该寺院初建于 7 世纪上半叶，公元 670 年被火灾焚毁。7 世纪末重建，后几经修复，重建的寺院依旧保留了当时的风貌。重建的法隆寺保存了飞鸟时代的建筑方法和特点，如主体采用了木造结构，云形斗拱构架起殿顶，脊瓦覆盖之下是排瓦片瓦，屋脊两端上装饰有鸱尾，加上勾片样式装饰的栏杆，极富中国南北朝时期的佛教寺院特征。

二、模仿唐都长安的京都建筑

在城市建设上，唐代建筑对日本的影响相当大，唐代的长安与洛阳，均为城市设计之大作，尤其是都城中的宫殿。唐代长安城将宫殿、官署、民居区别开来，全城的街道划分为棋盘型。7 世纪末到 8 世纪的日本先后建造了两座都城，一座是平城京，另一座是平安京，其式样和长安城一模一样。如城郭都呈方形，宫城都位于城市中轴线北端，呈面南背北之势，以突出皇帝的威严。街道呈棋盘形状，干道都对着一座城门，宫城的正门都称为朱雀门，门前的干道都称为朱雀大街。平城京与平安京的宫殿与唐长安的宫殿之间也有许多相似之处，他们都有宫城环绕，城内分为若干个以围墙和回廊环绕的长方形庭院，每一个庭院都沿着中轴线前后配置若干座主要的殿堂，左右以次要殿堂对称排列。前后庭院墙正中都有门，在每一座主要殿堂的两侧都有廊屋与左右院的回廊相连，分成一进的庭院，这就是所谓的庭院式的宫殿配置建筑方法。这种建筑方法也是中国传统的建筑方法。日本不仅在建筑样式上模仿唐朝，在建筑的命名上也极力模仿唐朝，如唐朝宫殿正殿称为太极殿，正门称为朱雀门。日本的皇宫也把正殿称为太极殿，把正门称为朱雀门。

三、传入日本的庭院设计

日本庭院受中国文化的影响很深，也可以说是中式庭院一个精巧的微缩版本，从庭院建筑来看，日本庭院建筑源于神社、佛寺建筑和宫殿建筑的需要，后来逐渐走向民间，形成了一种独立的建筑模式。早在公元 6 世纪末到 7 世纪初中国的庭院建筑就通过百济传到日本，皇宫中建造了须弥山和石桥，成为日本庭院建筑艺术文化的雏形。8 世纪奈良时代以后，寺院也先后出现了莲池式和净土式庭院，受到了中国山水园林的深刻影响，以自然风景为主体，不仅有池、岛、树、桥，还有亭、台、楼、阁。日本人对自然资源的珍爱可以从他们对任何自然材料的特性挖掘中看到,草是经过精心梳理种在石缝中和山石边的,它要突现自然生命力的美;树是刻意挑选、修剪过的,如同西方艺术的雕塑般有表情含义,置于园中,它是关键,要以一当十。当今日本庭院的抽象的审美意识,就是在这种建筑模式基础之上逐渐发展而成的。

四、宗教建筑

由于中日两国传统建筑取材的特殊性,建筑外形是由其内部梁架与榫卯结构决定的。因此,在中国但凡使用木材的建筑物,不管是儒家、佛教或是道教,在建筑外形上均无明显区别。区分几家建筑主要通过区分各自建筑的附属构件,如匾额上的题字,佛教寺院配有的佛塔,院门前、院内的碑刻,或其他标识,进入建筑内部看其中供奉的主像、法器、道场等是最直观有效的方法。

在中国南北朝时期佛教从中国传入日本,伴随着日本对中国建筑体系的再次大量引入,最早由浙江沿海进入中国的日本人将木结构从大陆带至日本,作为佛教文化载体之一的佛教寺院开始在日本被大量兴建。从传入开始,日本很快地接纳并吸收了佛教文化,从此日本民族在信仰本土宗教神道教的基础上,又新增了一个主要的宗教信仰。佛教迅速成为主流宗教信仰,由于神道教内容中有相当大的一部分是原始的自然崇拜文化,在其尚未发展稳固的时候遇到了较为先进的佛教文化,加之日本民族是典型的学习型民族,对比自己强大的文化总是以极为谦虚的态度去学习。因此,佛教在日本很快得到普及,并渗透入日本社会的各个层面,但日本人依旧十分信仰神道教,其中最明显的表现就是对天皇的信仰(这种信仰直至二战结束才被打破),这点又说明了日本民族对多元宗教、学说及文化是持有相当宽容的。佛教在传入日本之前已经经过了几百年在中国的本土化进程,受汉文化强大同化作用的洗礼,其建筑形式已和佛教发源地的印度大不相同,故传入日本的是被汉化了的佛教与汉式模样的佛教建筑。但没有经过太长时间,日本人就在中国传入的汉式佛教建筑中施展了自己民族特有的创造力,使其佛教建筑让人乍一看还像与刚传入时没有太大区别,细细品味却发现其与先前的确是大不相同了。

中日佛教反应在建筑本身之上,两者其实并无太大区别。佛教相对于中国而言也属于外来文化,佛教从传入中国再到传入日本,中间大概用了三四百年时间,在这期间,中国已完成了对佛教较为彻底的本土化,其本土化方式主要体现在对佛塔形式的汉化和对佛教人物形象和宗教元素形象的汉化上。塔,是佛教的主要建筑形式之一,佛塔在这期间经历了由窣堵波到完全的汉式风格的演变过程。佛教人物形象也逐渐由印度人的面孔变为中国本土面孔,佛教建筑的装饰中也融入了许多本土世俗的元素。佛教传入日本后继续在日本完成本土化,又被加入了许多日本世俗元素,这种发展趋势与中国基本是一致的。

五、现代住宅建筑

住宅建筑是城市的重要组成部分,它的艺术风格、空间形式更多地反映了城市的特色风貌。住宅建筑也反映了一个国家、一个民族的文化特征、经济水平、生活方式。日本民族是一个善于学习外来文化,同时也能保持自己传统文化的民族,在住宅建筑方面更明显地体现了这一特点。它有着自己的风格和特点,并在传统形式基础上进行革新而发展形成"和风"建筑。它也借鉴西方建筑风格,创造出"洋风"建筑,使日本各城市的住宅建筑风格多样、多姿多彩、引人注目。

"和式"的住宅建筑,一般起居活动在木地板上,坐卧都在草席上,即"榻榻米"。平面组合和空间尺度都与席地而坐的生活方式密切相关。近代日本的居住方式和住宅设计虽受西方影响而有了较大的改变,但"和式"传统住宅的影响仍是根深蒂固,即使在"洋式"的公寓住宅里,也有住户仍按传统方式布置一些日本传统形式房间——和室。

和式住宅的另一特点是其结构都采用木结构。全国住宅中85%以上的低层独立式住宅(一户建)都是木结构的。这与日本盛产优质木材、多地震、气候潮湿的客观条件有关。"和式"住宅,其屋面墙,基本上保留着日本瓦的色调和韵律,加强了"和式"住宅的传统风格。"洋式"住宅,则是从传统建筑形式中寻找现代化的因素通过再创造,使其具有鲜明的时代精神。

思考题

1. 在中国,通常进口食品会比本国生产的食品价格贵,而日本是一个相当一部分食物都要从国外进口的国家,但是在日本超市里,很多进口农作物比本国生产的价格更低廉,这是为什么?

2. 日本人口数量多但国土面积小,为什么还能坚持"一户建"这种住房理念?

第六章

中日行为文化的比较

文化含物态文化、制度文化、行为文化和心态文化。本章将围绕中日行为文化进行阐述。行为文化是人们在日常生活和生产中表现出的行为方式和结果的沉淀,体现着人们的价值观念取向。行为文化是通过人的日常行为体现出来的有形文化,多以民风民俗形态出现,具有鲜明的民族和地域特色。我们知道每个国家、民族都有自己的文化,当然也都有自己的行为文化。本课将重点对中日两国的日常礼仪文化、化妆文化、馈赠文化和节日文化进行比较,探讨这些行为文化,以识同知异,在了解邻国文化的同时,加深对本国传统文化理解。

第一节　日　常　礼　仪

日常礼仪是一种普遍存在的民俗文化现象,在一定程度上反映了一个民族的文化程度、文明水平和社会风尚。而具体到个人,可以说讲究礼仪是一个人有礼貌、讲文明的具体表现。由此可见,礼仪存在于国家,存在于民族,存在于个人,是一种行为文化。

中日两国都被誉为"礼仪之邦",中国《论语·宪问》中有这样的古训:"非礼勿视,非礼勿听,非礼勿动。"而提到日本,接触过日本的人都会说,日本社会井然有序,日本人彬彬有礼,等等。作为中国一衣带水的邻国,日本长期吸收中国的先进文化,对中国文化根基——礼文化也展开了广泛的吸收。著名法国东洋学者 M. Kinsky 曾感叹:"日本礼仪思想在没有中国礼仪文化存在的基础上是不能成立的。"

如今,礼仪依然被看作人际交往的润滑剂,在中日两国交流中,抛开语言障碍不说,如果我们可以在秉承本国礼仪的同时,了解中日礼仪的异同,就能更好地促进交流,达到预期效果。交流的顺畅与交际的成功,都会使双方感情升温,友谊升华,放大来说,人际交往促进国际交流与国际合作。相反,若因为礼仪不当而导致交际失败便极其遗憾。因此,将中日两国日常礼仪进行对比分析,使我们更好地认识两国礼仪文化的异同,可以更好地推进两国的国际交流。同时,识同知异,求同存异,为增强两国人民之间的友谊做出我们的努力。

讲究礼仪并非个人生活小事,它不仅反映了一个国家的社会风气,也是一个民族精神文明和进步的重要标志。随着国际交往的日益频繁,中国也在吸取外国包括日本礼仪中一些适合中国的东西,国家礼仪之间互相参照互相吸取是不可缺少的。通过考察,我们发现,日本行为文化深受中国文化的影响。本章中,我们主要就两国的日常礼仪做些介绍,日常礼仪的内容十分丰富,限于篇幅,我们仅从见面礼节、问候语、自我介绍、人际距离、饮食礼仪、沟通习惯等方面对中日日常礼仪加以对比。

一、见面礼节

众所周知,如今较为典型的中式见面行礼是握手的方式。握手亲切自然,伴以微笑和问候。而且,谁应该主动伸手,这一点也是颇有讲究。比如主客之间,主人先伸手;男女之间,由女方先伸手;上下级之间,上级应先伸手;长幼之间,长者先伸手,等等。男士握女士的手时,不可握得太紧,如女方无握手之意,男士只能点头相迎或躬身致意;上级伸出手后,下级应礼貌地迎上去,单手或双手都可以,有人认为双手相握表示更尊敬更热情。

另外,握手时应注视对方,因为眼神是交流的窗口,敬或喜的心情都可以通过眼神表示出来,不可心不在焉,东张西望。握手一般出右手,若有特殊原因不能出右手,则应出左手并向对方说明原因,表达歉意。另外戴着手套与别人握手是不礼貌的行为,握手时应该脱下手套,如果因故不能脱下手套也应向对方说明,获取对方的谅解。一般来说,握手是见面的一个礼节,主人主动热情地握手是必要的有礼貌的,这样会增加亲切感。除此之外,握手也是祝贺、感谢或相互鼓励的一种表示,比如对方取得某项成绩与奖励时,赠予对方礼品时,以及上级给下级颁发奖章时均以握手来表达谢意。

与中国不同的是,在日本使用最多的见面礼仪是鞠躬。一些新职员在入职前,都会接受礼仪训练,包括如何鞠躬等。即使是首相,在发表演说之前总要先施一鞠躬礼;电视播音员在播送新闻前后,通常也向观众点头示意鞠躬;各界人士在各种场合均以鞠躬来表示自己的敬意、谢意、歉意等。商店售货员对每一个顾客从迎来到送往,都要毕恭毕敬地多次鞠躬。据一个在电梯前迎送顾客的服务人员说,她平均每天鞠躬1 560次。这话让人听了有点儿难以置信,但如果去过日本,就会相信这是真的。在日本,还会看到日本人在用电话与对方通话时也不时地点头鞠躬,有时在与通话人道别时会自觉地鞠一躬。

"一个鞠躬的民族",这是不少外国人对日本人的评价,不管这个评价说明了什么,毋庸置疑的是,透过真心诚意的鞠躬,我们可以看到日本人的彬彬有礼。"敬人者人恒敬之",到了日本,我们也许也会受鞠躬礼的影响,自然而然地鞠起躬来。而且从科学的角度上说,握手有其不卫生的一面,鞠躬则可以避免肌肤相触。因此中国也有人写文章提倡中国人恢复鞠躬、抱拳的老礼。

注意,是"恢复",不错,其实,日本的鞠躬礼仪源自中国。接下来,我们就来看日本这一礼仪行为中的中国因素。我们知道,世界各国的见面礼节一般都伴随身体接触,如西方礼仪中的握手、亲吻。而中国传统的作揖及日本的鞠躬等礼节,行礼双方不需发生身体接触。鞠躬、作揖、跪拜、磕头等是中华民族的传统礼节。它们跨出国门,逐渐渗透并融进世界不少国家和民族的日常生活,成为他们生活礼节的重要形式。其中最典型的便是"鞠躬",尤其是日本、韩国等国家的人民,把鞠躬礼节做得非常标准。

"鞠躬"在《辞源》中被解释为:"曲身以示谨敬。今称曲身行礼为鞠躬。"它源于中国古代对天地、神灵、祖宗的一种祭祀礼仪——鞠祭。古人把"鞠祭"中下跪磕头的复杂程式逐渐简化,使之方便易行,发展为现在的"鞠躬",即并膝垂手、俯首弯身来对地位或辈分高于自己的人表示敬意。后来,不论地位和辈分的高下,人与人之间表示尊重与恭敬时,都可弯腰躬身,向对方"鞠躬"来表示。这就是现代社会中"鞠躬"礼节的来源。

二、问候语

与人相遇,总要问候或寒暄一番。在中国,打招呼的方式可以说是因时因地,复杂多变。如果早上相遇,就说"早啊",对方也会回应一声"早"。如果在饭点时相遇或者看见对方向食堂方向走去,则问一声:"吃饭去?"对方也回答一声:"吃饭去。"如果是饭后相遇,则问:"吃了吗?"对方回答:"吃了。"或"还没吃呢。"如果对方提着书包、公文包走出家门,则会问一句:"上学去?"或"上班去?"对方会回答:"上学去。"或"上班去。"如果在其他时间相遇,则凭自己的主观判断和双方的亲密程度选择合适的问候语。比如有:"上哪儿去?""去哪儿了?""出去了?""买东西去?""回来了?"对方就会答"去商店了""去公园了""出去了""买东西""回来了",等等,不一而足。

如果是经常见面的朋友或熟人,也可以免去话语,以点头或招手示意。总之,不论问"你去哪儿?"或是问"你吃了没有?"都只是一种见面表示亲切、亲近的礼节性问候语,并不是真正打听你到底去哪儿或要去干什么,更不是想请你吃饭,你可以随意应答。比如遇到熟人问你"去哪儿呀",你不想告诉他时,可以说"出去一下"等,对方也不会介意,因为他的目的不是想要知道你去哪儿,只是一个见面打招呼的寒暄语而已。

中国人正是以这些随机应答的问候语,维系着朋友和熟人之间的友好情谊。如果见到熟人或朋友视而不见,会被认为"傲慢""不懂礼貌"等。可以说中国最典型的问候语是"你吃饭了吗?",因为民以食为天,吃饱饭是人生命延续的第一需要,起初这样的问候语表达了对吃饱饭的重视和关心,慢慢地就形成了一种习俗。

近年来不少外国人来中国工作或学习,如果不知道这些只是问候语,就会产生疑问,甚至反感。因为在他们看来,自己去哪儿,去做什么,吃没吃饭都是个人私事,这种问法让他们误认为中国人喜欢打听别人的隐私或干预别人的私生活等。这时候就需要双方对文化差异有所了解,如果他们了解中国人打招呼的习俗便会解除误会。当然,如果我们了解他们的习惯,多用"你好"等问候语,也可以减少和避免中外交往之间产生的不必要的误会。

在这方面,日本人之间的交往则显得简单些,问候语也没有这么复杂。早上相遇时说声"早上好",白天相遇时说声"你好",晚上相遇时互道"晚上好"。通常还会微微点头躬身。当然,有时日本人见熟人去上班时,也会说"走好""路上小心"之类的话以表关心。此外,日本人见面时,还常对上次的事表示致谢,比如"上次的事,多亏您关照,真是太感谢了"之类。再者,日本人还经常以天气为引,把阴晴冷暖作为打招呼时的话题,比如一个人说"今天天气真好啊",另一位就说:

"是呀,今天天气真不错。"下雨天则说:"今天雨真大啊!"对方应答:"是啊……"

三、自我介绍

在中国,无论是一般场合还是正式场合,初次见面都会做自我介绍。比如,先简单问候"你好",然后自我介绍"我叫张三"。作为回应,对方也会做自我介绍"我叫李四"。有时还补充说"李是木子李,四是一二三四的四",等等。

如在交际场合,还可以由第三者介绍。如正在交谈的人中有你熟识的,便可前去打招呼,这位熟人便可以顺便将你介绍给其他客人。被介绍时要有所表示,比如点头微笑或微微躬身,有时甚至需要起立示意。当然也可以主动自我介绍,讲清自己的姓名、身份、工作单位等,对方则会随后做自我介绍。自己作为中间人介绍别人时,要先了解双方是否愿意结识。这时要有礼貌地以手示意而不能用手指指点。说明被介绍人与自己的关系,便于新结识的人相互了解与信任。介绍时也有先后之别,应把身份低的年幼者介绍给身份高的年长者,把男子介绍给女士等。无论自我介绍或介绍他人都要真诚自然。

日本初次见面的礼仪与中国大同小异,不同的是日本人有互送名片的习惯,且要用双手,以显示自己的尊重。通常是地位较低的一方先向地位高的一方递上名片,对方便会回递自己的名片。如果双方地位相当,则无须计较先后。名片上的内容一般含本人姓名、职务、住址、电话及单位名称、地址电话等,也有些名片印有头像。交换名片在日本表示对对方的极大尊重,被高度重视。日本的商务礼仪指导书中也有交换名片时的注意事项等,可见交换名片这一礼仪的重要性。

初次见面做自我介绍时,日本人总要弯腰鞠躬说一声:"初次见面,请多多关照。"对方回应一声:"彼此彼此,也请你多多关照。"这虽然只是客套话,也反映出日本重礼仪、尊他人的社会风气,表现出日本人的谦虚和教养。

四、人际距离

人际距离指人们在日常交往中彼此之间的距离。在中国,情侣之间手牵手,闺蜜之间手挽手等,已是再正常不过的社会现象之一。如果是时隔已久的一次见面,也会通过互相拥抱来表达彼此的思念之情。但日本人很少如此,更别提亲吻拥抱了。在日本,同性之间的亲昵动作会被认为是同性恋,包括牵手。去迪斯尼游玩时，排队乘坐电车时，我们都可以发现，日本人在拥挤场所行走也好，排队也好，即使是朋友，也很少有身体上的碰撞和接触，尤其是碰到陌生人后，会马上致歉。而在中国，大家对这种场合的肢体接触似乎是习以为常了。要知道，在日本，只有双方关系非常亲密时才会有肢体上的接触，所以在和日本人交往时我们需要与其保持适当的距离。

从具象的人际距离也可以看出，两个国家在抽象的心理层面上也有差异，比如日本人比中国人更加注重个人隐私，他们希望有自己的空间，视为个人隐私。中国人聊天的话题会涉及年龄、收入和婚姻状况等。而日本人认为这些话题属于个人隐私，问及别人的隐私是不合礼仪的。因此，与日本人聊天时，不要问其薪水、感情等问题，因为会引起对方反感。中国人聊天时，经常问对方一些私人问题，比如"你多大了？""你结婚了吗？""你在哪儿上班？""那边工资多少？"等。

在日本人看来，问其某件东西的价格也是不礼貌的。如果你告诉他某件物品很昂贵，他就会认为你是一个非常势利的人，看不起自己等。中国人往往通过问某件物品的价格来开启一个话题。很多人要面子，认为东西越贵越能彰显身份和地位。如果被问到此类话题，又不想透漏确切价格，可以说自己忘了。

此外，相比中国的家庭观念，日本的家庭观念稍显淡薄，这也许也和它整个民族的人际距离有关。我们知道，有些日本夫妻的卧房是放两张单人床，这种现象在中国很少见，甚至被认为不正常。但在日本，这并不意味着夫妻关系不好，而是被视为他们对个人空间的一个守护。再如兄弟姐妹之间，在中国同穿同用是司空见惯的事情，但有些日本家庭对此也是界限分明，姐妹之间用彼此的东西都要询问对方意见。了解了这一点，我们就可以知道日本人在吃饭时，朋友之间也好，情侣之间也好，为什么各自付钱的现象如此普遍了。

再延伸到日本的亲子关系，日本儿女成年后多选择独立生活，很少与双方任意一方的父母一起生活，与自己父母的来往也越来越少。他们彼此也很享受这样的生活方式，日本的老人也喜欢有自己的老年生活，比如交朋友、参加老年活动等，他们认为任何年龄都要有与那个年龄相匹配的属于自己的生活空间和生活方式。在日本，抚养子女被认为是父母的事，老人们在做父母的阶段已经做完了此事，老年生活应该有老年生活该有的样子。而在中国，不少人很享受四代同堂式的天伦之乐，也有不少人认为老年人应该帮年轻人照顾第三代人，由此产生的婆媳问题也是中国长久以来的一个家庭矛盾之一。比较这些社会现象，究其原因,也是两国对人际距离的认识有所不同。其实,没有好坏与对错,合理地处理人际关系,适当地把控人际距离,在任何国家都是要学习的一种文化和礼仪。

五、饮食礼仪

日本在明治维新前,始终是中国文化的虔诚追随者,在饮食文化上也深受中国影响。但随着时代的变迁,两国的饮食文化和饮食礼仪也在不断地发生变化。了解与尊重彼此的饮食文化和礼仪,可以有效减少文化冲击,消除心理隔阂,促进双方沟通和信息传递。在本小节中,我们将以一般请客为例,对中日饮食文化礼仪加以比较。

中国人请客,通常提前两三天发出邀请。日本人请客,至少提前一周打电话或发邮件邀请,在约定日的前一两天之内再次确认。中国人赴宴,在约定时间的前后 10 分钟内到达都可以。但日本人讲究准时,如果在约定时间内不能到达,需提前告知主人。在入席时,由于中国在席位的安排上讲究礼节,等级分明,客人一般都会根据自己的年龄、辈分等选择相应的座位。日本与中国有相似之处,如主客坐在靠内、离门口较远的地方,职位、辈分低的人坐在离门口较近的地方。

到了用餐时,两国通常都从“干杯”开始,主人先举杯致意,大家再举杯回应。不同的是,在中国,主人会用自己的筷子为客人夹菜,以示自己的热情好客,此时客人需向主人道谢,并接受主人的好意。而在日本,用自己的筷子为别人夹菜被视为非常失礼的行为,被认为是不讲卫生、强迫别人等。近年来,我国的公筷意识也逐渐普及。中日两国同属筷子文化圈,古汉语中用“箸”代表筷子,现代日语也用“箸”表示筷子的意思,读作“はし”。中国作为礼仪大国,筷子礼仪蕴涵了深厚的民族文化。中国的筷子文化更早,日本的筷子文化吸收了中国文化,又根据本国国情加以创新和改造。

再来谈下两国宴席特色,中国是菜色多、菜量大,一般以水果收尾,以菜(含荤菜素菜)为主,平时作为主食的米饭处于从属地位,进餐过程中主人会一再劝客人多吃菜。而日本人对大米情有独钟,用餐时即使菜肴再丰盛,也要吃几口米饭才安心。因此我们在宴请日本人时,不妨为他们备上主食——米饭。日本宴席注重形式、细节,先吃冷食和小菜,再吃主菜主食,一般以甜点收尾。日本料理的量以适度为准,料理很精致,餐具也很小巧,虽然种类繁多,但每碟的分量较少,不了解此文化的中国人也许会抱怨日本人小气。

此外,在饭桌上,作为助兴之用,酒自然是少不了的,但中日两国在饮酒礼仪上有所不同。中国有句俗话叫"感情深,一口闷;感情浅,舔一舔",中国人以喝酒的多少来衡量感情的深浅,表达对对方的敬意。"干杯",顾名思义,在中国意味着要把酒喝干,所以一般情况下要喝干,否则视为失礼。在日本,除了主人倒的第一杯酒需喝干之外,其他时候随意,一般是互相斟酒,忌讳自斟,所以与日本人聚餐时,要注意观察,如果对方即将空杯,就要出于礼貌地为对方斟酒。中国人在饭桌上要尽量避免喝醉,如果有人喝醉,亲近的人就会向大家道歉说"不好意思,他失态了,让大家见笑了"之类的话。因为酒后失言、酒后失态在中国人看来是不合礼仪的举止。而日本人对待醉酒的态度比较宽容,甚至可以借着酒劲发泄心中的不满,释放平日的压力。

而饭后的餐桌,中日两国所呈现的画面也是截然不同。在中国,饭菜有剩余表示菜品丰富、主人款待盛情等,所以宴席之后,中国的餐桌往往都有剩余;而日本有"一颗饭粒上有七个神明"之说,浪费不但是对神明的亵渎,也是对劳动者的轻视,更会有饭菜不好吃的意思,所以宴席之后,日本的餐桌往往是"一干二净"。酒足饭饱之后,在中国,主人通常会说些"招待不周,请多包涵"之类的客气话,并一直将客人送出门外,客人则会感谢主人的热情款待,并表示有机会再一同进餐。日本人在饭局结束时,会程式性地向主人说一声"ご馳走さまでした",并在被招待后的 24 小时之内,再次给主人打电话或发邮件表示感谢。日后再见面时,仍会提起此事,再次表达感谢之情。

中日两国饮食文化礼仪上既有共同之处,也有不同之处。我们在与不同文化背景的人交往时,应该了解并尊重他人的饮食习惯,不可轻易凭主观印象评价他人的饮食习惯,也要加强自身修养,赢得对方对我国饮食文化的理解和尊重。

六、沟通习惯

中国人说话办事坦诚直率,而日本人却比较暧昧,只要不涉及重大问题,即使意见有分歧,也会迎合对方,很少直接用"不"字拒绝对方。例如,有位中国留学生请日本朋友帮忙找工作,那位日本朋友回话说:"好的,我会再联系你。"中国留学生却一直没有等到对方的联系,再次打电话询问时对方还是那句话。日本人拒绝对方的方法一般有两种,一种是婉言拒绝,如"虽然我很想帮你,但是很抱歉我无能为力"。另一种是说"我会再联系你",却又杳无音讯,这实际上就是拒绝。中国人对前一种做法表示较能理解和接受,却难以理解后一种。这种拒绝的场合,中国人多会说得较清楚,日本人却并非如此。因此,与日本人交往时,如果他说话较为含糊,或不主动回话,很有可能是拒绝你了。

有些中国人拜访他人时,常用到"特意"一词,比如"我是特意来拜访您的",而日本人恰好相反,即使是专程拜访也不用此类词表达,他们会先打电话说"我有事恰巧路过这附近,所以想顺便来看看您,不知您是否方便"等,来减轻对别人造成的压力。此外,在宴席上,日本人离席时都是悄无声息地离开,他们认为因为自己的离场打扰到别人是一种不礼貌的行为。而在中国会特意告知招待方,因为如果不打招呼便离席,会被视作不尊重他人的行为。

日本和中国是一衣带水的邻邦,文化交流的历史源远流长,两国均有儒家文化和佛教文化背景,自然生态也比较接近,生活环境也相似,这使得两国人民有着近似的生活习俗和礼仪。从古至今,中国的传统礼仪在日本保存颇多,在他们的社会生活中发挥着积极作用。日本对礼仪要求非常严谨,比如即便是家人,每天早晨见面都要彼此问候,彼此感谢等,否则会被视为没有礼貌。

中日两国历来都很重视"礼",然而由于文化背景、风土人情的不同,中日两国社交礼仪也各有特点。有时一个国家的"礼",在对方国家并不成"礼",如果因为不了解而在交往中违背了对方的礼节,就会产生一些矛盾。所以我们更要了解两国行为文化,知晓两国日常礼仪,以求和谐共处。

第二节 化 妆

爱美之心人皆有之。张亿达(2012)提到,化妆不仅是对外表的修饰,也不仅是化妆行动完成就结束的个人行动,更是一种个人与个人、个人与他人乃至社会文化之间互相沟通的审美意识。也就是说,化妆不只是日常生活的个人爱好,更是一个具有社会性的行为文化。本节将对中日两国在化妆行为上的异同进行概述。

一、化妆历史

近年来越来越多的日本化妆品进入我国市场,电视节目和商业广告中介绍的各种精致的日本化妆手法也好，超市专柜等市面上铺天盖地的各种日本化妆品也好，到处都渗透着日本化妆文化。在日本，日本女人不管是上班、上学还是上街买菜，都化着精致的妆容，似乎化妆已经成为她们生活中不可缺少的一部分。甚至可以说，日本没有不化妆的女人。在中国，虽然越来越多的女士开始化妆，但仍然有不少素颜的女士。

从以上的现象来看，似乎有一种中国在引进日本化妆文化和技巧的感觉。但实际上，日本的化妆文化离不开中国。日本人的化妆历史要追溯到平安时代。那时，日本派遣了大量"遣唐使"来学习我国文化，也学习了唐朝的化妆技法。在《源氏物语》和《枕草子》中均有关于此事的记载，比如这些化妆技法传入日本后，日本女人争相效仿唐朝的化妆法，涂红抹白。历经数百年，日本的化妆技艺更加纯熟，手法也更变幻多姿。史料记载，19 世纪起近代化妆传入日本，日本市场上出现了透明瓶装的化妆水和肥皂等。日本女性逐渐开始从家庭走向社会，化妆的机会也随之增加。简便又不易脱落的化妆品开始出现于市场。当年被中国称为"雪花膏"的化妆品就是在那个时期诞生的。

到了昭和时代，日本受到欧洲文化影响，西方的时尚变成了日本的时尚，日本女性的化妆也受西方影响，妆容开始浓艳。第二次世界大战以后，眼影化妆等逐渐流行起来。但其实日本人一直崇尚自然观，他们追求接近自然，崇尚淡雅朴素，由此创造出了清新雅致，符合日本人的"东方美人"化妆手法，这一化妆手法于 20 世纪 80 年代面世。发展到现在，日本女性的化妆更是多种多样，有的女性化妆并不只是追求美丽，还注重健康，比如零添加化妆品的诞生就满足了这一市场需求。此外，化妆品也开始面向男性，男性化妆品也逐渐走向市场。

二、化妆的目的

日本对礼仪的推崇众所周知。在日本，化妆是一种礼仪的体现，是对别人的尊重。所以在日本街头很少看到衣冠不整的人，即使是早上出去买菜，日本人也一定穿戴整齐，妆容精致。如果有人不化妆出席活动，会被认为是失礼的行为。所以在日本出门不化妆也是一种压力，人人化妆已成为一种社会现象，或者说已是一种社会礼仪。

中国有句古话："士为知己者死，女为悦己者容。"在古代社会中，女性装扮自己多以取悦男性为目的，女性化妆往往为取悦男性，特别是指其配偶或是自己喜欢的异性。而如今,女性需要取悦的已不仅仅是异性,而是泛指的他人。近现代以来,随着女权主义思潮的兴起,女性的社会地位得到不断提升,化妆成为女性在日常生活中进行印象管理的手段,女性化妆的价值导向也转变为"女容者为悦己"。

日本的美容界也有一句格言:化妆是为了更接近理想中的自己。女性化妆并不是为了引起男性的注意,而是为了获得自信。日本的药妆店、日用品店、超市、商场里都有专门的化妆品柜台,摆放着各种功效、适用于不同肤质和年龄的化妆品。不可否认的是,不只在日本本国,放眼全球,日系化妆品都占有一席之位,日本无论是化妆手法还是化妆产品,都深受好评。我国也有很多女性模仿日本人的化法,使用日本化妆品。适当的化妆可以使人获得自我形象改变的满足感、增强自信和气质等。

相关研究表明,化妆在自我和现实关系认知障碍类心理疾病(如抑郁症、精神分裂症等)上具有积极的作用。化妆可以提高患者情绪的自我控制能力,激活和丰富他们的情感体验,还可以帮助他们提高自我关注,改善人际交往态度,提高自理能力等。

三、化妆的习惯

在中国,日常生活化妆的人群似乎以 18—40 岁的女性为主。18 岁以下,也就是步入大学前的女学生,以及中年、中老年、老年人群中化妆的女性是较为少见的,有也是以简单的淡妆为主。男性化妆的情况在生活中极少见。不过随着经济的发展与时代的进步,人们对护肤化妆也越来越重视,重视护肤的男性也逐渐增加,男性专用的化妆品也逐渐走向市场。但总体来说,在中国,化妆的男性仍是极少数,甚至有一些不太能接受男性化妆的思想。

我们知道有"日本女人不化妆不出门"的传闻,日本化妆女性的年龄跨度要远远大于我国。从高中开始,不少女学生就开始尝试化淡妆,这要涉及两国学校文化的不同。中国的高考压力人人皆知,这种压力下的管教体制也是相当严格的,比如,不少高中女生不能留长发,更别说染发和化妆了;日本却不同,据相关研究调查,日本高中女生的染发率有近一半,更不用提化妆了。曾经有家日本媒体对100 名女生做了一个调查,问她们第一次化妆是什么时候,结果回答初中的女生约占 2 成,回答高中的女生约占 4 成,回答大学开始的女生约占 3 成,甚至回答小学的女生都占了近 1 成。由此可见,日本几乎一半的女孩子是从高中开始接触化妆,并且开始年龄要远远低于我国的 18 岁(进入大学以后)。

除了学校文化,我们还要了解日本的社会文化也与女性化妆有关。在日本,打工是一种非常普遍的现象,而且高中生就可以打工,步入高中后,学生们几乎都是三点一线的生活方式——学校上课、社团活动和兼职打工。而不少打工场所要求女性适当地化淡妆,所以女学生们从那时起已经了解了化妆并不只是单纯地让自己更漂亮,也是作为社会礼仪的一部分。当然,开始化妆后,女生们也会满足于自己越来越漂亮,从而爱上化妆。

日本化妆的年龄大于我国还体现在日本的中年女性、中老年女性,甚至老年女性也都是"不化妆不出门"的。理由不用多说,从步入社会起,女性就懂得了化妆不只是为了自我提升,也是一种礼仪文化,她们一直都会遵守社交礼仪,妆容整洁地出门。此外,化妆也是掩盖年龄、修饰老态的一根美容棒,即使年华老去,爱美之心也是有的。这一点,中国社会就不见得是一种普遍的公众认同了,有些传统思想甚至认为,老年女性化妆是一种做作,对此持有负面的认知。

再说到日本男性化妆,虽然并不像女性一样人人化妆,但从数量比例上来看确实要高于我国。而且日本社会对男性化妆的认可度要高于我国,日本群众可以更好地理解并接受男性化妆。另外,在烫发上,日本男性的比率几乎可以与女性持平。在药妆店也好,日用品店也好,男用发膏也是琳琅满目,成了男性时尚的一种体现。

中日两国在化妆文化上虽然存在差异,但也有相似的地方,比如"一白遮三丑"等,通过化妆文化的学习也可以促进两国文化的交流与学习。中日两国对于化妆有着不同的态度,都是受社会文化和国内环境的影响,没有好坏之分。我们既不能一味地崇尚外国文化,也不能盲目地骄傲自大,而应该积极学习他国的优秀之处,借鉴其优点以促进自身更好地发展。

第三节 馈 赠

自古以来,我国都讲究礼尚往来,相互赠送礼物也是一种社交礼仪。私人之间为加深友谊、表达谢意,以及企业之间为促进合作、友好往来,也有馈赠行为。

送礼是人之常情,也是建立人际关系、发展友好关系的重要手段,通过送礼可以达到沟通感情、加强交流、增进友谊、促进合作的目的。在当今社会,赠送礼物已经成为一种司空见惯的文化现象,并且逐渐成为一种必要的交流方式。

纵观古今,无论哪个国家,哪个民族,小到走亲访友,大到两国邦交,总有相互赠送礼物的文化现象。观察一个民族的送礼文化,也可以看出该民族在交际过程中特有的社交心理与意识。不同的民族具有不同的文化特征,所以在赠送礼物时,内容和形式等也不尽相同。本节就中日的送礼文化进行对比,以更好地了解两国馈赠文化。

一、送礼礼仪的历史变迁

中国历史悠长,随着社会的发展,赠送礼物的种类与方式等也逐渐有所改变。例如,在中国古代社会,有"民以食为天"的谚语,食物是普通百姓生活中最需要的东西,因此,食物便成为频率最高的赠送礼品,比如米、鸡蛋等。直至今日,食物仍然在赠送礼品中占有一席之地,但与以往不同,食物的内容发生了变化,这也反映着历史的变迁。现在的送礼食物趋向于便捷式,比如牛奶、水果等,都是不需要加工,可以直接食用的。

除了便捷以外,这也反映了我国人民生活水平的提高,人们过去多以温饱为第一关怀,送礼多送米送面等。鸡蛋被视为有营养的贵重礼品,比如在庆祝生子之喜时,供产妇调养身体等,也有恭喜孩子诞生的意思。后来,送礼时在食物的选择上开始侧重营养,除鸡蛋外,牛奶、水果等非主食也被提上主流。时至今日,保质期较长的营养补品,逢年过节、聚餐都会用到的酒类,被很多人视为送礼佳品。

日本也是如此,随着社会的不断发展,送礼礼仪的内涵与形式也在不断地发生变化。人们在逢年过节时赠送礼物,在亲人朋友结婚、升职、乔迁之时也会赠送礼物。说到节日送礼,最具代表性的就是七月的"中元"和十二月的"岁暮",其形式与内容的变化印证了日本送礼礼仪的历史变迁。"中元节"由中国传到日本,后与"盂兰盆节"结合,年过一半的七月份,被认为是可以原谅人们的罪过并祭祀神灵的日子。江户时代,人们首先用美食祭祀祖先,祭祀结束后,人们把祭祀给祖先的供品分给亲朋好友、街坊邻居,以达到"人神共食"的目的。然而,随着社会发展,这种"共食"意识逐渐淡化。15世纪以后,中元节已不再仅仅祭祀祖先和神灵,人们开始为健在的父母祈福消灾,作为礼物,把鱼类等赠送给父母。

发展到如今,在中元节的时候,主要是下级向上级、晚辈向长辈赠送礼物,表达感谢。"岁暮"则是在年末,以前也是作为祭祀祖先和神灵的节日,也会把祭祀品赠送给除夕未能回家的人。现在已经演变为人们互相表达感谢之意,主要是上级向下级、长辈向晚辈等赠送礼物。

二、礼品的特点

在中国,时代不同,礼物的内容、形式或者时间会有所不同,但都有一个共同点,那就是中国人普遍会选择一些价值比较高的物品表达心意。而在礼品包装方面,没有太多约定俗成的规定,或者说与日本相比没有那么重视包装。过去一般来说都是用一层包装纸进行简易包装,为了美观会再加上彩带或者小饰品等。虽说如今的包装也越来越被看重,但整体来说还不像日本那样精致。

中国的礼品更注重"内容"。简单地说,在送礼上中国人更注重"人情",一是有求于人时,即在别人帮助自己之前,或者说想让别人帮助自己时,通过送礼的形式表达此意,此时必然要送较好的礼物,以使对方有种不好意思不施与援手的感觉,从而达到自己的目的;二是逢年过节时互相表达彼此的情谊,所谓礼物越重,情谊越深,礼物的价值或者说礼物本身便成了衡量双方之间关系的一种标准。

而日本人更注重礼物的包装,这一点也体现了中国的一句老话:"千里送鹅毛,礼轻情意重。"日本人多在别人帮助自己后,或者在毕业、离职等道别时,通过送礼的形式表达对对方的感谢,也含有对彼此相识一场的祝福。在日本人看来,礼物本身不一定要多贵重,重要的是通过礼物看到的心意,而这份心意可能会体现在送礼者愿意花更多的时间和精力去用心准备、用心包装等方面,尤其是自己亲手做的手工作品更是心意满满的体现。如果只注重价格,太过昂贵的礼物会给对方造成心理上的负担。另外,日本人注重"义理",所以很多情况下会有"还礼"之说,如果接受了一份贵重的礼物,相应地在还礼时也需要花费较多的金钱,所以考虑到这一点,日本人送礼也不会崇尚价格越高越好。

说到"义理",它其实是来源于中国。日本在镰仓时代以后,宋学的"义理"作为哲学概念首次传入日本。江户时代初期开始,日本的知识分子开始系统学习,并结合自己的理解进行了调整。后来武士阶级登上政治舞台,日本社会逐渐形成了道义性的义理观念,"义理"就顺理成章地成为武士必须遵守的原则。17世纪中叶以后,庶民文化代替武士文化,"义理"又作为一种普遍的伦理道德原则,开始普及于人们的日常生活。

再拿礼物包装的颜色来说,在中国忌用白色和黑色,因为白色是大悲之色,黑色有大凶之意。比如,丧事也被称为"白事",而关于丧礼上的着装要求,虽说不同的地区会有不同的风俗习惯,但一般都是白色或黑色。而红色在中国是喜庆之色,受到人们的喜爱,故结婚喜事都被称为"红事"。在日本有两个原则,一是不能过于朴素,二是不能过于夸张,包装要淡雅精美。日本人的集体意识很强,比起个人的醒目,他们更注重自己是否能成为集体中和谐的一分子,这个意识也体现在了礼品包装的礼仪文化上。

三、送礼的习惯

中日两国都有送礼的习惯,但在送礼的时间、习惯等方面有所不同。春节和中秋对中国人来说是团圆的日子,也是送礼的季节;而日本人送礼一般是在十二月的"岁暮"和七月的"中元"。中国人在送礼时常常使用谦卑之词,如"一点薄礼,还请笑纳""一点儿不值钱的东西,还望您收下"等。而有的收礼方也会答道"受之有愧""让您破费了"等。有时甚至会有拒绝收礼的表现,此时送礼的人会说"你不收,就是嫌弃喽"等,对方才会以"哪里哪里,那不好意思,我就收下了"的口吻收下礼物。而日本人不推让,他们一般是直截了当地接收礼物,说声"谢谢",日后见面时还会提及此事,再次感谢。此外,除非是两地相隔很远,一般情况下中国人都会以亲自登门拜访的方式送上礼物,以示诚意,但日本人有时会委托商店送货上门,或者通过邮寄的方式,把礼物送至亲戚朋友家。近年随着快递业的发展,中国也出现了这样的送礼方式。

送礼时,两国人都会根据具体情况选择礼品,但各自都有喜好与忌讳。例如,中国人送礼不送"钟",因为与"送终"谐音;日本送礼不送梳子,因为在日语中"梳子"读作"くし",与"苦死"谐音。若是送钱,中国不分长幼;而日本多是上级给下级,长辈给晚辈,相反,给上级和长辈多是送礼物,而送钱则是失礼的做法。

另外,不管是送礼物还是送钱,中国有"好事成双"的说法,因此中国人送礼送钱都喜欢偶数,但日本人喜欢奇数,他们认为奇数是吉祥的数字,所以在送婚庆红包时忌讳偶数开头的贺金,而在丧礼时多送偶数。在数字上,日本忌讳送 4个和 9个数的礼品,因为日语里"4"和"死"谐音,而"9"和"苦"谐音。

虽说社交礼仪中,一般情况下拒绝收礼是很少见的,但偶尔也会出现这样的情况。在中国,若是拒绝别人的礼物,我们会原封不动地退还。但日本人在并未打开包装的情况下,会添加一封退还礼品的书信,一并退还。若已经打开了包装,便会买一份等额或超额的礼物,附带拒绝信后把礼品退还给对方,有时也会通过加倍还礼的方式表示拒绝。因此,如果收到日本人的还礼远远超过自己的送礼,便表明了他拒绝收你礼物的意思。

赠送礼物已经成为人类社会生活中一种普遍存在的交往形式。可以说送礼已成为我们融入社会、为人处世的一种社交方式,在我们的生活中扮演着重要的角色。不同的民族有不同的赠送礼仪,也反映了不同的文化。通过对中日送礼礼仪的比较,我们可以更好地了解两国行为文化。

第四节　节　　日

每个国家和民族都有其独特的传统文化,传统节日又是传统文化的重要表现形式之一,可以说传统节日是民族精神的结晶,是民族文化的载体。世界上任何一个民族都有自己的传统节日,中国和日本也不例外。中华民族文化蕴涵丰富,在漫长的历史长河中,形成了众多的民族传统节日。据资料记载,我国的大多数传统节日在先秦时期初露端倪,在西汉时期基本定型,在盛唐时期开始从祭拜、禁忌等神秘的气氛中解放出来,逐渐演变成娱乐礼仪型的佳节。而后,随着体育、娱乐活动的不断出现,节日作为一种时尚流传开来。

日本历来受中国文化影响颇深,随着我国节日文化的传入,日本吸收中国节日文化并结合本民族的特点,也形成了众多的节日,本节将选取两国的三个主要代表性节日加以比较。

一、新年

百节年为首,新年是中日两国最为盛大且重要的传统节日。作为传统节日之最,它不仅有辞旧迎新、祈福愿祥的意义,而且还有祛灾驱邪、祭祖求神的目的。中国的新年即春节,是阴历正月初一,无疑是中国一年中最为盛大的节日。农历岁末腊月二十日左右便开始进入过年阶段了,家家户户打扫卫生,购买过年用品,亲友互送"年礼"。三十日夜备筵席,祭祀完祖先后,全家一起吃"年夜饭"。

新年到来之际,家家燃放爆竹,合家男女向家长拜贺新年,再出门拜邻里亲戚,俗称"拜年",这个时候长辈向小辈分发"压岁钱"。这样的过年习俗由来已久,喜庆祥和的过年气氛一直持续到过完正月十五。

在日本,新年被称为"正月",和大多数国家一样,是阳历1月1日,即元旦之日。和中国一样,日本在新年之际,也有丰富多彩的民俗活动。中日两国在过新年的习俗上有许多相似之处,比如大扫除、吃年夜饭、祭祖先、拜年、给压岁钱等。但又有所不同,比如中国过年有祭灶王、放鞭炮、贴春联等习俗,而日本是立门松、结注连绳、参拜神社等活动。虽说日本新年时参拜神社或寺庙的风俗,看起来与中国现在的习俗差别很大,但实际上在中国的大部分地区,新年烧香、敬神、祭祖先仍然是必行的仪式活动,这与中国的"礼""孝"等文化密不可分。在日本,由于神道教的社会地位显赫,再结合佛教的传统仪式,作为新年的初次参拜,人们往往都去神社参拜,以祈求神灵保佑平安。

下面,按照新年的渊源分别来叙述两国新年的历史发展轨迹。

首先,原始迷信是中国过年习俗产生的最早渊源。在古代,人类生产力水平极为低下,对大自然变化迷惑不解的人类相信有鬼神存在。古代的鬼,泛指逝者的阴魂和自然现象的精灵,如水鬼等。这些鬼具有邪恶力量,给人们带来灾难。于是人们在民间节日之时,尤其是一年之首的新年习俗中,掺入了大量驱鬼的活动,大傩就是其一。大傩是古代为了驱鬼逐疫举行的仪式,在阴历腊月二十三日举行。汉时在宫廷的大傩仪式上,舞者们会头戴面具,手执兵器,跳着以驱鬼捉鬼为主题的舞蹈,叫作傩舞。

而日本在庆云二年(705年)由于疫病死了不少人,天皇一筹莫展,当时在日的秦人给予指导,举行了追傩仪式。次年开始,日本宫廷每年腊月都举行大傩仪式。镰仓时代起宫廷的大傩仪式日渐衰亡,但是以寺庙为中心的民间大傩活动依然盛况不减。室町时代中期,中国江浙一带在大傩时撒豆的习俗传入日本,人们开始用撒豆子的方式驱鬼逐魔。自1873年日本改用新历后,大傩仪式便改为每年阳历2月2日前后举行。可以看出早期两国新年活动的重要内容是借助神力驱鬼逐疫。

早先的人类将大自然中和社会中无法理解和无法解释的现象,归结于某种超现实的神秘的力量,这种力量就是神。起初当人类面对自然束手无策时,崇尚动物、植物和其他自然物的神威,他们觉得神和自然同体,和兽同体,逐渐人类有了自己的智慧、力量后，便认为神和人同体了。由于各民族都曾经历过漫长的母系社会，因此最早的神都是女神，比如中国汉民族的女娲、日本的天照大神。所谓人有元日，神有岁首，在除夕新年交岁之时，敬奉神明，自然成为新年的重要活动。

在中国，新年期间敬神的重要对象之一，就是灶神，俗称"灶王爷"。传说灶神是天庭和人间的联络员，民间腊月二十三日祭灶，送他"上天言好事"，正月初一五更时迎接灶神归来，"下界保平安"。此外财神也是重要的敬神对象。人类进入私有制经济后，便有了招财进宝的愿望，之后祭祀财神的习俗一直盛行。在除夕或正月初五张贴财神画像，焚香供果迎接财神。在日本，除夕夜半，人们会到自己所信仰的神社寺庙祭祀岁德神和氏神，以求新的一年平安无事。

中国古代除了对鬼神的信仰外，还有对祖先的信仰。《史记·礼书》中记载："上事天，下事地，尊先祖而隆君师，是礼之三本也。"这种以天地祖先信仰为本的礼，构成了中国古代文化的主体。历史上历次改朝换代伊始，封建帝王都首先祭祖，寻常百姓家也宣扬百善孝为先，在家中设祖宗牌位来敬奉。因此，岁末年初时祭祀祖先也是家家必做的要事。

当今，新年既有信仰的反映、文化的传承，又有娱乐和祝福的性质。中日两国的家庭意识也体现得淋漓尽致。家族是社会的基本单位，是人生的出发点，中国有句古话叫"美不美家乡水，亲不亲故乡人"，无论身处何方，身处何境，都泯灭不了人们的思乡之情，俗话说的"衣锦还乡""光宗耀祖"也好，"无颜见江东父老"也好，无不反映着这种民俗现象。树有根人有家，无论是古代的一首首思乡诗，还是现代的一代代游子情，中国人总说"落叶归根"，中国可以说是"想家"情节较重的国家之一，这也和我们的传统思想和文化密不可分。

中国家庭中讲究"父慈子孝，兄友弟恭"等传统的长幼有序之礼，这种礼法和意识深深地扎根于中国人的思想中。新年是传统节日之首，又是祖先祭日，且正值农闲，在外的游子纷纷返乡与亲人团聚，尽长幼之礼。辞旧迎新的除夕夜是团圆之夜，家人聚在一起吃团圆饭。中国的北方，这一顿饭习惯包饺子、吃饺子，就其形状而言，由于形似元宝，有"招财进宝"的寓意。中国的南方，除夕多吃元宵和年糕。元宵圆形，有"合家团圆"的寓意，年糕则有"年年登高"的寓意。除夕夜的饭后，古时人们仍然促膝长谈，整夜不睡，一起回顾逝去的一年，憧憬新的一年，称之为"守岁"。而如今家家有电视有电脑的年代，家人们也会一起看春节文艺晚会,进行以娱乐为主的活动。

次日,也就是正月初一,新年的第一天,拜年则是一件大事。这一风俗始于汉代。人们清晨祭天地祖先,拜父母兄长,强固中国社会尊重长者的传统习俗。之后便出门拜年,相互走访,庆贺新年。拜年除亲族外,还包括朋友同事间的相互问候,互赠礼品,表达友谊。可以说,在新年其乐融融的气氛中,"拜年"一举更加深了人与人之间的感情,缓和了社会关系的紧张,洋溢着和谐与喜庆。随着信息化发展,通过手机信息、电话的方式互相拜年的年轻人也越来越多,但较传统的家庭尤其是中国农村仍然坚持让儿女出门,亲自登门向亲人邻里拜年。

日本的拜年发展脉络也和中国相似。起初是晚辈向长辈问候,亲人相聚辞旧迎新,后来逐渐扩展,比如向恩师、上司、前辈问候,朋友同事之间相互问候,以加深彼此感情。和中国一样会送新年贺礼,但时间上要比中国稍早,一般是在12月上旬到12月25日期间。另外有一点是和现代中国不同的,但可以说是日本的一个过年必做事项,就是邮寄贺年卡。日本人会于年前纷纷购买贺年卡,写上简单的新年贺词后寄给亲朋好友。贺年卡可以在邮局购买,价格较低,且贺年卡自带邮票,近年来每张贺年卡还印有号码,这个号码用于参与新年的抽奖活动,贺年卡会在过年这天收到,大家一起看,也是一大乐趣。日本贺年卡尤为流行,据说每年约有十几亿张贺年卡传播亲情友情。这一现象在中国并不常见,但追其根源,还是来源于中国。古代中国,由于交通原因,人们不能亲自拜访每家每户。于是从宋代起,对自己不能亲自去拜年的长辈,会派家仆"送刺"以表问候。"刺",即是贺年卡的前身。

古代日本和中国一样多靠农耕,人们依赖天,有一种敬天信天的思想;农民长期受到自然经济活动的束缚,对祖上开拓出来的田地有着很强的依恋;农耕经济以家庭为单位,很自然地培养出尊长敬老的思想。此外,中国儒家思想的影响也不容忽视。日本的新年期间,人们也会纷纷返乡,与家人团聚,返乡规模也是声势浩大。

日本除夕夜的晚餐,既是供神佳肴,也是团圆饭,有神人共食之说。一般以荞麦面为主,和中国一样,细长的面条有长寿的寓意,另外荞麦面的日语读音是"そば",与日语中的"傍"(旁边)谐音,希望家人一直在自己身边。此外也会常吃"杂煮",顾名思义,就是将多种食物一起煮食,做法和材料会因地区而有所不同,但一般是单数,多为7种食物煮在一起。

日本受中国礼教文化影响颇深,在日本人的信仰生活中,祭祀祖先也占有很大比重。日本人新年时的祭祖多在除夕举行,一般清晨开始祭年神,饰门松,注连绳,挂镜饼,夜晚时把酒和糕点供奉于祖先灵牌前,焚香礼拜。此外,凌晨开始,即步入新年的 1 月 1 日起,便可以到氏族神的神社参拜,这就是所谓的"初诣"。现在的"初诣"已经有所变化,人们不再只是为了祭祀氏神,而是会选择有名的神社或者就近去坐落方向吉利的神社参拜。

无论中国还是日本,祭祖原本都是人们鬼魂信仰的一种表现形式,但后来随着佛教、道教以及其他宗教思想的传入,这一习俗不再局限于鬼魂崇拜,还寄托了对先人的追思、怀念和感谢,同时祈祷祖先魂灵能保佑子孙后代平安幸福等。

二、中元节与盂兰盆节

每逢夏日,日本各地都会举行轰轰烈烈的盂兰盆节(お盆祭り)。其实这个节日是来自中国的"中元节"。他们巧妙地将其加以改造,把"中元节"中有关道教、佛教的内容演绎成了"大和魂",从而发展成振兴日本民族精神的节日。

"中元节"亦称"鬼节""盂兰盆节",俗称"七月半",在夏历七月十五日举行,原为宗教节日。关于"中元节"的起源,有两种说法,一是说它始于道教,道教认为:"七月十五日为中元节,地官下降,定人间善恶。是日道观作斋醮荐福。"另一种是说它始于佛教,为追荐祖先亡灵而举行。后来也演变为民间祭祖日,家家追荐祖先亡灵,并通过"放河灯"等形式超度亡魂野鬼。

据史料记载,"中元"祭祖的习俗在"大化改新"(645 年)前夕传到日本,606—733 年期间,主要活动集中于宫廷内及皇宫周边的寺院。之后传入民间,逐渐发展成举国上下的佛事活动,并形成具有日本民族特色的"お盆祭り"。日本的"お盆祭り"以夏历七月十五日为中心,少则四五天,多则十来日,甚至长达一个月之久。因受阴历影响,也有些地方在阳历八九月份进行。日本的"お盆祭り"主要钟情于其中的佛教内容,"盂兰盆"一词本系梵语"all ambana",意为"倒悬之苦"。日本人有"目连救母"之说,它指的是佛祖释迦牟尼的弟子目连看见母亲的亡灵倒悬于众多饿鬼之间,备受煎熬,苦不堪言,于是乞求佛祖施救。

由于地理环境影响,日本经常受到地震、火山、海啸、台风等自然灾害的侵袭,这些天灾一直困扰着日本人的衣食住行,甚至危及他们的生命。他们以为这些都是"精灵"在作怪,佛教传入日本后,鬼魂的概念与精灵合为一体。鬼神一家,鬼即神,神即鬼,善鬼神也,恶神鬼也。日本人认为自己祖先的"魂"也属鬼神,认为自己的"祖灵"是善鬼、好神,应该祭奠。于是借"盂兰盆"之机,大行佛事活动,开始迎祖灵、送祖灵,希冀子孙繁衍、万世昌盛。

随着时间的流逝,日本人崇敬"祖灵"的意识越发地强烈,"祖灵祭"也成为日本人生活中不可缺少的一部分。从祭祀先祖到敬仰先祖,进而发展为热爱国家、团结民族,日本国民的这种集团意识已经深深扎根。因为日本人祭祀祖灵、崇尚先人的意识极强,所以"お盆祭り"场面壮观,规模宏大,甚至超过了新年活动,是个全国规模的民间节日。

中国的中元节传入日本后便是"お盆祭り",但是日本的"お盆祭り"比中国的中元节更热闹,远比中国隆重。此外,其慰灵内容和祭祀方式也有所变化,由上坟慰灵变成了迎接祖先亡灵回家以示祭奠。受中国文化影响,又将中国除夕进行的"请神"和正月初二初三进行的"送神"活动纳入其中。日本同属汉字文化圈国家,钟情汉民族文化,他们将中元节引入后,在内容和形式上加以改造,使之形成"大和民族"文化的自我展示,以丰富本民族的文化精髓"大和魂"。时至今日,日本一年一度的"お盆祭り"也全方位地展示了"大和民族"的深层内涵。

在此节日期间,最为热闹的活动当属"盆踊り"。以东京的"盆踊り"为例,活动场所一般选在就近的神社空地或市区街心花园。参加者一般穿上夏季穿的单和服(ゆかた),摇动折扇,围成一个大圆圈,伴着鼓点向着一个方面旋转起舞,有时放声高喊"や,よい,よい……"。参加者基于义务,作为集体的一分子分担一项内容,以自身的行为加强和完善大和民族的"集团精神"。参加"盆踊り"的除成年人外,还有众多中小学生,使"盆踊り"更加热闹,体现了民族和谐的勃勃生机。

三、中秋节

"中秋节"一词出现于唐太宗时代,在《渊鉴类函》中有对这个节日最早的明确记载。中秋节是中国重要的传统节日,日本也过中秋节。本节从史料记载出发,了解中国和日本中秋节的起源与形成,并对比两国中秋节的节日习俗。

在中国古代,中秋起初是指节气,中国的农历八月在秋季中间,为秋季的第二个月,称为"仲秋",而八月十五又在"仲秋"之中,所以称"中秋",后来发展为节日。

《日本的神话、古代史与文化》中说到，奈良时代，相当于唐朝后期，中秋节从中国传入日本，在日本被改称为"十五夜"。那时日本推崇中国文化，不但对这个节日非常重视，而且也有类似中国嫦娥奔月的传说，但日本版的嫦娥叫作"辉夜姬"或"竹取公主"，是出自小说《竹取物语》中的人物。

中国人很早就崇拜月亮，中秋节初期的主题是赏月祭月，然后逐渐演变为以阖家团圆为目的的节日，一是因为人们通过赏月等活动来团聚，二是由"圆月"的"圆"字引申发展为"团圆"。明清时期，中秋节的赏月习俗变成祭月、拜月，亲人团圆成为中秋节的明确主题。

当时，日本的公卿贵族均以学习模仿盛唐文化为荣，上层社会的贵族们会在中秋节期间举行赏月的宴会，举办和歌会，非常热闹。8世纪到19世纪前，中秋节是日本最受重视的节日之一，不少名人贵族曾写下自己的赏月心情。后来中秋节慢慢普及到普通民众，习俗也跟贵族有所不同，以祭祀和丰收为主题。

两国在庆祝中秋节的时长上也有不同。中国只将农历八月十五这一天作为中秋节来过，而日本的中秋节共七天。为什么在中国只有一天的中秋节传入日本后变成了七天呢？一是与日本人的民族性格有关，他们注重仪式感，中秋佳节正值丰收，物资充足，借此佳节来庆祝丰收；二是古代日本人推崇汉文化，借此佳节宣扬汉文化。

再说到中秋节食物，在中国首先想到的便是月饼。据相关史书记载，月饼最早出现于唐朝，在明代成了中秋节具有代表性的食物，直至今日，月饼仍然是中秋节的标志。日本人在中秋时吃一种由糯米做成的江米团子，圆润精致，形状似圆月，被称为"月见团子"，以甜味为主要口味，馅料有绿豆、红豆、芋头等。

日本的中秋节虽然来源于中国，但是两国的中秋节文化并不完全一致。尤其是如今，日本已不像以前那样重视中秋节。正是这种文化差异才造就了文化的魅力，在对外交流时我们要用更开阔的心态面对差异，增进理解。

通过以上对中日两国传统节日的比较，我们不难看出，由于古代中国对日本的影响大，日本的传统节日与中国有众多的相似之处。日本民族不仅善于模仿，而且在保存本民族特色上也做得十分出色。过民族传统节日，当属振兴民族精神的举措。因此，我国也应继续宣扬民族文化，弘扬民族特色。

随着全球化发展，国际贸易往来和跨文化交际日渐频繁，我们在日常生活中经常会遇到外国友人。民族不同，文化也会有所差异，懂得他国礼仪，可以帮助我们更好地了解异国文化。如果在交际中忽略了这些文化差异,就会有碍跨文化交际,甚至影响中国的对外形象。同时,我们也需要了解我国传统文化,弘扬民族精神,增强民族自信。

思考题

1. 简述中日两国新年的历史发展轨迹。

2. 简述中日两国送礼时在礼品选择上的不同。

3. 对于拜年的形式由"登门拜年"到"手机拜年"的变化,人们各抒己见,有人认为传统方式好,也有人认为现代方式好。对此,请结合中日两国拜年的现状,分析拜年形式发生变化的原因及其背后折射的文化的不同。

4. 有人说相比中国家庭,日本的家庭观念淡薄。比如即使是家人,在物质生活上会保持相对的独立,物品以及金钱有借有还;而在精神上也会保持相对的距离,不过分干预。对此现象,你如何理解?试从日本社会的人际距离角度进行分析。并且,针对中日两国的不同,阐述其各自的文化不同。

第七章

中日制度文化的比较

　　制度文化是指人类为了自身生存、社会发展的需要而主动创造出来的有组织的规范体系,对人及其群体行为进行限制、规范和引导的基本规则。这些制度分为内在制度和外在制度。内在制度为群体内随经验而演化的规则,是社会中通过一系列渐进式的反馈和调整的演化过程发展起来的,比如婚姻形态与生育观等家族制度,以及习俗礼仪、风土人情等传统文化观等。外在制度则由国家、政府等公共组织所规定,国家制定法律条文,政府出台政策、条例,其中包括国家的行政管理体制、管束结婚与离婚的家庭制度、人才培养教育制度、企业管理制度等。

　　制度文化的产生,是由大量的内在制度根据人类的经验不断演化为基础,经过有组织的社会团体有意识的制定,并立法通过而形成的[①]。制度文化作为文化的一个组成部分,既是精神文化的产物,又作为人类行为和活动的习惯、规则,主导或制约了精神文化与物质文化。每个制度在演变过程中都带有各自的民族色彩,中国在几千年的历史变迁过程中,经过不断的社会变革和政治变革,各种制度也在不断完善。日本早在一千四百年前通过向中国派遣遣唐使,不断借鉴中国的文化制度、生产技术等,结合"东西方"优秀的制度体制,形成了独具特色的日本文化制度。无论是家族制度、政治体制、企业管理机制还是教育文化生活,中日两国都存在若干相同制度特征,同时,两国间的差异也较多。对比中日两国制度的不同,有助于加深人们对中日不同制度文化的理解。

---

① 柯武刚,史漫飞.制度经济学——社会秩序与公共政策[M].韩朝华,译.北京:商务印书馆,2000:122.

第一节　中日家制度对比

一、家的由来

家庭是以特定的婚姻形态和血缘关系为纽带结合而成的社会基本单位,人类社会最常见的基本家庭形态为一夫一妻制的个体家庭。众多个体家庭组成家族,并按照血缘关系和一定行为规范加以约束。个人的物质生活主要以家庭为舞台,而社会经济生活和精神文化生活主要以家族为单位。

中国和日本都有根深蒂固的"家"观念,但是两国人民对"家"的概念有着明显的差异。中国古代社会在政治、经济、文化等因素的影响下,形成了以系谱血缘关系为纽带的深层社会结构,传宗接代成为中国家族制度的根本任务,维护血缘亲情不疏远则成了家族伦理道德的核心。中国的"家"追求子孙满堂这种"大家庭"模式,家族血缘的延续代表着自我人生的绵延不绝。以上这些思想深深地积淀在中国人的社会人际关系和价值系统的深处,形成了影响个人的感性认识和伦理信仰体系[①]。

而日本的"家"是以家业为核心的家族经济共同体,即"家"不仅是身份上的序列,也是作为生活手段的社会构成单位[②]。日本社会不存在宗法关系的明显界限,家族之间既有血缘联系,又有主从关系。在古代日本社会,血缘关系下的同族之间也分"本家""分家","本家"权力大过"分家"权力,"分家"人无条件服从"本家"的指示,这种权力上的悬殊即表明了日本家族中的主从关系。日本的家制度中,至关重要的"单位"不是以血缘关系为纽带的宗族,而是作为"社会性谋生组合"的"集团"。所以,日本的"家"中,即使是无血缘关系的人通过"养子制度"也能成为家庭成员,并对家业做出贡献和维持家族荣耀。

---

① 李卓.中日家族比较研究[M].北京:人民出版社,2004:47.
② 李卓.中日家族比较研究[M].北京:人民出版社,2004:136.

二、中国的家族制度

1. 家族结构

中国的家族是以"男系血缘关系为基础单位的多个家庭,在宗法的规范下组成的社会群体"。从秦汉到明清,国家的基本户籍单位一直都是小家庭,一对父母和所生的几个儿子(一般称为"房")构成一个家庭单位,家庭中的儿子们长大分别结婚,生儿育女,最终各房分家独立。再过若干年以后,在"房"的基础上又形成新的"房",最终形成宗族。① 中国的古代家族便是通过这种人口繁衍和家庭的分化,由小家庭逐渐扩展成宗族。

中国的家族制度主要有三个特征:① 共同血缘;② 聚族而居;③ 辈分秩序。首先宗族是血缘团体,指同性、同祖的男系血缘团体。受中国传统的以家庭为中心的经济形式的影响,中国的亲属称谓反映出血缘关系的亲疏,由此看出中国人对待血缘关系的态度及社会的传统伦理规范。中国的家族制度中"父权制"强大,女儿出嫁之后便成为外人,所以女儿所生后代被叫作"外孙""外孙女",后辈称长辈为"外祖父""外祖母"。追溯到血缘关系,祖先崇拜的对象主要是父方男系亲属②。为了保证家族财产得以继承,保证继承人与自己的血缘关系,中国人明确区分血亲和姻亲、直系和旁系、宗亲和非宗亲等,并且强调血亲、宗亲和直系亲属。

其次"聚族而居"表现为拥有血缘关系的一群人聚族而居在同一地方,从而形成了村落。中国长久以来都处于以家庭为中心的农业社会的生产和生活模式,每个小家庭有自己赖以生活的房屋和用于种植粮食的土地,父母的土地和房屋传给子女,使家庭得以延续和繁衍,子孙后代定居在一处。同姓同宗的血缘关系使得宗族之内既包含了祖先到子孙的延续,又让每个家庭之间存在密切的联系。因为家庭和宗族的繁衍离不开赖以生存的土地资源,所以有血缘关系的同宗之人世世代代生活在一块,有效地维持着彼此共同的利益和势力。比如,闽西地区的漳州地区的土楼,便是闽西客家人聚族而居的建筑。在过去,客家人在土楼之中聚族而居,既是考虑到族人对外敌侵袭的防御,又明确了族人之间的上下尊卑,使得族人崇宗敬祖,礼乐相济。

① 李卓.中日家族比较研究[M].北京:人民出版社,2004:163.
② 李卓.中日家族比较研究[M].北京:人民出版社,2004:343.

最后"辈分秩序"是指拥有血缘关系的团体中,为了维护血缘秩序的稳定,依照长幼有序而划分辈分。辈分的高低并非按照"年龄"这种纯生物意义上的观念去划分,而是主要以"高祖、曾祖、祖、父、本人、子、孙、曾孙、玄孙"的"九族"血亲关系来排位[①]。辈分高者为尊,权势也高,辈分低的人必须服从辈分高者。同时,根据辈分加以称谓,从而发展出大量的称谓语。辈分的排列常常体现在人名中,使用辈分用字不仅便于同族中排行辈,认辈分,也便于修宗谱。区分辈分最好的办法一般是通过名字中的第二个字来识别,相同辈分的人取相同的字,通过名字里的"字"来分别宗族内部的长幼次序和亲疏远近。比如,浙江《唐氏宗谱》的行辈字派是"福禄永昌隆,和良端世美,才智瑞宁聪";湖北《汪氏宗谱》的行辈字派是"正大光明,成先于后,世泽延长,齐家有猷"。这些辈分的字谱又称昭穆、字派、行派,主要使用美德或吉祥的字,希望宗族延续和昌盛,或者怀念先祖和歌颂皇天恩德。

2. 婚姻形态与生育观

进入周代之后,随着社会的发展和礼制的需要,男娶女嫁的"聘娶婚"应运而生并延续至今。据《礼记》《诗经》等古文献记载以及历代封建王朝的法律规定,中国的聘娶婚制度遵从"父母之命,媒妁之言,非礼勿婚"的礼教意识,实行"纳采、问名、纳吉、纳征、请期、亲迎"的"六礼"婚嫁制度,从礼制和法律的角度,都是以一夫一妻为原则,而"一妻多妾制"则是为了维护"人丁兴旺"等的宗法制度的产物。

在古代社会,"父母之命""媒妁之言"为包办婚姻提供了礼制上的根据。但是,清末民初的知识分子受国外婚姻观念的影响,开始主张婚姻自由,反对封建的包办婚姻制度。当时的女性受到辛亥革命所掀起的妇女解放运动的影响,也开始追求自由恋爱、婚姻自由、男女平等等权利。同时,随着外国资本商品和文化的大量涌入、中国商品经济的发展等社会背景的变化,妇女也不再作为家庭的附属品而存在。[②]正因为婚姻观念的改变,结婚不再成为绑定夫妻一辈子的枷锁,国家也颁布了一系列的法案实现了离婚自由。

从中国的生育观念来看,早在西周时期,"千禄百富,子孙千亿""积上三世仁善福,修来五男二女福"等俗话,侧面验证了中国人的多子多福观念。随着"不孝

---

① 王沪宁.当代中国村落文化——对中国社现代化的一项探索[M].上海:上海人民出版社,1991:82.
② 文史资料研究委员会.辛亥革命回忆录(第二册)[M].北京:中华书局,1962:195.

有三,无后为大"等儒家思想的传播,男女自然的生殖繁衍行为逐渐伦理化和道德化。因此,为家族哺育子孙后代,成为夫妻双方应尽的责任和义务。但是,随着工业发展,人们物质生活水平的提高,地方人群离开祖辈生活的土地,远离原先一起居住的父母,不断涌入大城市,成立新的小家庭的社会现状,使得以一对夫妇为核心的小家庭(核心家庭)的数量逐渐增多。同时,70 年代末期,中国推行的"计划生育"政策,使得很多城市家庭习惯了独生子女的抚养模式,即使到后来"二胎开放"政策实行之后,因为人均土地的减少、育儿压力、养老等问题,中国的出生率依旧持续走低,中国也面临着人口老龄化和劳动力短缺等问题。

随着家庭、社会结构的多元化,婚姻制度的改变,以及生育率下降等现实问题的出现,单亲家庭、重组家庭、丁克家庭、单身家庭、空巢家庭等非传统家庭模式应运而生,传统的子孙满堂"大家庭"模式也逐渐核心化和小型化。

3. 家谱与丧葬礼仪

历代修纂家谱作为宗族中的一件大事,具有严格的规定和程序,通常由族长主持,或者请地方名流硕儒主持,家族内的知识分子负责具体编纂。作为国家大力发展的悠久历史文化传承内容之一,中国的家谱价值巨大,可以反映人口发展史、人口迁徙史、经济史、社会史、地域史等。比如 1950 年出版的《北京图书馆馆藏族谱书目》收录家谱 348 种,又如 1987 年出版的《台湾地区族谱目录》著录超过 10 000 种。2000 年初,文化部开展全国家谱抢救性调查工作,上海图书馆作为牵头、总汇和总校单位,经过长达九年的编撰,终于完成了中国大型家谱文献书目《中国家谱总目》。全书计 608 个姓氏,收录了海内外各地区收藏的中国 58 个民族姓氏家谱的基本情况和存世的中国家谱姓氏总共 47 000 种以上,是迄今为止收录中国家谱数量最多的专题性联合目录。

历朝历代的家谱通常都是以子孙的德育、教育为目的,旨在宣扬和实践"三纲五常""忠孝节义"等伦理思想。比如,明清讲究"孝治天下",家谱也是注重"尊祖""敬宗"等德化功能。家谱不仅作为祖祖辈辈的家族成员记录,更是为了传扬家族中家风、家训而长久存在。作为中国的家族象征,编修族谱的意义主要有四点:① 维护宗族秩序,即长幼,亲疏秩序。② 明辨血脉关系,通过族谱维护血脉的纯正。③ 增加宗族声望,记录宗族的历史,使得族人牢记祖先的荣誉,以祖先的事迹德行为荣,唤起族人的历史责任感。④ 教化和约束族人,族谱中记载的家训、家范以及族规、家法都是为了规范族人而定,体现了长辈对后代的希望①。

中国的丧葬礼仪也是家制度中不可忽视的一部分,从历代文献来看,儒家历来看重丧礼和祭祀,并遵循着一定的行丧制度。《孝经·纪孝行章》中写到"丧则致其哀,祭则致其严",指出父母去世,应尽哀痛的心去料理后事;祭祀的时候,应尽严肃的心去祭祀。中国的丧葬礼俗中有"哭丧"的习俗,以哭的形式寄托亲人去世的哀思。同时《孝经》与《仪礼》《礼记》等经典文献中对丧葬和祭祀作出了明确的标准,"守孝三年""悲戚为孝"这种儒家丧葬观念深深影响着历朝历代的民众。相反,日本人更重视生前之孝。虽然从古至今日本都深受儒学的影响,但是比起中国丧葬礼仪中的繁文缛节,日本人的服丧习惯更为简单,服丧的时间更短,需要服丧的亲属数量更少。

三、日本的家制度

1. 家业经营体

日本的家族制度经历了日本古代的"氏"组织到镰仓、室町时代的"族",最后形成"家"这一概念。氏族中既包括血缘亲属,也包括通过征服而得来奴隶、寻求庇护的部民等无血缘关系的成员②。大化改新之后,日本模仿中国的唐代制度建立的中央与地方行政组织取代了过去的氏组织,并且实行户籍制度。8世纪中期开始,土地私有化之后,由氏族形成的乡户之间的利益纠纷日益严重。为寻求庇护,乡户之间分化,发展为小土地的所有者,为保证土地完整性和个人的利益,他们将土地献给地方豪门贵族,地方豪族再将土地献给中央豪族,形成了新的统治阶级武士。久而久之,日本的家便形成了以家业为核心,同时也包含血缘者的基本社会集团。为了使家业繁荣昌盛,即使是非血缘关系的人也能成为家庭的一部分,并参与家业的经营。所以,日本人的家更倾向于是以居住或经济要素为中心而形成,根据居住和财产规定血缘者的权利、义务的界限。

中国的家族制度在多次的土地改革中,本质上没有明显的变化,而日本的家族制度却随着时代而不断改变。明治维新时期,封建身份制度被废除,从而瓦解了封建的家族制度。到后来,新政府时期实行皇族、华族、士族、平民的"四民平

---

① 李卓.中日家族比较研究[M].北京:人民出版社,2004:200-207.
② 太田亮.日本上代社会组织的研究[M].东京:邦光书房,1955:24.

等"政策,使得平民拥有姓氏,不同族类可以通婚。与此同时,新政府于 1973 年施行的"征兵令"、1876 年的"废刀令"等一系列政策,使得武士阶级特权瓦解,家制度也从原来的武士阶级特有的家族制度转变为以夫妻儿女的单婚家庭为主的小家庭模式。

与中国的家族或者宗族相比,日本的"家"主要有三个特征:① 家业为立家之根本;② 个人是家的附属;③ 模拟血缘关系。首先日本的"家"是以夫妇生活为中心的共同经营体,主要指"经营以夫妇为中心的家业、家产的团体"[①]。为了实现家业永续,实行家督继承制,通常由长子和长女继承家业,长子或长女组成的家称为"本家",家族中其他子女结婚后建立的家称为"分家"。所以,日本"祖孙一体"的概念,更多意味着家业继承人的"父子孙"的"纵式家族",而不包含相同辈分中"兄弟姐妹"等"横向关系"。同时作为家业继承人,长子长女更要承担比众兄弟姐妹更重要的责任,要比其他人更尽孝,这是对父母的"报恩",乃至对整个家族的负责。

其次,日本人注重世系的延续性,同时看中的是整个家的存在,而不是某个人。日本的名门望族为了保持家族的荣耀,达到家名永世相传的目的,实行"家名世袭制",即由子孙代代承袭同一名称,只称第几代[②]。与中国亲属称谓反映血缘亲疏不同,日本不会对父系的亲属和母系的亲属加以区分,父系亲属与母系亲属同等对待。父系和母系亲属称呼的"同一性"可以说明日本人心中父母双系地位的平等。

另外,"模拟血缘关系"主要分为:① 养子制度;② 为了家业经营,参与家务的佣人成为家族的一员。其中"养子制度",在日本称作"养子缘组",指"和无血缘的关系者人为组成亲子关系"。平安时代的"父系继承制",使得家族中没有长子作为继承人时,家主会选择本族人过继,或者异性族人入籍。镰仓时代后期,为了家族的延续和繁荣,最常见的方式就是和无血缘关系的人组成亲子关系。特别是武士家族中,为了避免因为无子嗣继承家业,无法向主君进献自己的衷心而导致整个家族覆灭,一般都会形成"养子缘组"的家庭。到了江户幕府时期,虽然设定了各种各样严格的养子制度,但是以"庆安之变"为契机,就连贴身侍卫和随从都能成为养子。养子的存在更多的是保障自己的贵族的身份、爵位、家号,

---

① 有贺喜左卫门.有贺喜左卫门著作集Ⅶ[M].东京:未来社,1996:60.
② 李卓.中日家族比较研究[M].北京:人民出版社,2004:178.

乃至家产。因此日本人的家业观深深影响着他们的血缘观，继承制度不拘泥于是否具有血缘关系，而是按照品德和能力来选择家业和家族企业的继承人。

2. 婚姻形态与生育观

日本过去长期流行的是与中国式传统式"男婚女嫁"相反的"招婿婚"，即男方落户到女方家，以女方为婚姻主体的婚姻形态，婚礼过程主要分为"求婚、文使、婿行列、火合、沓取、衾覆、后朝使"①七个部分。直到武家社会形成之后才开始向女方嫁入男家的"聘娶婚"转变，但随着"聘娶婚"的流行，父系家庭中父权制逐渐产生，女性自古长期拥有的财产继承权也被剥夺。同时，在儒家伦理的影响下，父子、兄弟的上下尊卑有别，男尊女卑等思想也逐渐出现。与中国历史上的婚姻制度中"一夫一妻"的原则不同，日本古代社会的"一夫多妻"现象非常突出，直到明治维新之后才慢慢确定一夫一妻制度。

根据《明治民法》规定，家庭中妻子不仅在子女的管辖和约束力上小得可怜，同时被视为法律无能力者，无论是家庭的财政大权还是个人的经济行为都是不被允许的。同时《明治民法》规定妇女结婚后自动放弃娘家的姓氏，即使在战后日本新民法中规定，夫妻结婚时可以商定称夫或妻的姓氏，但大部分女性也依旧选择了婚后跟随夫姓。改姓制度的产生同样与日本家庭制度有关，与中国的姓氏具有宗法性与恒久性不同，日本的姓氏具有社会性与可变性的特征。所以日本人对待姓氏的态度与中国人颇为不同，改姓也经常发生，主要原因又分为：① 伴随着氏族与家族集团的分支而改姓；② 因政治关系和主从关系的变化而改姓；③ 因开创新的家业而改姓；④ 因收养关系而改姓；⑤ 因婚姻关系而改姓②。其中，受到日本根深蒂固的家庭观念和社会意识的影响，形成了"因婚姻关系而改姓"的现象。因为在日本姓氏被定义成"家"名，"夫妻别姓"的情况会损坏家庭的一体感，所以绝大多数场合都是女性在婚后选择改为夫姓，成为丈夫的"家"的成员。

就生育顺序与子女数量来说"一姬两太郎（一女二儿）"曾经是日本人理想的生育模式，对于他们来说维系家族有一人或两人足矣，孩子再多不仅与家业无益，还将带来生活上的沉重负担③。在江户时代，封建领主财政困难，使得老百

---

① 高群逸枝.日本婚姻史[M].东京：旨文堂，1990：112 - 118.
② 李卓.中日家族比较研究[M].北京：人民出版社，196 - 198.
③ 赖肖尔.日本人[M].上海：上海译文出版社，1980：72.

姓生活贫困,无法养育过多的子女。直到明治维新之后,增加人口成为富国强兵的政策,日本的人口才有了明显的增加。但是在二战之后,日本的新生儿出生率便持续降低。主要原因与日本"养儿育女"的方式相关。即使在这个标榜男女平权的现代社会,日本女性不仅在家庭中承担所有的家政与育儿的责任,还不得不面对"育儿不安"、社会地位丧失、育儿社会压力等问题。

2019年改编自直木赏作家角田光代同名小说的日剧《坂道上的家》就因为描写"当代主妇们的育儿之痛"在国内外引发强烈的共鸣。"中国式"养儿育女模式,更趋向于夫妻双方共同教育小孩,即使在双职工夫妻忙于工作无法照顾子女时,常见的祖父母带娃模式也大大缓解了中国家庭的养儿压力。然而"与父亲角色所承担的养家义务不同,家庭的重负全数压在主妇一人肩上"这种日本固化的思想,使得在职场工作的日本女性的结婚率大大降低。即使日本多年实施"育儿支持"等诸多支援政策,如"天使计划"和"新天使计划"等,日本也常年保持着低生育率。

3. 家系、家谱和家徽

家谱作为日本吸收中国文化过程中积极借鉴和模仿的内容之一,作为皇室、旧武士、大名、将军、财阀等上层社会阶级的一种标识流传至今。日本的家谱分为家系谱和家系图。文章类的家系谱上详细记载着祖祖辈辈的出生与死亡日期、功德与逸闻轶事。家系图则用图来表示家族世系。与中国的家谱不同的是日本的家谱不是以血缘的延续为依据,而是以记载家业延续为任务,所以养子、养女等非血缘者和女性也被记录在家谱里。此外,族谱上记录的家规,家训在日本常被称作家宪、家掟、家慎,通常是家庭之内家长为家族成员所规定的有关立身处世、居家治生的训诫和教条①。

在世界文明史上,日本作为使用徽章最多的国家之一,存在两万左右的家徽。日本的家徽称为"家紋",从古至今作为家族门第的象征和家系的直接表现,代表族人的血统和地位,折射着家族的辉煌与荣耀。家徽最早产生于平安时代,最初只是植物、数字等简单的符号,用来装饰日常生活用品和器具。后来这种纹路不仅用来强调器具的视觉上的美丽,在战争频繁的镰仓时代,为了区分敌我,武士们纷纷在战旗、武器、战马等用具上装饰上家徽,如岐阜市历史博物馆收藏

---

① 李卓.中日家族比较研究[M].北京：人民出版社,2004：216.

的《关之原合战屏风》中便可以清楚地看见合战场各种家徽的旗帜。除此之外,贵族武士在住宅的墙壁、门扇都饰以家徽,就连墓碑上也要刻上家徽,渐渐地家徽演变成与家族信仰相关的图案,变成贵族社会世系的家徽随身携带[①]。

日本的家徽主要分为"定纹""代表纹""替纹"。同族系之间使用最多的是代表纹,也可称为"表纹"。当时的武士同时拥有和使用数个家徽,所以,在官方场合就需要正式的家徽,这种由个人决定使用的家徽称为"定纹"。但是在大名和将军家中"定纹"只有嫡子可以继承,于是就出现了代替使用的"替纹"。最为常见的纹路有:江户时代武士之间流行的"鹰翅之纹",比如著有《脱亚论》的庆应义塾大学创始人福泽谕吉的家徽,便是一对方向相异的老鹰翅膀;以酢浆草为主的植物纹路"片喰纹",有象征子孙繁荣之意;属于天皇家的"十六叶菊纹"和"日月纹",代表着至高无上的尊荣。家徽不仅作为家族的象征,随着资本主义企业的兴起,各企业、工厂及各种团体都借用家徽的作用和功能,用于推销产品,将这种标志作为自己企业的精神象征,用于增强员工的集体责任感。

第二节 中日政治制度对比

一、政治体制的形成与变迁

中国传统政治文化的形成可追溯到春秋战国时期,在政治文化发展中,儒家、法家、道家三派的政治思想主张对后世影响巨大。两汉魏晋南北朝时期统治者采用道家的思想,提倡顺其自然,无为而至。到了汉武帝时期,以儒家思想的德政理治和人治为主,法家的刑法为辅,兼容道家思想的'大一统'思想,形成中国封建社会政治制度的核心思想。直到 19 世纪,随着中英鸦片战争的爆发,旧的中国政治文化解体,早期改良派学习西方的政治文化,形成了当时的资本主义经济。但是随着俄、德、奥三大帝国主义国家的解体,俄国无产阶级率先建立社会主义国家,中国在当时"五四运动"号召之下,由原本的资产阶级运动发展成为马克思主义的无产阶级革命运动[②]。中华人民共和国成立之后,政府坚持以工

---

① 千鹿野茂.日本家纹总鉴[M].东京:角川书店,1993:2.
② 毛泽东.毛泽东选集第 2 卷[M].北京:人民出版社,2005:699.

人阶级领导的、以工农联盟为基础的人民民主专政制度。中国特色社会主义植根于中华文化沃土,反映中国人民意愿,适应中国和时代发展进步要求,有着深厚历史渊源和广泛现实基础。

中日两国同属儒家文化圈,政治体系却完全不同。日本最初深受儒家思想影响,建立了属于日本的封建等级制度。17 世纪以后商品经济冲击封建领主经济结构,直到 19 世纪中期,由于德川幕府的腐败统治,当时以地主资产阶级为代表的倒幕派摧毁了幕府的封建统治。明治维新时期,崇尚资本主义的日本政府进行近代化政治改革,明确提出了"脱亚入欧"的口号。至此,日本社会开始有意识地引进西欧的文化科学知识乃至政治机构模式,最终建立"君主立宪政体"。但是随着天皇专制封建皇国观的形成,军国主义教育导致日本最终变成对外侵略扩张的政治文化。直到二战日本战败,日本由原本的"君主立宪制"改为"议会内阁制",即议会内阁制的代议民主制,实行立法、行政、司法的三权分立原则,由国会、内阁、法院行使相应权力的政治体制。

二、中国政治体系

1. 政治概况

中国政治制度是指 1949 年 10 月中华人民共和国成立以来,在中国大陆实行的,规范中华人民共和国国家政权、政府制度、国家与社会关系等一系列根本问题的法律、体制、规则和惯例。中国采取的是共产党指导国家政治的一党制。依照《中华人民共和国宪法》规定,中华人民共和国是由工人阶级领导的、以工农联盟为基础的、人民民主专政的社会主义国家,实行人民代表大会制度,简称全国人大。中国人大是最高国家权力机关,中华人民共和国国务院,即中央人民政府,是最高国家权力机关的执行机关,是最高国家行政机关。最高人民法院对全国人民代表大会和全国人民代表大会常务委员会负责。地方各级人民法院对产生它的国家权力机关负责。

全国人民代表大会为中国最高国家权力机关,设有常务委员会,主要行使立法权,即负责审查中国各项重大法案;并选出国家元首(国家主席)、行政机关(国务院)、监察机关(国家监察委员会)、审判机关(最高人民法院)、检察机关(最高人民检察院)、国家军事机关(中央军事委员会)等职务。全体会议一般在每年 3 月召开,国会议员的任期为 5 年。闭会时,则由全国人民代表大会常务委员会作为常设立法机关,代为行使其大部分职权,实行民主集中制。

最高领导人为国家主席,与全国人民代表大会常务委员会共同行使国家元首的职权。具有任命总理权,颁布法律并发布战争宣言和发布动员令,批准和废除条约和重要协议等权力。中国的总理被正式称为"国务院总理",相当于日本的总理大臣,是国家主席根据全国人民代表大会的决定而任命。总理是国务院议会代表,负责行政事务。中国共产党始终宣称其理想与目标是社会主义,并将自身视为代表工人阶级领导工农联盟和统一战线的政党。其中《中国共产党章程》指出中国共产党坚持马克思列宁主义、毛泽东思想、邓小平理论、"三个代表"重要思想、科学发展观和习近平新时代中国特色社会主义思想等意识形态。

2. 国家行政制度

根据《中国特色社会主义法律体系》的规定,国家行政制度是指根据国家宪法和有关法律,通过行政机关对国家政治、经济、文化、军事、外交等各方面事务进行管理的组织体系及宏观管理规范的总和。我国现行的国家行政机关是国家按照宪法和相关组织法规定设立的。其中最高国家行政机关,即中央政府是国家行政机关的核心。主要分为:国务院(最高国家行政机关)、省(自治区、直辖市)、州或县(市、区)和乡镇三级人民政府。而且在部分地区实行自治区或直辖市、地级市四级人民政府。各级行政机关呈现纵向的管理结构,即构成各级政府、各组成部门的上下级关系。

省级行政区,是中华人民共和国的一级行政区和最高级别的行政区。省级行政区包括23个省、5个民族自治区(内蒙古、广西、西藏、宁夏、新疆)、4个直辖市(北京、天津、上海、重庆)和2个特别行政区(香港特别行政区、澳门特别行政区)。特别行政区除香港和澳门外,地方人民代表大会和当地人民政府都是行政机关。香港特别行政区和澳门特别行政区由中央人民政府直接管辖,根据宪法规定,全国人民代表大会特制定《中华人民共和国香港特别行政区基本法》和《澳门特别行政区基本法》,按照"一个国家,两种制度"的方针,规定香港和澳门特别行政区实行的制度,以保障国家对香港和澳门的基本方针政策的实施。

地级行政区,是中国行政地位与地区相同的行政区的总称,是中国的二级行政区,包括地级市、地区、自治州、盟。中国共计333个地级行政区,包括229个地级市,7个地区,30个自治州,3个盟。县级行政区主要包括县、县级市和市辖区3类。乡级行政区主要包括乡、镇和街道办事处3类。

中国大陆的行政区域和官员的行政级别,根据《中华人民共和国公务员法》规定设置,有省部级、副省部级、地市级、副地市级、县处级、副县处级、乡科级和副乡科级等级别。最高行政首长对应的行政级别,中央政府管辖的一级行政区的首长为省级或称省军级,任中央政治局委员者享受副总理级待遇,可以在头衔前挂"党和国家领导人"称呼。副省级城市的市长为副省级或副部级,一般地市级行政区的行政级别为地市级或称地师级,县级行政区为县级或称县团级,但是直辖市下属的区、县享受地级市待遇(重庆部分县除外)。基层政权乡镇一级的最高行政长官为科级,直辖市的乡镇享受处级待遇,其他依次对应。

3. 政治与外交

中国正式的外交政策是由中华人民共和国外交部执行,党内外交政策的主要决策主体为中共中央外事工作领导小组,同时依靠其他部门的专业知识来制定外交政策。中国政府执行《和平共处五项原则》的外交纲领性政策,具体内容为"互相尊重主权和领土完整、互不侵犯、互不干涉内政、平等互利、和平共处"。

中国按照外交关系亲疏将与其建交的国家划分不同的外交关系,主要包含"伙伴关系""战略伙伴关系""战略协作伙伴关系"和"全方位伙伴关系"等。其中"伙伴关系"指与中国建有伙伴关系的国家或组织,通常属于中国的邻国或者在国际上有一定影响力。该国家或组织同样遵守"求同存异"原则,如在西藏、新疆、台湾等问题上没有根本分歧,并且不攻击某个特定的第三国伙伴关系等。"战略伙伴"意为共同讨论世界经济问题并在军事、战略方面以及国际舞台上展开合作。"战略协作伙伴"指除"战略合作"的内容外,双方还在军事、战略等技术方面协作互助,如俄罗斯[①]。正是中国高举和平、发展、合作旗帜,坚持奉行独立自主的和平外交政策,坚持走和平发展道路,至2014年已同75个国家、5个地区或区域组织建立了不同形式的伙伴关系[②]。

另外,随着中国经济的发展和综合实力的提高,中国主动构建对外关系和把握大局的能力不断加强,也扭转了中国长期以来被动应对外部安全威胁的局面。

---

① 构建以合作共赢为核心的新型国际关系——外交部部长王毅在中国发展高层论坛午餐会上的演讲 [EB/OL].中华人民共和国外交部.(2015 - 03 - 23)https：//www.fmprc.gov.cn/ce/cemr/chn/zgyw/ t1247711.htm.

② 张寒寺.战略合作伙伴和全面战略合作伙伴有什么区别? [EB/OL].凤凰网.(2014 - 07 - 21)http：// news.ifeng.com/a/20140721/41245868_0.shtml.

中国实施以发展为中心的大战略,把对外关系的重点转向构建和平发展环境,同时通过发展提升构建和平发展环境与秩序的能力,二者良性互动。即使面对与他国的领土争端问题、如钓鱼岛争端、朝鲜半岛问题,中国依旧坚持不冲突、不对抗、推进合作的大方向,致力于构建不同于传统的大国争霸的新型大国关系。

三、日本的政治制度

1. 政治体制

日本为君主立宪制国家,实行议会内阁制,立法、司法、行政三权分立。以国会为国家最高权力机关和唯一立法机关,实行议会民主政治,由国会和内阁协作实行议会内阁制。另外,宪法规定设置世袭君主天皇作为日本国的象征,以及日本国民整体的象征。天皇只能行使宪法所规定的有关国事行为,没有任何参与国政的权力。国会由众议院和参议院组成,行使法律草案的决议、预算案的决议以及关于缔结条约等权力。众议院议员和参议院议员统称为"国会议员",均为"代表全体国民而被选举的议员",包括由人民选举产生的 465 席的众议院与242 席参议院议员。众议院议员任期四年,被选举人必须在 25 岁以上。参议院任期六年,每三年改选一半,不得中途解散,被选举人为 30 岁以上。内阁总理大臣有权提前解散众议院,重新进行选举,但是参议院不会被解散,即参议院议员的 6 年任期将获得保障。参议院共设 17 个常任委员会、6 个特别委员会、3 个调查会和 1 个审查会。常任委员会有:内阁委员会、总务委员会、法务委员会等。特别委员会有:灾害对策委员会、政治伦理及选举制度委员会等;政府开发援助委员会、消费者问题特别委员会等。调查会有:气候变化问题调查会、国民经济生活调查会、应对少子及高龄化调查会等。宪法规定,国会职权有立法权、对政府的监督权以及外交、财政和司法的监督权。

与中国的一党专政不同,日本实行多党制,目前参加国会活动的主要政党有自民党、立宪民主党、公明党、日本维新会、日本共产党、国民民主党等。其中传统保守政党自由民主党(简称自民党)自从战后便长期掌控日本政权,自 1955 年起连续执政 38 年,1996 年后再度执政至 2009 年。自民党在 1993 年至 1994 年、2009 年至 2012 年曾两次短暂失去执政权力。2012 年 12 月在众议院选举中获胜,重新执政。与之相对的社会党、共产党等革新政党则始终长期处于在野地位,无一政党可单独与自民党争雄。

内阁为最高行政机关,对国会集体负责,拥有执行法律、总理国务、处理外交关系、制定预算案与提交财政报告等权力。内阁由日本内阁总理大臣及其他国务大臣组成。日本政府最高领导人为内阁总理大臣,由国会选举产生,天皇任命,其他国务大臣由内阁总理大臣任免。内阁大臣又分为,"行政大臣(主任大臣)"和"无任所大臣"。"行政大臣"是指担任各省首长负责特定行政领域的国务大臣,比如,法务省的最高领导人为法务大臣,负责处理与国家利害有关的诉讼等法律事务。与此相对的"无任所大臣"指不负责特定行政领域的内阁大臣,比如,内阁客房长官、国家公安委员委员长、内阁府特命担当大臣等。日本的司法权归最高裁判所及根据法律规定而设置的下级裁判所,它们被赋予违宪立法审查权。司法行政事务原则上根据裁判官会议的决议执行。

日本的政治是以日本国宪法中的三大原理为基调运行的,即主权在民、尊重基本人权和和平主义。其中尊重基本人权是最根本的原则,被视为根本法理、根本规范。正因为每个人各自得到作为人类最大限度的尊重,各人的考虑反映在政治上,所以需要国民主权。同时,在个人被尊重的前提下,必须建立和平的国家及社会,和平主义的原则也受到重视。

2. 行政与法律

日本行政区划大致分为都道府县以及市町村两级。现今日本全国分为 47 个一级行政区:1 都(东京都)、1 道(北海道)、2 府(大阪府、京都府)、43 县。各都道府县内划设二级行政区:市、町、村(主要依人口而定其为市、町或村),其中东京都除了下设市町村外还设有 23 个特别区,与市町村平级但自治权限较多。依照各地因历史、文化、经济发展、交通建设等的不同而逐渐形成的当地居民意识,日本通常被分为"八大区域",包括北海道、东北、关东、中部、近畿、中国、四国、九州等 8 个"地方"。依照 1947 年施行的《地方自治法》规定,实施以都道府县及市町村为中心的地方自治制度,设有代表议事机关的议会及作为执行机关的最高领导人,如都道府县的知事。所有的都道府县和市町村都设有市町村长等,负责处理管辖区内的政治事务,在遵守法律的前提下有实行自主管理本地区的权力。

日本全国的法院系统由一个最高裁判所与下级裁判所组成。最高裁判所由 1 名最高裁判所长官与 14 名最高裁判所判事等 15 名法官构成。最高裁判所长官由内阁提名,再由天皇任命。最高裁判所判事由内阁任命,天皇进行确认。最高裁判所不仅是日本处于审判事务的最高法院,同时还肩负着领导下级法院的最高司法行政的职能,同时,也有权制定法院诉讼程序和处理司法事务的相关规则。裁判所内部根据民事、刑事、行政等案件的性质分别设置了处理特定领域案件的法院调查官。调查官负责阅读上告案件的判决卷宗,并向最高裁判所判事作出报告。

下级裁判所包括高等裁判、地方裁判所、家庭裁判所、简易裁判所。下级裁判所的法官中,高等裁判所的首要裁判官为高等裁判所长官,其他法官称为判事、判事补及简易裁判所判事,全国共有 8 所,分别位于东京、大阪、名古屋、广岛、福冈、仙台、札幌、高松。地方裁判所与家庭裁判所属同一审级,简易裁判所审理诉讼标的不超过 30 万日元的民事案件和法定刑为罚金以下案情较轻的刑事案件,包括房租、交通事故赔偿、工资发放等纠纷,全国设立 438 所。地方裁判所是民事、刑事案件初审法院,并受理不服简易裁判所判决的上诉案,全国共有 50 所总部,同时设置分部 253 所。

3. 政治与外交

作为美国在亚洲关系最密切的同盟国,又因为战后几十年美国对日本的军事协助,日本的外交政策在某种程度上受到美国的影响。1990 年代以来日本谋求政治大国的外交措施,以经济实力为后盾,大力开展经济外交,基于日美安保条约,或美日防卫协定,坚持日美同盟与国际合作为日本的外交基础,努力协调两国矛盾。同时利用日美政治军事同盟与国际维和行动这两个框架实现军事大国化,不断加强军事力量,以军事大国来实现政治大国的目标。

日本在坚持巩固强化日美安保体制的同时也不断增强自身防卫的主动性。现阶段日本的外交政策以日本前首相安倍晋三强调的"战略性外交""重视普遍价值的外交"以及"维护国家利益的'主张型外交'"的三条外交基本原则为主①。在防卫政策方面,将基本依靠美国实行共同防御的防卫政策,调整为加强自主防卫力量,实行"自主防卫"的政策。在防卫方针上,由原本的"专守防卫"的消极防御方针,调整为"攻势防卫"的积极防御方针。其战略意图是要彻底摆脱"和平宪法""专守防卫型国家"等"战后体制"的束缚。与日本实现政治军事大国的战略目标直接关联,是日本国家发展战略的对外政策取向。

---

① 第 183 回国会关于安倍内阁总理大臣的施政方针的演讲[EB/OL].首相官方网页(2017 - 02 - 06) http://www.kantei.go.jp/jp/96_abe/statement2/20130228siseuhousin.html.

同时,日本在美国的战略框架下推行对华关系。二战后,日本一度追随美国反华。1972 年,中日发表《中日联合声明》,实现了邦交关系正常化,1978 年的《中日和平友好条约》、1998 年的《中日关于建立致力于和平与发展的友好合作伙伴关系的联合宣言》,及 2008 年两国发表的《中日关于全面推进战略互惠关系的联合声明》这四个文件为两国建立睦邻友好关系奠定了法律基础。近年来,中日双边贸易总额每年均维持在 3 000 亿美元左右,中日两国国民的交往相对密切。但是日本政府就南京大屠杀问题、钓鱼岛的领土纷争、台湾问题、东海石油天然气勘探开发等采取的一系列行动,使得中日关系依旧矛盾重重。

日本外交推进与欧盟各国在经济领域的合作,积极与欧盟接触协商,建立全面伙伴关系。日本与欧盟发表了《欧共体即其成员国—日本联合宣言》,建立一个政治对话的目标和框架。日本政府提出通过该经济式外交,加强同欧盟的合作。2001 年日欧峰会上通过了一项为期 10 年的合作行动计划。主要涉及联合国改革、裁军和武器控制、鼓励双边贸易投资、强化多边贸易合作等。并且,积极开展联合国外交,参与到国际热点问题的解决中去。为了改善同俄罗斯的关系,扩大外交的回旋余地,日本调整了以往严格的"政经不分"的原则,采取把领土问题和对俄经济合作分开处理的灵活政策。

第三节　中日企业制度对比

一、什么是企业制度

企业制度是企业产权制度、企业组织形式和经营管理制度的总和。它随着商品经济的发展而不断创新和演进,企业通过企业制度的创新,面对世界市场的激烈竞争。随着全球化进程的加速,如何使国家的现代企业生存与发展也成为政府乃至企业的重点课题。中国的现代企业制度以市场经济为基础,以企业法人制度为主体,以公司制度为核心,基本特征概括为"产权清晰、权责明确、政企分开、管理科学"。现代企业制度与传统式"政企不分"的国有企业制度和改革以来形成的过渡性企业制度都不同,形成多种企业制度,如:小规模的独资企业组织的业主制,两个或两个以上的人共同投资、监督和管理的合伙制,以及有限责任公司和股份有限公司等。按照市场竞争的要求形成的企业组织形式和内部管理制度大大优化了企业结构,提高了企业竞争力。

自从 1945 年,美国总统杜鲁门强制废除日本家族制的财阀模式,将个人大股东换成了企业法人为主要股东,日本形成了各个企业之间相互持股的现代企业结构。这种交叉持股的企业股权模式在一定程度上稳定了公司的股权结构,防止企业被恶意并购,并且,加强了各公司间的合作,进行多元化的经营管理模式。同时,各大股东为了各自企业的利益形成相互默契的态度,互不干涉企业之间的经营层的决策行为。所以,日本的企业治理结构更多是以经营者和从业者利益为核心,经营管理者制定企业的文化价值体系、经营哲学等。

二、中国企业制度

1. 企业文化

企业文化是企业在生产经营实践中,逐渐形成的文化观念和经营精神,包括企业员工所认可并遵守的企业管理制度,以及其独特的指导思想、发展战略和经营哲学等。中国长期的农业文明铸成了中华民族的特有文化心态。民族文化强调整体和谐统一,重视群体力量,注重人与人之前的合作。同时在漫长的历史中人民表现出强烈的爱国精神和高度的社会责任感。到了 1990 年代,为了逐步建立具有中国特色的企业管理体系,相关学者和专家将中国儒家思想为核心的管理思想古为今用,结合现代社会生产发展需求,建立了中国特色的管理科学。中国式的管理文化其精髓为人本主义,即"以人为本、以德为先、人为为人"。又可精炼为十五文化元素,即"人、变、和、道、实、法、勤、信、威、术、圆、效、器、谋、筹"。简而言之,企业不可缺少的是完善的管理法则和规章制度,同时讲究战略,注重技术等创新精神,完善技术、设备各方面。并且企业做生意讲求诚信守法,以人为本,才能求贤取人心。即上司有威严,下属之间以和为贵、工作认真、实事求是、勤奋求精[①]。中国式的儒商精神便是以此为基础形成的。比如清代出现的老字号,山西的著名票号"日升昌",重视从业人员本身的企业道德,职员忠于企业,企业照顾职员的终生,正是因为这种自我警戒的敬业精神,中国老字号才能长盛不衰。

---

① 苏东水.东方管理文化的探索[J].当代财经,1996(2):3.

中国的企业按照所有制划分,在改革开放前,分为国有企业、集体企业和私营企业;在实行股份制改造后,一般分为国家独资企业、国有控股企业和非国有控股企业。国有独资公司由政府全额出资,受公司法规范,以实现社会福利的最大化为主,主要是铁路、自来水等自然垄断企业和资源类企业。国有控股公司由政府出资控股,受公司法规范,兼具社会公共目标和经济目标,主要是电子、汽车、医药等自然垄断企业和国民经济发展的支柱产业。国有参股公司与一般竞争性企业无疑,只是为了壮大国有经济的实力,国家投入资金去运转公司。按照企业组织可分为业主制、合伙制和公司法人制度。其中公司法人制度又分为有限责任公司和股份有限公司。中国国有经济、集体经济、个人私营经济等多种所有制经济形式决定了中国的多样化和多元化①。

国有企业是指企业资产为国家所有,由政府相关主管机关或授权部门进行管理的企业。国有企业分为中央企业和地方企业,中央即由中央政府实行监管的企业,地方企业则由地方政府监管。另外有个别中央企业归属于国务院直属管理。国有企业的管理特点是所有权与经营权分离,企业实行共同治理机制,董事会和监事会中包含股东以外的其他阶级的利益代表者。此外,民营企业则与国有大中型企业以及上市公司的管理方式不同,多采用家族制管理模式。管理特点是,企业所有权和经营权集于一身,家长处于领导的核心地位,家族成员作为企业员工的重要组成部分,依据家长权威和经验进行企业管理。

2. 雇佣制度

中国传统的劳动制度起源于 1950 年代中期,国家实行以公有制为基础的高度集中的计划经济管理体制。主要指劳动者长期在一个单位从事工作或者生产劳动,职工一般不能离职,单位也不能辞退,工资待遇和劳保福利根据国家的统一规定给予。这种人员固定制度类似于日本的终身雇佣制,但是更倾向于个人对国家的依附。传统的用工形式促进了当时国民经济发展,却也阻碍了劳动力的合理流动,并且随着企业人员构造的日益老化,大大降低了员工工作的积极性与创造性。直到 1980 年代,政府针对国家统包统配和单渠道就业的传统就业模式,对劳动体制进行全面改革。为解决民众就业问题,实行合同工,临时工等多种形式的用工制度,同时提供多元化的就业途径②。随着劳动力市场化的推行,

① 胡永红.转型期中国企业社会责任研究[D].广州:华南师范大学,2009:93.
② 黎建飞.社会变革中的中国劳动合同法[J].法学家,2009(6):80.

大小企业进行固定工制度的改革,实行劳动合同化的管理方式。在1986年7月中国国务院发布《国营企业实行劳动合同制暂行规定》之后,国有企业统一实行劳动合同制。劳动合同是劳动者与用人单位为建立劳动关系而达成的协议,劳动者应在试用期间和合同期间按要求完成工作指标和任务,违反劳动合同应当承担法律责任。实行劳动合同制不仅扩宽了职工的就业渠道,而且促进了企业劳动力的合理配置,为企业自主用工和劳动者自主择业创造了有利条件[①]。

20世纪90年代,国家颁布《劳动法》,其实施对象包括除国有企业之外的集体所有制企业、私营企业以及个体经济组织等各类性质的企业。同时《就业指导办法》《工资支付暂行规定》等一系列劳动法规和规章的出台,逐步构建了一个市场经济所需要的用工机制,在保护劳动者的合法权益的同时,促进中国经济的发展和社会进步[②]。21世纪初,为了进一步完善我国劳动保障立法,《劳动合同法》中强化了企业的违法责任和违法成本的规定,促进和保障劳动法律的实施。

3. 营销管理

中国企业的市场营销模式在过去的30年里,发生了翻天覆地的变化,首先从销售渠道上由原本的传统零售渠道变成现在以电商平台为主体的销售模式,同时伴随着高端消费群体的形成与壮大、人们消费理念的变化,企业在生产制造时,不但要保证商品功能,如耐用性、舒适度等服务质量需求,同时要考虑产品的时尚性、品牌定位等。中国企业通过中国传统营销策略结合西方与日本成功的市场营销谋略,如质量营销、市场调查等,逐渐形成中国式的营销模式,这种营销模式有以下几点。

(1)传统零售渠道与电商平台相结合。

随着中国电子商务市场高速增长,高成本低效率的传统营销模式逐渐被电商渠道所替代。如电商巨头"天猫"在2018年双十一活动中全天成交额为2 135亿元,大大超过2017年1 682亿的销售额。因为电商平台绕过了经销商、分销商等渠道,减少层层渠道环节所需要的成本,直接将产品以低廉的价格卖到消费者手上,从而增加市场份额和销售量。自国务院办公厅出台《关于推动实体零售创新转型的意见》以来,大量企业一改过去传统的经销商售货模式,通过线上商

---

① 林燕玲.30年中国劳动社会保障法制建设演进与前瞻热点[J].凝视劳动关系30年,2009(2):54.
② 林泽炎.3P模式:中国企业人力资源管理操作方案[M].北京:中信出版社,2001:395-398.

城与线下实体店面相结合的全渠道经营模式实现了企业的经营转型。

（2）线上服务与线下服务。

企业通过整合线上线下各门店的商品品类数据、陈列空间数据、消费行为数据和一体化的库存管理数据，并利用大数据分析技术进行分析。根据大数据分析预测不同季节各个门店的热销产品，指导货品陈列与打折促销活动。通过设立论坛，集中获取客户的反馈意见。并且在购买页面提供及时的沟通工具，满足消费者售前产品咨询与售后质量保证等需求。

（3）互联网营销手段。

随着共享媒体的蓬勃发展，以及企业经营压力的增加和流量成本的上升，越来越多的中国企业摒弃传统的媒体营销模式，转向互联网推广营销。企业签订流量明星作为品牌代言人，提升品牌知名度，迅速打开市场，带来规模化的销售增长。使用带有社交属性的网络平台比如小红书、微博、微信公众号、抖音等自媒体宣传促进实体店和线上的销售。

三、日本企业制度

1. 企业文化

日本企业因其东亚文化的渊源和明治维新后的西化，其管理机制是中日式儒家精神与现代西方管理技术相结合，全面贯彻"仁、义、和、诚、信"的思想，"和"是多数日本企业管理的哲学基础和行动指南，其内涵为和谐、合作、互助等，主张实行自主管理和全员管理，意味着集体决策和共同负责、上级与下属的沟通等。作为经典的儒家文学作品《论语》中的商业智慧和处世哲学也广泛流传于日本商界。以其中著名的事件言之，日本商业之父涩泽荣一一生主张将论语作为经商之道和处世准则，其出版的《论语与算盘》更是成为全球企业家必读的书籍，书中重点提出了"士魂商才"的儒商精神、孔子的理财富贵观念。其中"义利合一"的基本儒商精神也被日本商界广泛运用，即公益为利、义即是利、义利不分的商业理念，商人在通过合理的经营之道赚取钱财的同时，将道德作为行为规范的准则。

另外，儒家思想中"诚信为本"使得日本企业以良好的"信誉"和服务质量赢得了顾客的认可。比如松下电器公司作为全世界有名的庞大企业，其本身的管理精神是将中国的儒家阳明学与佛家禅宗的精神结合，转型为松下的管理方式。

即"产业报国,光明正大,团结一致,奋斗向上,礼貌谦逊,适应形势,感恩报德"这七条精神。[1] 日企通过源源不断地从中国传统思想中获取适合自身民族发展的经营模式,并在各行各业中广泛推广,同时融入西方的现代管理理念,从而使得日本企业孕育出很多世界500强企业。

日本资本主义市场经济的发展在19世纪突飞猛进,从原先家族为核心的财阀控制的企业治理结构模式,变成现在企业法人为主要股东,各个企业之间相互持股的产区模式。日本企业的所有制都是以事业法人、机构投资者为主体的产权结构。由于其独特的法人持股者为基本的财产关系特征,日本企业将提高市场占有率、开辟新市场、开发新产品与新技术作为首要目标。不同于中国的企业股东大会,日本企业由各股东共同决策公司经营战略或重大事务。日本股份公司中,由于法人持股比重大,股东大会的表决权依旧只集中在少数法人股东手中。而法人与股东之间又具有交叉持股的关系,股东对公示的影响力大部分因法人间的互相依存而被抵消。日本企业组织以企业为单位的工会,组成"命运共同体",企业不再只是作为个人所有物存在,各企业之间的利益相互包含,重视联合协作,形成成本最低化产业链。

日本企业管理制度的基本特征是,最高决策机构与最高权力机构是统一的,在企业中经营者的权力是最大的。所以日本企业普遍通过设立董事会组成的常务会议或经营会议以替代董事会进行最高决策的功能。另外,日本采用企业管理者与员工共同处理意外事故、共同承担责任的协作体制。所以日本企业很重视职能部门之间的横向协作和信息共享。就企业内部的决策机制来看,日本企业一般由各部门根据所掌握的信息首先制定出方案,然后上报给部门相关领导。企业负责人在广泛听取意见之后作出决策,由下属部门执行并实行监督。[2]

2. 雇佣制度差异

中日企业在用人制度方面的差异与中日文化差异明显相关,日本的雇佣制度产生于明治维新后,由江户时代的行会制度到明治初期的包工制度,再到大正末期,受俄国十月革命的影响,通过学习唐朝产生的工商行会制度,工人自行形成工会组织,促使企业实行终身雇佣制度,同时也由契约工资制改为日工资制和月工资制,并且定期提高工人工资,选拔优秀工人升职为管理者。同样是沿用

---

① 王玉乐.中日企业管理中人的使用方式差异探讨[J].中国商贸,2014(4):85.
② 李建军.企业文化与制度创新[M].北京:清华大学出版社,2004:136.

"论语与算盘"的管理思想,松下公司1928年创立的终身雇佣制和年功序列等管理制度对整个日本企业管理产生了长远的影响。

作为日本经济社会的特点之一,日本企业实施终身雇佣为基础的经营体制和年功序列工资制,以及企业内工会,被称作日本式经营的"三件神器"或三大支柱。实行终身雇佣制度的主要原因是战后日本的国民生产总值剧增,导致劳动力供不应求,企业为了防止工人"跳槽",普遍实行了"年功序列工资制"。所谓"年功序列工资制",指员工基本工资随着年龄和工龄增长,增强了企业职工的在职稳定性。又因为受传统的武士道精神的影响,跳槽这种行为容易被认为是不忠于企业的行为,即使是跳槽到其他公司,也会被认为是没有忠诚心的人,而不被委以重任。

这种雇佣制度一方面促进了职工对企业的归属意识,提高了劳动生产率并维持了工作场所的良好秩序,另一方面则节约了企业的人力资源成本,有效增强了企业的竞争能力。因为企业为实现雇佣关系的稳定,对公司职员提供保护,解决员工的住房问题,提供医疗福利,丰富工作之外的文体活动等,使得职工全心全意工作。随着雇佣时间的延续,员工在特定领域的工作经验增加,优秀人才也不断积淀。

但是,如同中国的固定工制度一样,随着客观经济条件的变化,不适应日本雇佣体制的现象也慢慢出现。尤其是在经历"石油危机"和日元升值等冲击之后,高速增长的日本经济已不复存在,伴随着人口老龄化、人员流动性增强等原因,维系终身制存在的客观条件丧失。又因日本人学历差别和阶级差别的缩小,导致有才能的年轻阶层不满年长职员的工资,从而降低了工作效率。再加上受西方价值观的影响,"会社本位"的思想淡化,而以个人为主的观念使得年轻人不再将自己的人生局限于一家公司。为此,年功序列制开始瓦解,一些企业将技术职和管理职相分离,在年功工资方面,也开始规定超过一定年纪停止年功工资[1]。

从日本企业的雇佣制度来看,新的雇佣制度建立在原有雇佣体制的基础上,同时可以借鉴中西方雇佣制度的优点,在保持劳动力稳定性的同时,建立合理的人才流动机制。员工能通过技术能力、多劳多得等评判标准获得相应的工资收入,发挥职工管理企业的积极性,使得人才为企业所用。

---

[1]　伞锋.日本终身雇佣制的文化与发展趋势[J].现代日本经济,1995(4):35-36.

3. 营销管理

中国制造因其物美价廉的特点表现出很强的国际市场竞争力,同时日本企业也因其精细化的管理和精致的产品赢得全球消费者的青睐。同样是全球生产制造业大国,两国企业的营销管理模式却有着明显的差异。日本在战后经济高速发展,在 20 世纪 60 年代末,成为仅次于美国的世界第二号资本主义经济大国。因为日本企业的营销管理起步早,各种营销制度在传统文化背景和经济发展模式下成长、发展、壮大,创造了经济发展史上的奇迹。

日本企业结合国内外市场环境的变化和特点,创造了独具特色的日本企业营销模式,以顾客需求为企业经营的出发点,以优质的服务满足客户,构建客户关系管理系统等以顾客为导向的营销策略,不断追求产品技术,加强销售流通渠道,使得日本企业创造了举世瞩目的市场业绩。日本企业在传统文化背景和传统的经济发展模式下形成了传统市场营销策略和符合现代人消费观念的新时代企业市场营销策略,其发展特点及营销特点如下所示[①]。

(1)企业生存的支柱——用户第一。

日本企业把"用户第一"当成企业生存的根基,强调"以人为本",即沿用中国儒家思想中的"仁"。企业通过市场调查等手段了解用户对产品的使用感受,通过提升用户的产品满意度,寻求改善和更新,以进一步提升商品力。比如在中国大受欢迎的日本美妆巨头资生堂集团通过不断更新产品配方,升级包装,更换品牌代言人等多种营销手段吸引顾客,其销售额连续名列日本各化妆品公司榜首。

(2)企业制胜的关键——产品质量。

日本企业严格把关产品质量,以"诚信为本"。产品质量管理不局限于生产过程,而是贯穿生产的全过程,包括产品的设计、生产、销售、消费等各方面。精益求精的产品生产制造理念可概括为《论语/学而》中"如切如磋,如琢如磨。"日本不断完善消费者质量权益保护的法律体系、产品质量安全监控法律体系和专业化的质量维权服务体系,使得日本企业在生产制造时不断更新生产设备,在保证质量的同时,提高生产率,减小缺陷,降低制造和检验的成本。

(3)企业拓展市场的利器——市场调查。

作为营销策略制定和实施的重要基础,市场调查一直备受日本企业的重视,

---

① 杨秋红,蒋敦.日本企业的营销策略及其对中国企业的启示[J].商场现代化,2011(15):24-26.

通过销售调查,设立消费者服务机构,对消费者提出的建议和意见给予妥善处理。同时,对厂商的商品销售情况、消费者的反应等具体的数据质量进行分析,作为厂商改进、研发产品和推动促销业务的参考。并且设立企业直辖的专营店,观察顾客的采购动向、捕捉信息、研究消费者心理和市场需求。另外,还通过商品适用性调查、竞争对手调查、市场调查的宏观分析等各种手段收集市场信息,综合分析消费者心理和需求。

(4)企业维持市场的法宝——服务营销。

服务营销主要指全面的售后服务策略,即通过持续的服务创新,增强企业的竞争能力,给企业带来良好的经济效应和社会效应。日本企业首先根据产品的特点最大限度地满足消费者的需求,并且随着企业实力和市场需求不断变化改善售后服务策略。比如通过持续开展相关产品的免费服务活动,创新服务内容,提升服务质量和水平。

第四节　中日教育制度对比

一、教育概况

高等教育的发展成为中日两国人才发展的重要因素,其教育体制随着时代的转换和社会的发展,也在不断发展和改革。中国的教育史可以追溯到夏商周时代,以 1904 年癸卯学制颁布、1905 年废除科举为起点,1977 年恢复全国统一高考制度,中国现代教育的发展已逾百年,教育正在成为中国现代化事业强劲的动力和资源。日本教育体制的形成深受中国传统儒家文化影响,以圣德太子推崇儒学体制为契机,根据中国唐代的国子监制度确定了日本最初的教育制度《大宝律令》,再经由镰仓时代的武士教育、江户时代的平民"寺小屋"教育,明治维新时参考欧美教育制度进行教育制度的改革,逐渐形成日本特色的教育体制。

现阶段的中日教育规划内容上,中国教育改革与发展遵循《教育纲要》中"优先发展教育、育人为本、改革创新、促进公平"的工作方针。日本则通过《教育振兴计划》中提到的"加大教育支出、提高办学质量、建设学习型社会"等指导思想,不断进行教育改革。在中日教育规划中"学前教育、职业教育、高等教育"这三方面存在诸多相似之处。两国都重视学前教育,大力发展幼儿园基础建设,普及幼儿教育。而且积极推进职业教育的发展,坚持学校和企业联合培养适应社会要求的优秀人才。同时,两国都不断深化高等教育改革,优化高等教育体系,大力推进研究生培养机制,提高高等教育的国际竞争力[①]。

而中日两国教育规划的不同之处,分别体现在"教育行政体制、监督主体、评估机制"的三方面。① 中国倾向于管办合一的中央集权教育行政体制,中央制定统一教育规划、地方部门按照要求制定本地的教育规划。而日本贯彻执行地方自治制度,由地方教育委员会负责管理所属地区的教育规划。国家级教育行政机关不直接管辖地方行政部门,只具有协调和指导等职责。② 中国的教育监督体系由人大监督、行政监督、司法监督、民主党派监督、群众和舆论监督等各方面监督形成。而日本主要由行政层级的上下级监督,如中央教育行政机构对地方教育行政机构进行监督。专门的监督机构,如议会监督、会计监督、中立于政府的第三方监督等在监督体系中发挥了重要作用,同样少不了群众与新闻舆论的监督。③ 中国教育评估由国家行政机构组织实施,成立国家教育咨询委员会负责咨询回报规划等。而日本则成立中立于政府的评估机构,分别负责评估教育内容是否符合教育现状,以及教育目标的完成情况等[②]。

二、中国教育制度

1. 学校教育体系

改革开放之后,中国政府推出了"科教兴国"的教育改革和教育建设的方针。通过不断深化教育体制改革,实施九年义务教育。中国现行教育行政制度实行中央统一领导、地方负责的分级管理体制,强调中央教育行政的权威。也就是将发展基础教育的责任和管理权限下放给地方,建立起省、县、乡分级管理,教育财政支出由当地政府的教育机构负责管理,对促进基础教育的发展发挥了积极的作用[③]。

中国的学校教育包括学前教育、小学、初中、高中、大学和研究生院等。根据《中华人民共和国义务教育法》的规定,中国实行九年制义务教育制度。换句话说,中国的小学和初中的教育是义务教育阶段。所有年满 6 岁的儿童,无论性

---

① 李姗姗.中日教育规划制定与实施的比较研究[D].南京:南京师范大学,2013:32-34.
② 李姗姗.中日教育规划制定与实施的比较研究[D].南京:南京师范大学,2013:35-37.
③ 朱永新.科学发展观与中国教育改革[M].福州:福建教育出版社,2009:180.

别、民族或种族,都必须接受义务教育。所有读完小学课程的儿童都要升入初中继续学习,初中是在小学教育的基础上,进行中等普通教育。

在入学年龄和学制上,幼儿园招收 3 岁以上的学龄前儿童。小学到初中的学制分为"六三制""五四制"以及"九年综合制","六三制"在大多数地区使用。因此,小学的完成期间是 6 年或 5 年,初中是 3 年或 4 年,小学入学年龄是 6—7 岁,初中入学年龄是 12—13 岁。普通高中的入学年龄为 15—16 岁,学习期限为 3 年。中等专门学校,简称中专,通常招收初中毕业生,入学年龄为 15—16 岁,上课时间通常为 4 年,但也有些学校是 3 年制授课。已经毕业的高中生也可以读中专,入学年龄为 22 岁以下,授课时间通常为 2 年。职业初级中学的上课时间是 3—4 年,技术学校则为 3 年。职业高中,简称职高,学生的入学年龄为 15—16 岁,学习期限为 2—3 年,有部分学校为 4 年。大学本科学制 4 年或 5 年,其中部分医科大学为 7—8 年。研究生的入学年纪必须在 40 岁以下,在校时间为 2—3 年,博士学位年龄为 45 岁以下,通常为 3 年学制。另外还有其他成人学校,学制统一遵循"同级别,同一标准"的原则。成人中学中,无职业者的授课时间和全日制学校相同,但是半工半读、全职工等上班族的授课时间比全日制学校的上课年限要长一年。

在中国提供高等教育的机构是大学、学院和技术学院。高等教育机构承担着教育、科学研究和社会贡献这三个任务。中国的大学分为:① 直接属于教育部的大学,包括属于省、自治区、直辖市的大学;② 地方城市经营的大学和私立民间学校。中国的大学中独立设置的学院是具有与大学同等教育水平和地位的高等教育机构。全日制大学一年分为两个学期,第一学期从 9 月初开始,第二学期从 2 月中旬开始。每学期约 20 周,每周 5 天课程。除了寒假暑假外,每年元旦节、劳动节、国庆节等法定节日放假。也有一些研究生院和大学效仿西方学校开始尝试三个学期制的上课时间。

中国的学位分为学士学位、硕士学位和博士学位。学科包括哲学、经济学、法学(包括政治学、社会学、民族学等)、数学、教育学(包括体育)、文学(包括语言学、艺术、图书馆学)、历史、科学、工程、医学、管理和军事等 12 个学科。在大学学习的本科生在达到教学计划中规定的每项规定,并通过了课程学习,毕业论文成绩合格后,被授予学士学位。大学和科研院所的研究生,在通过研究生全部课程的考试并修满学分、毕业论文答辩合格后获得硕士学位。大学和科研院所的博士生,完成博士课程并取得规定的学分,通过博士学位论文答辩,可获得博士学位。

2. 教学质量

中国的课程严格按照教育部颁发的教学计划和教学大纲进行。义务教育中的课程根据当地教育机关安排有所不同,比如,大部分小学实行一天六节课至七节课制度,课程内容包括语文、数学、体育、美术等。进入初中之后,开始上历史、地理、生物等文理科知识。部分课程改革试验区如浙江省,在新课程改革中,在初中阶段推出"科学"和"历史与社会"两门综合课程。"科学"囊括生物、物理、化学等基础科学知识和实验技能,"历史与社会"包含基本的人文地理、历史的知识等。并且,根据各地教育政策以及外国语专门初中的培养计划,外语课不再局限于学习英语,还能学习日语、韩语、西班牙语等。

大学课程分为专业课、选修课和必修课。其中公共必修课中,邓小平理论、毛泽东思想概论等思想理论课程是中国高等学校开设的特色课程之一,旨在通过教学使学生了解近现代中国社会发展的规律和社会主义理论体系,培养运用马克思主义的立场、观点和方法分析和解决问题的能力等。为了确保学生的学习质量,中国大学通过考勤和学习成绩,确保学生在不缺课的同时,参加教学设定中的各项考试安排。只有顺利通过本学年的课程并通过考试,才可以升到下一年级。如果学校按照学分制授课,则需要通过考试,才可以获得该课程的学分。如果学生未参加考试,则根据学校规定留级或者退学。除了课堂教学,中国高校非常重视建设具有每所学校特色的校园文化,积极改善课堂内外的教学环境。比如,通过组织社会团体活动包括科学实验、学术交流、文学表演、体育比赛和公益活动等丰富学生课外及校外活动,增强学生的独立思考和动手实践能力。

中国学校的基础设施完善,小学至大学都在校内设有图书馆或图书室、食堂等。不同于日本大学提供少量的学生宿舍、居住年限通常为一年的制度,中国大学分配学生宿舍,学生可使用校园宿舍直到毕业为止。学校拥有现代化的教育设施,运用现代化的教育方法授课,从小学开始普及多媒体教学设备,使用投影仪、多媒体教学设备代替传统的黑板,成为中国中小学校教育信息化装备的主流模式。通过白板操作的多媒体形式,可以提高教材讲解时的视觉效果,提高教学效率,使教学的计划性更强。

3. 学费制度

中国九年义务教育中公立学校免除学费、住宿费、水电费等学杂费、教材费,但是教材辅导费、校服费、伙食费、社会实践活动费、保险之类的费用等,按照自愿的原则由学生家庭承担,少则几十多则几百。除了以上提到的一些自愿缴纳的费用以外,儿童的教育支出主要是在课外教育和兴趣培养上。比起公立学校相对便宜的教育支出,私立学校每年的学费在 5 万到 30 万之间。对于民办学校收费高的现象,当地政府同样采用了应对措施。比如,根据《广东省发展改革委广东省教育厅广东省财政厅关于进一步完善我省中小学教育收费政策的通知》要求,民办中小学义务教育阶段收费项目统一为学费(含教科书费)、住宿费、服务性收费和代收费四项。其中,学费、住宿费实行政府定价;伙食费、午休费、校车费三项服务性收费和校园一卡通工本费、代购教辅材料费、校服费三项代收费,在学生或学生家长自愿选择的前提下按实计收。除上述收费项目外,学校不得另行设置项目强制向学生收取其他费用。

普通大学的学费一般为每年 5 000 元左右,个别专业,如外语、艺术、软件工程等专业的学费大概在 8 000 到 10 000 元之间。除了学费之外,每年的住宿费是 1 000 元左右。国家针对学费补贴制度也采取了一系列措施,比如农村义务教育阶段的学生全部免除学杂费,并向家庭经济困难学生免费提供教科书、寄宿生补助生活费。另外,深圳市对民办学校符合就读条件的学生给予学位补贴,目前补贴标准为小学每学期每人 3 500 元、初中每学期每人 4 500 元。高等教育阶段的学费减免制度中,中央政府在高等教育阶段初步建立"奖、贷、助、补、减"等学生资助政策体系,帮助贫困学生解决学费和生活费问题。其中农林、师范、体育、航海、民族专业等享受国家专业奖学金的高校学生免缴学费。另外,对家庭经济困难的学生酌情减免学费,由中央和地方各级政府安排资金,设立国家奖学金、国家励志奖学金和国家助学金,院系内对学业品行优秀的学生给予奖励和表彰,设立奖学金制度。

4. 特色教育

(1) 军训制度。

中国的学生军事训练最早可追溯至夏商,商代因为诸侯之间的战争,除了对正规军进行训练之外,学校也对贵族子弟进行军事教育。从西周开始,官学中便出现"六艺"课程,其中"射"为射箭、"御"为驾车,即成为古代军训。到了诸侯纷争的春秋战国时期,各国更加重视军事人才教育和训练。科举制出现之后,尽管有些朝代也有"武科举"制度,但随着"偃武修文"思想逐渐深入人心,"武"越来越得不到社会重视。直到清朝末年，各种内忧外患纷至沓来，让人们又一次重视"文武并重"。尤其后面"甲午战争"的失败，让政府意识到"强兵尚武"的重要性，蔡锷在《新民丛报》发表《军国民篇》，倡导实行"军国民主义"。同年，蒋百里发表《军国民教育》，正式提出学校增加军事课程，请军官教授学生军制、战术、战略等国防知识。后来清政府把尚武教育列入《教育要旨》，颁布学校军训的办法。中华民国成立后，《普通教育暂行法》明确规定"高等小学以上体操应注重兵式"，许多学校还组织了"少年义勇团"或"童子军"。然而一战之后，反战思想下全国教育联合会议把"尚武"从教育宗旨中删除。随后颁布的《壬戌学制》取消了"军国民教育"。直到第二次世界大战之前，国民政府才重启军事教育①。

在现代社会，中国学校教育的军事训练是法律规定的国防教育课程之一，《中华人民共和国兵役法》和《中共中央关于教育体制改革的决定》规定，学生必须接受基本的国防教育。军训作为中国人才培养和后备兵员养成的重要措施，目的是通过严格的军事训练，激发学生的爱国主义，培养集体精神，提高学生的政治意识，加强国防和组织纪律的观念，在掌握基本的军事知识和技能的同时，培养良好的生活方式。军训的主要训练内容包括队列训练、意志训练、格斗训练、野外生存训练等。军训大多在学校操场进行，训练期限根据学校规定各有不同，大多数情况下，小学训练几天时间，中学为一周前后，高中1—2周，大学军训半个月等。

（2）外语学习与网络课堂。

中国教育中对外语学习非常重视，不只是那些外国语中学，就连普通高中也可以学习除英语以外的其他语种。最看重的就是这几个语种覆盖性高、在国际场合应用多、更符合国际交流的需要。随着国家对一带一路政策的日益重视，高考填报时考生可以根据自己的实际情况和未来目标院校专业的要求情况，选择报考英语、俄语、日语、德语、法语、西班牙语等六门外语科目。尤其是比起普遍半工半读的日本大学生，中国大学生因为课外时间更多，所以通过各种优质的网络课程平台学习一门新的语言，已经成为当下的流行趋势之一。比如某网校提供英日法韩泰俄等12国外语课程，可随时随地学习。

因此，直播课堂、双师课堂成为中国教育领域最受追捧的教学模式。学生们

---

① 卢倩仪.军训始于4 000年前夏商民国军训不及格不能考大学[EB/OL].中国新闻网(2014 - 09 - 19)http://www.chinanews.com/cul/2014/09 - 19/6610214.shtml.

在课堂之余,也倾向于使用移动终端碎片化学习,比如直播学习、直播课和小程序授课等互联网学习手段。除了语言学习之外,网易云课堂、中国大MOOC(慕课)等线上视频公开课频道,涉及编程与开发、AI数据科学、产品与运营等广泛的学科,足不出户就能听国内外名校老师上课。

(3)丰富的实习与志愿者活动。

日本的大学生因为高昂的学费和生活费,大多数人采取半工半读的形式,就连寒暑假也在兼职中度过。并且,日本大学生一般是在大三甚至是大二下学期就要开始准备求职活动。求职期间有若干轮笔试、面试,整个过程下来需要一年之久。相反,中国大学生在课外除了完成相关的学习内容,能自由支配的时间更多。比如在暑期参加大学生"三下乡"活动,支援乡镇中小学教育。或者,参加各种不同类型的志愿者项目,其中最为火热的是海外志愿者活动,比如濒危野生动物保护项目、海外医疗援助工作等。教育部曾在2017年发布的《关于促进普通高校毕业生到国际组织实习工作的通知》中强调,去国际组织实习对个人来说,是一次难得的锻炼和成长的机会。除此之外,在寒暑假期间中国学生能参加高校与企业合作的联合实习项目,以及专门针对大三大四同学的实习项目。通过这些社会实践活动,中国学生可以更早地掌握人际沟通能力、应急处理能力和管理能力等。

三、日本教育制度

1. 学校教育体系

日本的教育制度起源于公元5世纪的宫廷教育,当时中国的儒学传入日本,并在公元7世纪初被圣德太子大力推崇,日本仿照唐朝建立起贵族学校的教育制度,为统治阶级培养了大量的人才[①]。大化改新之后,按照唐朝国子监制度制定的《大宝律令》所规定的学制,在京都设立大学寮,地方设国学。平安时代后期,随着佛教的兴盛,寺庙逐渐变成教育场所。当时的学术研究和教育内容以汉字和汉文书籍为主,之后逐渐出现了使用汉字注音的万叶假名。江户时代,幕府大力推崇中国宋儒朱熹所创立的朱子学,同时兰学、荷学等流派在不同程度上影响了日本的学术思想、教学理论等。直到明治维新时期,明治政府"废藩立县"确

---

① 王桂.日本教育史[M].长春:吉林教育出版社,1978:18.

定中央政府集权制度,建立中央教育行政机构和地方教育行政机关两级管理系统,实行中央指导下的地方分权制。中央教育行政机关是文部科学省,相当于中国的教育部,对学校和教育机构的设施设备、组织与教育内容等规定标准,同时对地方教育和其他教育、文化与科研机构等提供经费补助。地方行政机关由地方公共团体实行自治,称为教育委员会。根据《有关地方教育行政组织和经营管理的法律》规定,其主要职责是发展当地的基础教育,在人事、经费、设施设备、教育教学、课程内容和教师进修等方面对其所辖学校负责。

与中国的基础义务教育年限相同,日本同样实行 6、3、3、4 体制。主要为义务教育中的初级教育(小学 6 年、初中 3 年)和中等教育 3 年,以及高等本科 4 年。学前教育包括幼儿园和保育所,幼儿园属于学校教育制度的组成部分,教育所属于福利机构。与中国学制不同的是节假日的时间和新学年的时间。比如小学每学年分 3 个学期,4 月至 7 月为第 1 学期,9 月至 12 月为第 2 学期,次年的 1 月至 3 月为第 3 学期,每个学年除了法定节假日,还有暑假、寒假和 10 天左右的春假。同时大多数公立学校会拨出大约 30 天,用于开展学校节日、运动会和非学术上的仪式。中国的新学年大多从 9 月开始,日本的学校则为春季入学。大学里设立的学院或系称为"学部",研究生院称为"大学院",设有硕士和博士课程。硕士在日本被称作"修士",课程通常为 2 年,申请入学者原则上必须有 16 年的学校教育时间。博士课程为 3 年,医学博士课程为 4 年。同时日本大学采取 5 年一贯制的博士课程,分为博士前期及博士后期两部分,前期 2 年课程相当于硕士阶段,后期 3 年课程即为博士阶段。

不同于中国的大学分类,日本的大学根据设立主体的不同,分为国立、公立和私立三种。国立大学是指日本国家政府直接设置的大学,由国家全额出资建立,总共有 86 所[①]。公立大学由地方政府出资,如横滨市立大学;私立大学则是个人或者财团出资建设,早稻田大学、庆应义塾大学等公立国立大学偏重学术研究,私立大学多侧重社会实践。日本学生在择校时根据自身条件和个人发展方向,选择合适的院校。除此之外,属于高等教育的还有高等专门学校、短期大学以及专修学校和各种学校。高等专门学校主要以初中毕业生为招生对象,实行五年一贯制教育,即高中 3 年,学习专业知识、技能 2 年。短期大学的学制一般

---

① 日本国立大学一览表.文部科学省编[EB/OL]. https://www.mext.go.jp/b_menu/link/daigaku1.htm/.

为 2 年到 3 年,以学习和传授专业性、实用性知识为主,重在能力培养。此外,特殊教育也是日本教育体系的一个重要组成部分,包括盲聋哑学校、养护学校等。日本学校教育除全日制之外,还开设了函授学校,如函授高中、函授短大、函授大学、函授大学院(研究生院)。

2. 教学质量

各个学校都要遵照教学大纲进行教育活动,教学大纲是根据幼儿园、小学、初中、高中的不同教育阶段制定,按照文部科学大臣公布的学校教育的课程标准完成。课程内容根据年级不同而不同,同时根据地区、学校和学生的实际情况,学校能够开展富于创意的有特色的教育活动。主要有语文课、算术课、生活课、音乐课、图画手工课、体育课等。三年级开始增加社会课、理科、综合学习课等。不同于中国基础教育课程要求,日本小学生到了 5、6 年级时会增加一门家庭课,主要学习烹饪和缝纫等,通过衣食住行的实践让学生意识到家庭生活的重要性。初中课程与中国初中的课程类似,高中课程则按照学分制要求在高中毕业前完成 74 个学分制,毕业时学习所需的科目不同学校的要求也不尽相同。东京市的市立高中需要在完成规定的必修课程之外,还要上"人类与社会""日本史"等课程。由此可见,日本学生的课程设置更加注重孩子的生活常识和基本的动手能力,学生能够学到一些跨越基础课程的国际间理解、信息、环境、福利、健康等各方面的知识。

教科书的制定和选择上,在日本,小学、初中、高中和其他学校教学科目的主要教材的书籍必须通过文部科学省审定合格之后才能使用。而中国的义务教育中使用的教科书,每个省、直辖市、自治区不尽相同。日本高中使用的语文教科书内容丰富,有很大一部分"汉文"内容来自中国古代的文言文或者绝句律诗,教材中的插图、照片等介绍了中国的服饰、乐器等,把孔孟之道等传递中国儒家思想的汉文学作为教学重点教授给日本学生。可见中国过去的文化思想深深地影响着日本教育,同时,中国式的考试制度也被日本沿用至今,通过类似于科举制度的考试选拔,按照智能、学力等的综合成绩来评价学生的学习能力,即以"偏差值"作为录取的重要标准。

和中国九年义务制教育免教材费的制度一样,日本的义务教育中使用到的教科书不收取费用,由文部科学省负责分发这些教科书到公共和私立学校中。教学基础设施大致与中国学校相同,设立年级教室、校医务室、音乐教室、室外操场、体育馆等公用设施。与此不同的是,日本小学设置的特殊大教室有理科教室、美工教室等,并且大多数小学配有健身房和户外游泳池等设施。根据日本教育大纲规定,小学开始上家庭课,所以学校必须设置专门的家庭课教室,具备自来水管道、下水道、煤气炉等设施,可供学生学习做饭。不同于中国学校的上课方式,日本的中小学教室大多没有电脑和投影机,在授课时很少使用科技,作为资源工具的互联网亦不会被老师和学生使用。

3. 学费制度

不同于中国相对便宜的学费,日本的学费很贵。根据文部科学省发布的2016 年度"学生的学费调查"①显示,如果一个孩子从 3 岁开始就读私立幼儿园、小学、初中、高中等 15 年课程,监护人支付的教育支出总额达 1 770 万日元(119万元),是公立学校就读教育支出总额的约 3.28 倍。其教育支出包含学费、图书费、校外活动费、补习费等。公立学校的学费方面,幼儿园为 23.4 万日元(1.56万元),小学为 32.2 万日元(2.15 万元),初中为 47.9 万日元(3.21 万元),高中为45.1 万日元(3.02 万元)。私立学校的各阶段学费比公立学校多出一两倍。不仅如此,日本大学的费用包括学费、设施设备费、教材费、另外还有入学费和应试费(入学审定费)等,国公立大学的第一年入学金加学费(授课费)总共为 81.8 万日元(5.49 万),而私立大学本科学费则更贵,入学第一年需要交入学金、学费以及学校设施费总和约为人民币 9.84 万元。尤其是艺术、医齿药学等学科,第一学年的学费最少 20 万起步,多则达到 70 多万。比如专门的医科大学——金泽医科大学、川崎医科大学等,6 年的学费总额达到 265 万。

如此高额的学费,使得日本学生在高中毕业之后便不再进入大学学习。所以日本大学对因特殊情况而在缴纳学费方面遇到困难,且学业成绩优秀得到认可的正规生(大学生、研究生)实行学费减免制度。通过甄选减免全部或一半的入学金及学费,不同的大学有不同的减免制度,大多分为三分之一免、半免、全免等。日本政府和民间集团也设立了多种多样的奖学金制度。包括给付型,即毕业之后无须返还的奖学金制度,和需要返还的贷款型奖学金制度等。日本大学同样为留学生设置了丰富的奖学金项目,比如,大学生入学前可申请文部科学省

---

① 文部科学省.平成 28 年儿童学费调查结果[EB/OL].文部科学省官网(2017－12－22)http://www.mext.go.jp/b_menu/toukei/chousa03/gakushuuhi/kekka/k_detail/__icsFiles/afieldfile/2017/12/22/1399308_1.pdf.

奖学金、JASSO 私费留学生学习奖励费,交换留学生可申请留学生交流支援制度,以及地方政府及民间团体奖学金,等等。日本的学费减免制度与奖学金制度各自独立存在,所以申请学费减免的同时也能申请奖学金。但是,能够得到学费减免和奖学金的学生数量有限,所以为了支付高额的学费和生活费,日本的大学生会在上课之余去干一些兼职工作。

4. 特色制度

(1)午餐配给制。

日本在二战后,为了防止学校儿童营养不良,在公立小学实施午餐配给制。根据日本的《学校给食法》第二条规定,义务教育的学校(包括教育法规定的小学、中学、中等教育学校前期课程、残障儿童学校的小学部和中学部)学生必须集体供餐。规定学生和老师在教室里共进午餐,旨在提高全民的集体意识和凝聚力。为了使儿童对日常生活中的膳食有一个正确的认识,餐食包装上的使用说明里详细介绍了不同年龄学生每餐应摄取的营养标准、食材产地等,从小培养健康的饮食观念,养成良好的饮食习惯。通过给食过程中所涉及的各个环节,锻炼学生社交与协作能力,培养学生尊重生命、爱护自然、热爱劳动的品德。学校配置的午餐基本在学校的厨房里制作,或者由当地的配餐中心负责。不同地区午餐费用略有差异,由学校和家长共同承担。午餐营养师考虑小学生的成长所需要的营养元素,以及午餐费用,来确定每天的菜单,食物通常为日本传统饮食,包括蔬菜、猪肉、味噌汤、牛奶和米饭等。有的学校还会提供自己选择菜单的自助式午餐,等等。比如,在世界杯开赛前,日本各中小学的午餐中心就推出了"世界杯特别菜单",提供世界各地的传统美食。

(2)课外活动。

日本文部科学省将社团活动归入学校的教育制度范畴中,日语中称为"部活",定义为"在老师的指导下,那些对体育、文化、学术等有相似兴趣的学生,在放学后自发和自愿参加的活动,具有自发性、互助性和学习性",其内容是"通过让他们熟悉体育、文化、科学等知识来提高学习动机、责任感和自我涵养等"[①],部门的种类可分为"运动部"和"文化部"两个类别,社团的活动内容起源于中国儒家的经典作品《礼记》中记载的如乐舞、田猎、射御、角力等体育运动项

①　文部科学省.中学校学习指导要领解说总则编[EB/OL].文部科学省官网 http://www.mext.go.jp/component/a_menu/education/micro_detail/__icsFiles/afieldfile/2019/03/18/1387018_001.pdf.

目，包含体育类的社团、舞蹈社、乐器社等。其中乐舞即为"乐器部"和"舞蹈部"，射御则为日本的"弓道部"，由此可见《礼记》对日本传统教育理念、教育思想、教育制度等有着深远的影响。

与中国大学成立社团不同，日本的社团广泛存在于从小学到大学的各个教育阶段。社团活动按类型可以划分为部门、同好会、爱好会等。社团的成立需要学生自发筹备并经由学校的相关部门批准同意。在这种情况下，一些学校在新成立时，形成根据社团的活动成果来依次升级社团的形式。如果由同好会、爱好会升级至部门，部门的管理费则由学生会提供预算。

日本学校之间的社团经常形成一个类似于社团同盟的组织。比如全日本吹奏乐联盟的成员之一、京都橘高校吹奏乐部每年参加全日本吹奏乐联盟主办的全日本吹奏乐大赛，屡次获得金奖。日本各高中棒球联盟举办的全国高中棒球比赛，简称"甲子园"，参赛的选手来自各高中的棒球部。通过社团出席全国大会，取得成果会受到学校的关注，记载到学校档案中，直接影响升学情况。在求职活动中，公司通过考察应聘者是否参加社团活动，间接判断他的合作沟通能力和组织协调能力等。

思考题

1. 中日家族制度存在哪些历史联系，为何发展不同？
2. 中日通过采取哪些手段缓和两国之间的外交关系？
3. 如何改善中日教育制度中存在的问题？
4. 中日企业管理分别有哪些特点？

第八章

中日心态文化的比较

关于心态文化的解释,朱爱芳指出:"所谓心态文化是一个包含宇宙观、思维方式、审美情趣、民族心理、价值观等方面相对完整的综合体,它决定着某个社会共同体的世界景观的建立和其文化传统的统一。一个民族的心态文化是文化中的深层结构,在相当漫长的历史时期决定着该民族的特点。"[1]关于心态文化的组成,王春风提出:"心态文化是由思维方式、价值观念和审美方式诸要素构成的统一整体。"[2]可见心态文化是由价值观、思维方式等组合而成的社会心理和社会意识形态。人类学家泰勒曾指出文化是一个复杂的整体,它包括知识、信仰、艺术、法律、伦理道德、风俗和作为社会成员的人通过学习而获得的任何其他能力和习惯。[3] 泰勒的文化定义中,如果把与思想有关的部分理解为文化的心态层面,则可见心态部分占了很大比例,因此可以说心态文化是文化的核心部分。本章从思想史角度对心态文化中的价值观、审美情趣和意识形态进行中日对比。

第一节　中日价值观念对比

一、什么是价值观

价值观是一种认识和判断事物的价值标准。这种标准代表了人们认可的价

---

① 朱爱芳.中俄心态文化对比初探[J].华中师范大学学报,1998:91.
② 王春风.蒙古族传统文化的结构性分析——以心态文化层为视角[M].贵州民族研究,2014(3):69.
③ 中国大百科全书出版社编辑部.中国大百科全书:社会学卷[M].北京:中国大百科全书出版社,1991:409.

值,用这种标准人们可以判断自己或他人的言行是否重要,是否符合自己或社会公认的某些原则。在日常生活中,我们发表对某些事物或现象的看法,评价它们是否重要、是否正确、是否合理、是否可取、是否真善美、是否符合我们的意愿和原则,等等,价值观就是我们作出这方面评价时所采用的内在价值标准。

对于个体来说,他的价值观集中地表现为他的思想、语言和行动,表现为他理解并处理生活中各种事情的方式,表现为他的日常行为实践。对于社会群体来说,该群体的语言文字、文学艺术、政治哲学、风俗习惯、宗教信仰、生活方式和制度决策等都能够表达其内在的价值观。价值观按领域可分为政治观念、经济观念、文化观念、社会观念,等等①。

对当代中国人的价值观有深远影响的有:先秦诸子学说(孔子、老子、墨子、孟子、庄子、荀子、韩非等);汉至明清时董仲舒的人生哲学;魏晋时期的人生哲学;《列子》中的人生哲学;佛教的人生哲学;道教的人生哲学;李白、杜甫、苏轼、朱熹、王阳明、汤显祖等人的人生哲学;清初实学家的人生哲学以及当代的社会主义核心价值观等。

日本文化有选择地吸收各时期世界上先进文化后,具有独立性、融合性、保守性等特点。中国的儒学思想、道教思想、佛教思想、欧美文化等对日本人的价值观均有影响,这些影响已经融入了日本人的价值观之中。

二、中国人的价值观

1. 儒学中的伦理价值观

儒学是中华民族的哲学,伦理道德在儒学中占有极其重要的地位,儒学强调"三纲五常"思想。三纲是君为臣纲,父为子纲,夫为妻纲;五常是仁、义、礼、智、信。孔子曾提出君君臣臣、父父子子和仁义礼智等伦理道德观念。孟子进而提出"父子有亲、君臣有义、夫妇有别、长幼有序、朋友有信"的"五伦"。孔子的本意是希望君王要有君王的样子,合乎为君之道;臣子要有臣子的样子,合乎为臣之道;父亲要有父亲的样子,合乎为父之道;儿子要有儿子的样子,合乎为子之道。自汉代独尊儒术以来,"三纲五常"即为儒家伦理的核心价值,维持着社会运作的基本程序。"三纲五常"在古代起着社会规范作用,协调、制约了社会不同阶层和

---

① 宇文利.中国人的价值观[M].北京:中国人民大学出版社,2012:8.

同一阶层的人际关系①。

"五伦"这一关系明确了每个人的责任和权利,作为人,需要在"五伦"的关系网中找到自己的位置并发展自己。比如,作为一个父亲,需要履行父亲应有的责任,同时也享有作为父亲的权利,这样方可为父,同时这也是生命价值的体现。

儒家思想始终贯穿着"仁"这一主线。"仁"即天真纯朴之情,自然流露之情,一往情深、人我合一之情。孔子讲"仁心",提倡仁者爱人;孟子讲"仁政",反对暴政;董仲舒讲"仁天",把仁说成天的意志;韩愈则呼"仁道",提倡博爱,把全部道义都归结于仁义;宋明理学讲"仁生",把人世以及整个宇宙自然都看作生命化与情感化的存在。

当今虽然孔子及儒学思想不可全盘继承,但儒学作为民族思想体系,多数符合当今现代社会的思想,如"忠孝"等,渗透于我们社会生活的各个领域之中,潜移默化地影响着现代中国人的价值观。

2. 中国人的生存价值观

宇文利在《中国人的价值观》一书中提到:中国人重视生命,更重视生命的价值,对于生命和生存问题,中国人有属于自己的生存辩证法。在这种生与存、生或死的辩证法中,可以看到中国人独特的生存价值观。生,也就是创造生命和延续生命;存,也就是保持生命的存在。中国文化系统以关心生命、关心人生为最高宗旨,把生命的存在和发展乃至人生的境界当作人追求的终极目标。因此,在中国人的价值观中,对人的生命的尊重和恭顺也是非常突出的,人及其生命价值是中国人和中国文化的第一要义。生存是物质化的,而生存和生命的价值则是精神化的。孟子说:"生,亦我所欲也,义,亦我所欲也;二者不可得兼,舍生而取义也。"从中可见对生命和生命价值的期望。

传统的天命观中,有"人的命,天注定"这一谚语。当一个人遇到一些不顺时会自怨自艾地说这句话,当遇到一些开心事时也可能会沾沾自喜地说这句话。这句谚语反映了传统中国人思想中的天命观。古人在思考天地的开辟、宇宙的形成之时,由于主客观原因限制,难以科学地回答,于是就出现了盘古开天辟地、女娲造人、精卫填海等充满神话色彩的故事。在上古时期的民众眼中,这些神奇的人物就是天神,他们是天的代表,但又是与人联系起来的,这就

---

① 方浩范.儒学思想与东北亚"文化共同体"[M].北京:社会科学文献出版社,2011:34.

是"天人合一"的思想。人需要依赖自然界生存,也就是受天的恩惠,同时自然界又能应人愿而施恩于人,在符合天道规则的基础上,天与人是结合的,这便是中国的传统天命观。在这种天命观中,人与天之间有冲突,但又依赖它。于是出现了对上天的崇拜、古代的皇帝称天子、"人各有命、富贵在天""天上掉馅饼"等现象和俗语①。

当代中国人继承了部分传统的天命观,如"舍生取义",也摒弃了部分不恰当的部分,如封建迷信。对于现代中国人来说,生命依然是一个活着的过程,但这种活着是独立、自由、有尊严地活着。活着的过程也是享受生命权利的过程,其中既有奉献也有索取。

当前中国人的思想文化是马克思主义作为国家意识形态与儒家传统作为大众世俗价值以及西方思想作为知识文化思潮之间的日益深入交融、互补与弥合。在这多元思想文化潮流影响下,中国人的现代生存观是多样化的,其中占据主导的有:发展、和谐、幸福。发展,不仅是生命的延续,也包括生命的成果和收获。和谐,即"和为贵、和无寡"。它有利于回避冲突、消除矛盾、实现利益均衡分配的最大化。幸福,是中国人生存活动中所追求的重要价值目标。中国人常讲"福不可徼,养喜神,以为招福之本而已",也说"乐天知命",就是说追求幸福,但也不强求福分,只有愉快的心境才是追求人生幸福的根本态度②。

3. 中国人的自然观

宇文利在《中国人的价值观》中还提到:"天人合一"是传统中国最重要的价值观之一,对当代中国人也不无影响。从"天人合一"思想中就可见中国先民崇尚人与自然的和谐。古人认为,人是天地造化的主人,在自然世界中客观存在的各种资源完全可以被人开发利用,并由此造福人类,实现惠及人身的价值。不过,在这种主张驾驭外物,利用资源的观念中,人对各种资源和外物的利用并不是野蛮的、无限制的,对自然的开发和利用是有节制的、有限度的。用现代话来说,中国人很早就形成一种科学对待自然、适度利用资源的经济价值观。早在春秋时期,为保护自然,防止人对自然的破坏和过度采伐,孔子就提出"钓而不纲,弋不射宿"(《论语·述而》),孟子提出不能"竭泽而渔",要"不违农时""数罟不入洿池""斧斤以时入山林"(《孟子·梁惠王上》),荀子则强调应"强本而节用""养

---

① 宇文利.中国人的价值观[M].北京:中国人民大学出版社,2012:32-33.
② 宇文利.中国人的价值观[M].北京:中国人民大学出版社,2012:43.

备而动时"(《荀子·天论》)。钓鱼时不一网打尽、伐木时不滥采滥伐,都是为了资源的节用和再生。应该承认,古人所提倡的这种合时而动、按规律而行、不可过度开发的资源利用观是文明的、科学的、合理的,对人类自身和自然界的发展也是有益的。

中国先民所提倡的保护自然、合理开源和适度利用的观念,背后包含了一种文明、和谐而又富有辩证性的经济价值观。很多中国人都笃信人对自然资源的开发是有限度的,人们的经济活动如果单纯地演变成一种野蛮地、无限制地采伐自然资源的谋利活动,那么,人们的利益也会受损。很多国家在工业化过程中过度重视发展经济,而肆意掠夺自然、破坏环境。在完成工业化进程之后再对环境采取补救措施。事实证明这种"先污染,再治理"的代价最终还是由人们自己承担。当代中国则提出了科学发展观,其核心是以人为本,目标是全面协调可持续发展。重视生态资源的科学利用、加强能源节约和环境保护,已经成为当代中国人的自然环保观念。

三、日本人的价值观

1. 日本人的伦理观

古代日本不断吸收和发展中国先进的文化和思想,因此中国儒学也在日本扎根生存下来。儒学传入日本后被广泛吸收和应用,比如吸收儒学和佛教精髓而发展起来的神道;再比如从 12 世纪末期源赖朝创建的镰仓幕府,到明治维新前的德川幕府,执政日本的武士阶级奉行的武士道。日本的武士道精神是古代武士阶层规范自我的共同道德规范,主要内容有:忠君、孝亲、守信、律己、仁慈、同情、怜悯、无私、无欲、公正、清贫、守名。但儒学在日本也产生了变化。中国的儒学凸显"仁恕",日本凸显"忠勇"。在中国,"忠"是有条件的,是君臣情感良性互动的表现,是在君主对臣下施"礼"后臣下对君主的感情回报。在日本,"忠"不被附加任何前提条件,臣下对君主尽忠是与生俱来的任务。中国儒学认为"孝"是"忠"的根本和关键,而日本儒学则宣扬"忠"重于"孝","忠"是人的生活目标和道德职责,具有根本的价值和意义[①]。

中国儒学思想传到日本之后,仁、义、礼、智、信等儒家基本伦理观念就成为

---

① 方浩范.儒学思想与东北亚"文化共同体"[M].北京:社会科学文献出版社,2011:45.

日本人的交际准则,与今天日本人重视集团主义、重视义理人情等密切相关。

日本拥有独具民族特色的茶道文化,其集大成者千利休,将茶道升华,并发扬至顶峰。茶道的流派中,以千利休为始祖的千家最著名,后又分为表千家、里千家、武者小路家三个流派。茶道的精神内涵是"和、敬、清、寂"。和,是指人与人之间内心的和谐,既要求主人对客人和气,又强调客人对主人以及茶事活动要积极配合。敬,是指人与人之间应该做到互相尊重,讲究礼节。清,是拂去尘俗的意思,讲究心灵的纯净。寂,是茶道的根本内涵精神,指一种寂静之地,劝告人们要有一颗平常心,谦虚做人,平淡随和。茶道中有"わび"的思想,即人类简单而朴实的爱,这份爱是朴素且诚实的。茶道提倡朴素,排斥招摇、卖弄、引人注目。

2. 日本人的集团主义

日本人的团队意识强,集团观念始终根深蒂固。集团主义的形成首先受到远古的弥生时代开始的稻作文化影响。在日本农村,有些地方至今仍保留着农忙时节近邻间互相帮助的习惯。另外,日本的"家"制度盛行,它是从亲属关系原则延伸到次级团体中的产物,即除了父母外,领主、上司都可视为家长,而家臣、部下视为被管理者,位于等级顶端的大家长具有绝对权威,下级必须遵从这个"家",这样才能维持集团的内部秩序。

刘金钊在《解读日本与日本人》中指出,对于日本人来说,日本整个社会、一个地区、一个城市、一个公司、一所学校,都是有形的集体,如果脱离这些集体,日本人就会感到心绪不安,孤立无援,产生危机感,只有把自己融入集体中,献身于自己所属的集体才能得到保护,才能实现最大的利益。日语中"集团"一词有特定的含义,不是泛指的人群,而是指和自己切身利益相关的人群,是自己置身于其中的人群,大到国家,小到居民社区,都是"集团",但最重要的还是和自己的利益关系最密切的工作单位。日本人勤奋地工作,其原因之一是为了公司的发展,因为员工的思想乃至命运早已和公司紧密地联系在一起了。对于自身以外的集团,那态度和行为就另当别论了,这也就是日本人的"内"与"外"之别。

在集团内部,最重要的是成员之间的和谐与配合,这也是发展集团利益的关键所在,这就是日本人重视"和"的原因。"和"是儒家思想,在日本,"和"不是单纯提倡一团和气,其精髓是突出忠孝,强调敬老、尊上的社会秩序。在日本社会,尤其是在集团内部，为了保持成员之间的和谐，不提倡竞争，主张协调配合，不突出个人能力，强调团队的力量，对下严格管理，对上绝对服从，晋升论资排辈，消除嫉妒心理，鼓励合群者，孤立离群者①。日本人在介绍自己时，会先报所属的单位，其次才说自己的名字，这也是把集团放在首位的表现。

3. 日本人的生死观

赵丽君翻译的《日本纵横》一书中指出，对日本人的生死观影响最大的是佛教。净土宗宣扬所谓的"厌离秽土、欣求净土"，就是主张远离这个污秽的世界，去追求极乐净土。而禅宗之一曹洞宗的日本开山祖师道元，在他所著的《正法眼藏》中主张生死由命的观念，教导人们不要拘泥于生死问题，死的时候要抛弃对生的执着而彻底死去，活着的时候则要彻底地活，时时刻刻都要尽全力活下去。镰仓时代以后，这一观念就成为武士们的心灵依托。

进入江户时代后，一场反对官僚化的复古运动开展起来，武士道精神开始被大力提倡。江户中期，九州佐贺藩士在其关于武士道的《叶隐》一书中倡言："所谓武士道就是对死的觉悟"，进一步强调禅宗言论，并表现出透彻的死将会带来完美的生这一思想。这种极端想法的表现就是武士的"切腹"。将腹部剖开，演出壮烈的死，以此保全自己及家族的名声，遗属也可获得保障。

日语中"心中"一词是江户时代初期男女确认爱情的行为，如誓文、削发、刺青等。这些行为被视为守信、守约的表现。从江户时代中期起，人们把为了爱情豁出独一无二的生命称为"心中死"，这类情节在歌舞伎及净琉璃剧中深受欢迎，因此"心中"就演变成了殉情之意。这种以死来保全爱情的殉情行为，就是日本固有的"以死求生"生死观的表现②。

当今日本自杀率高，自杀者来自学生、工薪族、政治家、作家、艺人等各领域，时常出现电车因有人跳轨自杀而短暂停运的新闻报道。日本是当今世界上自杀率最高的国家之一，自杀数一直居高不下，从这方面也体现出日本人"以死求解脱"的思想。

4. 日本人的自然观

对日本人而言，大自然自古以来一直赐予人类恩惠，是人类应该亲近的。日本自绳文时代的采集到渔业社会以及后来以水稻种植为中心的农耕社会，都需

---

① 刘金钊.解读日本与日本人[M].大连：大连出版社,2009：139.
② 赵丽君,译.日本纵横[M].上海：上海外语教育出版社,2007：31.

要依靠自然。在农耕社会思想根深蒂固的日本,祖辈都与自然生活在一起,死后又回归自然,自己也要遵循此道而行。正因如此,日本人将自身与自然合而为一,把自然之心视为自我之心的情感贯穿于哲学、思想、宗教、艺术等全部精神活动中。这种思想进而衍生出享受自然、讴歌现世、肯定现实的想法[1]。

日本人自古以来就有观赏樱花的爱好。古典著作《源氏物语》中有大量的宫廷中赏樱花的情节。日本人喜欢观赏樱花是出于对大自然的热爱,同时也是对自然的尊敬。奈良的吉野山是日本人信奉的最古老的灵山,山上遍布樱花树。人们把吉野山上的樱花树看作山神的附体,欣赏之余还有些许崇敬之意。在日本人眼中,一棵树、一株草、一朵花、一座山、一条河等都能被视为神灵,这也可以看出日本人对于自然是怀着谦虚、敬畏的情感。日本人春天赏樱,秋天赏红叶,并将花开花落、秋去冬来的季节变化视为生命的轮回。

花道是日本的传统艺术,其精髓在于再现花卉的本来容姿。插花艺术不仅用来装饰房间,还是日本人寻求同化于自然的一种手段。日式住宅的"床の間"是摆放插花的地方,是日本人与外部自然共存的空间。插花讲究含苞待放,一夜之间按着自然规律自由绽放,预示着自然的强大生命力。日本花道认为插花可以反映一个人的内心世界,每个人都可以将自己的内心感受通过外在的插花作品体现出来。

日本的风景画以山水题材居多,山是日本的神灵,应从远处眺望,虔诚地膜拜。日本人认为,水也不仅是用来饮用和灌溉的,流水可以冲刷污垢,净身洁体,加强生命力。正因此,日本的神社和寺院多建于河边,在以前人们必须经过河水净身后才能渡桥参拜。日本著名的伊势神宫就坐落于五十铃川畔。

日本庭园至今已有一千多年的历史,是日本人亲近、憧憬自然的结晶。庭园是自然风光的缩影,有山、水、草、木,生动地表现了自然季节的变迁。日本有名的三大庭园是"兼六园、後楽園、偕楽園"。庭园是日本人亲近自然、感受自然并渴望与自然共存的写照[2]。日本人在现代住宅设计中注意根据地方气候和风土来考虑安排居室布局,使住宅空间努力追随自然的阳光、风和绿色,把室外的景色纳入视野内,或通过各种人工手法,建造充满自然情趣的庭院。人们在居室内,亦可饱览自然的变化,感受自然生命力的脉搏,从中体会人生的意义。

---

[1] 赵丽君译.日本纵横[M].上海:上海外语教育出版社,2007:21.
[2] 刘金钊.解读日本与日本人[M].大连:大连出版社,2009:154-155.

第二节　中日审美情趣对比

一、关于美和审美

什么是美？关于这个问题，人类长时间探讨，但仍难以回答。美的东西可能变丑，丑的东西也可能变美。古希腊哲学家柏拉图认为现实中一切事物的美都源于它本身；意大利神学家托马斯认为事物之所以美是因为有神住在里面；黑格尔认为美本身应该理解为理念，而且应该理解为一种确定形式的理念，即理想；苏格拉底则直接说"美是难的"。美的定义是美学中最难的问题，各美学著作中对它的定义也不统一。易万成在《存在与华夏文明》中对它的解释为：美是人对自己的需求被满足时所产生的愉悦反应，这种反应就是对美感的反应。

李逸津在《美学导论》中说：美可以分为社会美、自然美、艺术美。社会美是人类实践所创造的体现社会事物发展规律和丰富性的，与人的实践意愿、审美理想相和谐，能带给人审美愉悦的社会生活美。各种工艺品、建筑物、人的形态容貌和精神文明等都是社会美的表现。自然美是指客观自然界中自然生成的事物的美，如日月星辰、山川河流、鸟虫鱼兽等，自然美与社会美合称"现实美"。艺术美是指艺术作品的美，它是经过艺术家的认识、理解并加以审美处理的。艺术美的类型繁多，存在于各个种类的艺术作品中。视觉艺术如工艺美术、建筑、雕塑、绘画，听觉艺术如音乐、戏剧、电影，想象艺术如文学等，这些都是艺术美存在的具体形态。

审美即对美的感受，就是人们欣赏美的自然、艺术品等时，所产生的情感变化。审美时，感知、想象、情感和理解是基本要素。美学是哲学的分支，而中国和日本同为东方哲学，注重生命的体验和超越，因此在审美观方面两国有较多相似的地方。如两国文学中均有物哀这一思想；艺术作品中也均有妙悟的思想。但因地理环境、社会历史等区别，两国的审美观也各有独特之处。

二、中国人的审美情趣

1. 儒家的美学

关于儒家的美学，李天道在《中国古代人生美》中指出：儒学是人生美学，始终关注人生,把人生意义、人生理想、人生态度和人格理想作为探讨的重要问题。儒家用"仁"构筑起一个美的世界,不主张向外寻求精神解脱,主张从内在心灵中求得生存的勇气和信心,在与自然的拥抱中与山川万物的生命精神息息相通,使人的最高自由和人生价值在精神上得到圆满实现,从而达到人生境域与审美境域的最高实现。

"仁"是儒家美学的核心和出发点,在其道德价值背后蕴含着审美的意旨。学者唐力权把仁分为三个层面,即"本体之仁、类型之仁与道德之仁"。本体之仁是无执的感通与开放的仁爱精神至于充极状态的仁,这是一种对一切存有绝对无差等、一视同仁的爱。类型之仁是落实在人性中的人,它不是一种无私的爱,而是私于个体、私于家庭、私于民族和私于全体人类的私仁,这是有差等的爱。道德之仁是仁性的道德化或社会理性化,也就是本体之仁通过类型之仁的中介作用在社会法制和伦理规范中的进一步落实,表现在儒家对于"礼"的重视上。儒家仁性的最高理想是"万物一体"思想,即人的自我生命和天地精神的统一,将万物视为一个有机整体。因此在人生境域和社会层面上有对"修身、齐家、治国、平天下"的追求;有对"天下大同"的追求。

儒家没有形成纯粹的美学思想,而是将真、善、美合而为一。儒家肯定审美和艺术对于人生的重要作用,同时又对美有所规定,那就是美的标准一定要包含道德因素,美的追求必须与善的目的一致。《论语》中有这样的记载:"子曰:礼云礼云,玉帛云乎哉!乐云乐云,钟鼓云乎哉!"说的是"乐"作为一种审美艺术,不只是悦耳的钟鼓之声,还要符合"仁"的要求,要包含道德内容。另还有:"子曰:人而不仁,如礼何?人而不仁,如乐何?"说的是一个人如果不仁,"乐"对他就没有意义了。儒家认为美的根源在于"天",审美的最后归宿是人合于天,即让主体意识审美化,培养起一种审美的人格,以审美的人格来营造出审美的境域,同时又以审美的境域来打通天人之碍。

另外,儒家在人生追求和审美意识上也充满"和"的精神。在儒家的审美意识中,人与自然、人与人、人与社会都是和谐统一的。"和"是万物生成和发展的根据,也是社会稳定和发展的要素。"和"是儒家激励追求的一种审美境域。儒家所要努力达到的是"天人合一",这不同于原始的主客不分,而是超越了人与世界万物的主客二分态度而达到的境域。在这种境域中,本体与现象圆融互摄,人心与天地一体,上下与天地同流,于内心达到顺和,于外物求得通达,"和顺通达"

也就是"中和"。可见，"和"或"中和"实际上也可说是一种极高的审美境域①。

2. 道家的美学

林语堂在谈论中国人的民族特性时，曾说过，"中国人都是天生一半道家主义者和一半儒家主义者。"可见，道家思想至今仍影响着我们。李天道在《中国古代人生美》中指出，道家把"同于道"与"无所待"的"逍遥游"理想境界视为人生的最高追求，人生的意义与价值就在于任情舒适，亦求得自我生命的自由发展，回归自然，摆脱外界对人的束缚羁绊，发现自我，认识自我，实现自我，以达到精神上的最大自由。老子认为"道"与"气"是宇宙万物的本原，要在审美活动中生成并发现这种宇宙之美，就必须返璞归真，保持澄明空静、天真无邪、能法自然的心。

老子与庄子推崇虚静淡泊、返璞归真的人生观对中国古代传统人生美学具有深远的影响，中国人生美学中洋溢着一种强烈的超越意识，超越俗我，使自我清淡、飘逸、空灵、洒脱之心与自然本真浑融合一是中国古代艺术家在审美创作中所追求和向往的至高审美境域。而平居淡泊，以默为守，通过明净澄澈的心去辉映万有，神合宇宙万物，以吞饮阴阳会合的冲合之气则是贯穿于整个审美体验活动的一种特殊心理状态。由此，成就了中国人生美学"澄心端思"的审美心境。"澄心"指进入审美创作构思之实，创作主题必须洗涤心胸，澡雪灵府，以获得心灵的澄清和心怀的宁静。"端思"又谓"凝神""专志"，是集中心意，摆正心思，用志不分，用民不杂。"澄心端思"即排除外界干扰，终止其他的意念活动，使意念思绪集中到一点，进入聚精会神的状态。道家提倡通过炼精养气、修养心性以陶冶情操，并获得清静无为的生活情趣。

道家还追求"以妙为美"的审美理想。"妙"是宇宙自然的生命节奏和旋律的表现，故不可道破，不可言诠。中国古代艺术家在审美体验活动中追求对自然万物鲜活灵在的内在生命的妙悟，要求超凡脱俗，独标独懔，一任慧心飞翔，以进入高远奇特、大道玄妙的审美境域②。由此，中国古代艺术家努力追求"妙将入神，灵则通圣""体妙心玄"的审美境域。中国美学以无言之大美为绝对之美，这样的美只有用心灵去体验。老子说："知者不言，言者不知。塞其兑，闭其门，挫其锐，同其尘，是谓玄同。"意思是真正知道的人不说，说的人却不知道。堵塞欲望的孔隙，关闭视听的门户，搓掉争辩的锋芒，解除分别世界的欲望，从而玄同物我、默

---

① 李天道.中国古代人生美学[M].北京：中国社会科学出版社，2008：15 - 55.
② 李天道.中国古代人生美学[M].北京：中国社会科学出版社，2008：261.

契大道。老子描绘的是以无言的体验方式去契合无言之大美。庄子关于欣赏音乐的说法是："无听之耳而听之以心，无听之心而听之以气。"意思是凭外在感官去听音乐是不够的，还必须用"心"去聆听。这也是中国美学中的"妙悟"。这种以美的意象呈现冥冥中的超妙神韵也影响着当代中国人的审美观。

3. 理学的美学

仪平策在《中国美学文化阐释》中对理学进行了详细阐述，他指出：宋明时期，儒学本身出现危机，儒学经过更新后产生了宋明理学。与强调以仁释怀、礼乐并用、情理相和的早期儒学所具有的浓厚感性意味相比，理学更多的是蔑视、禁锢以至否定感性的唯理性主义。自两汉儒学的神学目的论受到魏晋玄学的人格本体论和六朝隋唐佛学的精神本体论的冲击后，偏于治外略于治内的儒学失去了思想统治地位，宋明理学带着批判和超越的意识吸收佛学的精神补充儒学的不足，这就是"援佛入儒、外儒内佛、儒佛互补"，即关注的是佛学那种直达主体内心的深层哲学精神。

宋明理学是亦佛亦儒的精神结构，无为而有为，无思而有思，无欲而欲得，无闻见而闻见生，以内御外，以静见动的理性体系，为当时的士大夫们提供了一种新的进退有方、应付裕如的心态和生存方式。这种状态渗透到美学中，使审美理想发生了变化。传统的动荡中求均衡的胸大遒劲、亢扬奋进的阳刚之美开始遭到疏远；宽和闲静、温婉纤媚的阴柔之美成为当时人们的最高审美境界。人们更喜欢赏心悦目、纤小温柔的优美形态，因为这样的优美形态同他们无冲突的人格理想和宁静平和的生存方式相契合，在这种优美的欣赏中所体验的正是自由自乐的人生境界。这也是宋明时期艺术，包括建筑、雕塑、绘画、书法、诗词、散曲等大都以纤柔、闲静、淡泊、平和、婉约、温润、含蓄等特征见长的深层根源。

在美学思想上，程颢和程颐崇尚温润含蓄的气象；朱熹标榜沉潜温厚之风；欧阳修以萧条淡泊、闲和严静为绘画至境；苏东坡视萧散简远、简古淡泊为艺术高风；黄庭坚认为怨忿、怒骂有失诗之旨；张戒讲究诗贵不迫不露、温润清和，等等。理学外儒内佛的精神内容同美学上崇尚阴柔之美的审美观相通，成为宋明时期的主流[①]。不可否认的是这些思想仍然影响着当代中国人的审美观。

---

① 仪平策.中国美学文化阐释[M].北京：首都师范大学出版社，2003：261.

三、日本人的审美情趣

1. 物哀、多愁善感（もののあわれ）

日本在平安时代占主导地位的审美意识是"もののあわれ"。它指从万物中洞悉世间的无常，从而内心产生感动，即表达触景生情、情物相融的情趣和伤感，是自然、人生、艺术的融合体。该词常见于古典文学的《源氏物语》中。平安时期，日本受外来的中国文化、佛教文化等影响较大。佛教的诸事无常观和厌世观成为"多愁善感"这一审美意识的重要思想基础。另外当时激烈复杂的宫廷斗争以及由此引发的现实的动荡不安也是这一审美意识流行的一个重要原因。

"あわれ"是个感叹词，相当于现代语的"啊、哇、哎呀"等意思。但日语中的"物哀"不仅仅是"哀"的悲哀之意，而是一切高兴之事、有趣之事、悲哀之事、爱恋之事，都可兴叹为"あわれ"。比如"啊，好漂亮的花呀！"这样兴高采烈的兴奋之情也是"あわれ"。触景生情，景无非春花秋月，而情无非喜怒哀乐，也就说物哀是人人皆有的日常情感。

18 世纪时，经由日本所谓的"国学家"本居宣长专心打造，"物哀"开始上升为一种高雅的诗意审美情绪，进而上升为所谓日本固有的独特的文学理念。

本居宣长通过对《源氏物语》的研究，指出"あわれ"是平安文学最重要的美学理念。"あわれ"所表现的切切之情当中不仅有哀伤、悲怜的成分，也包含着表现封建王朝贵族之美的纤细、柔弱、高雅、庄重艳丽等情感，是一种协调的、统一的审美情趣。本居宣长为了与古代文学作品中的"あわれ"相区别，提出了"もののあわれ"这一概念，它的核心内容是指对世间万物的深刻感受，是对短暂、无常之美的理解和领悟。"もののあわれ"是一种更广泛意义上的感物伤情，是人对自然与人生的短暂无常发出的慨叹。

而中国古代文学作品中感叹天地万物、感叹人生现实的作品也很丰富。比如屈原在《离骚》中这样写道："日月忽其不淹兮，春与秋其代序。惟草木之零落兮，恐美人之迟暮"。这是对时间的感伤，是对于自己的理想抱负无法实现的感伤。再比如楚辞《远游》中写道："惟天地之无穷兮，哀人生之长勤。往者余弗及兮，来者吾不闻。意荒忽而流荡兮，心愁凄而增悲"，这是在表达人的凄凉，即使人生短暂却也充满挫折。看来，无论是中国人还是日本人，都有物哀这一审美思想。

2. 幽玄（幽玄）

"幽玄（ゆうげん）"是日本中世文学、中世艺术的审美观之一，是日本审美意识的代表。"幽玄"一词在日本首次出现在《古今和歌集》的真名序中。指事物的深奥、神秘、暗淡、优美、暧昧、恬静、悠远、悲哀等情调、氛围，包含缥缈、朦胧、难以琢磨的优雅之美，强调要有言外余韵之美和闲寂清幽的情趣。"幽玄"之美主要受佛教的枯淡幽寂思想和诸事无常观的影响而成。作为一种审美意识，深深渗入日本人的日常生活与艺术的各个方面。

"幽玄"在诗文、和歌、音乐、能乐等领域中作为审美范畴被普遍运用。"能楽（戏剧）"大师世阿弥将藤原俊成、定家父子提倡的幽玄理念发展到自觉的阶段，把"能楽"艺术最高层次的美定位在"富于幽玄之趣"，强调在"能楽"的演技上表现出恰到好处、颇具分寸的典雅和艳丽之美，它是以惟妙惟肖的逼真表演作为基础的。"能楽"将舞台化为"无"，即无布景、无道具、无表情（表演者戴上能面具），让观赏者从"无"的背后，去发现更多的"有"，去想象无限大的空间和喜怒哀乐的表情，从而造成一种神秘的气氛，使"能楽"的表演达到幽玄的"无"的美学境界①。

"幽玄"还涉及绘画、茶道、建筑等领域。绘画上主要体现在以墨代替色彩的水墨画上。日本水墨画的画面留有很大空白，即画月只画月光及月影；山水画中的虚白象征云雾；风景画中以一角暗示全体等等，这种空白需要用"无心的心"去感受其中所蕴含的丰富内容。日本绘画最重要的中心内容不在于绘画的写实技巧所能模仿再现的外在事物和外部现象，而在于事物看不见的本质乃至于自然之气韵②。日本中世流行一种庭院模式叫"枯山水"，以石头的组合象征枯山，以白沙象征流水，造成山水的模样。"枯山水"吸收了幽玄的审美意识，给人一种枯淡幽寂和余韵之美。

3. 闲寂、古雅（わび、さび）

"わび、さび"是因战国时代带来的动荡，在寻求心灵平静的时代中，得势的町人所具有的审美意识。"わび"是一种旨在追求空寂、枯淡、低调、内敛、真诚、简朴、清净等心灵处境的审美理念，主张脱离尘世，追求闲寂、悠然的人生，强调高远、静稳的精神境界，被茶道所提倡。"さび"表示幽静、古雅的自然美。"わび"是日本茶道的精神，指舍弃物质享受，在简朴寂静中追求精神的纯洁。"さ

---

① 周建萍."神韵"与"幽玄"——中日古典审美之比较[J].中国文化研究,2012(1).
② 今道友信.东方的美学[M].蒋寅,等译.北京：三联书店,1991：138.

び"是指以松尾芭蕉为中心的俳句世界里所追求的审美意识,咏诵闲静清高的心境。这两种审美意识的最大特征在于以质朴节俭为美,强调美与物质无关,美不仅仅是上流社会的专利,也是平民百姓的一种精神追求。为此,这种审美观普及到全民,反映在日常生活中。

日本的茶道文化是一种集宗教、思想、文学、美术、建筑为一体的艺术综合体。经由村田珠光(1422—1502)开创,武野绍鸥(1502—1555)加以发展,至千利休(1522—1591)集其大成的闲寂茶,是日本茶道的主流。村田珠光以禅宗精神为茶道的理想境界,创立了草庵茶风。草庵茶的茶室总处于树木掩映的大自然中,一进入庭院即如同进入神的境地一般,没有喧闹嘈杂之声,古意盎然的石灯笼上缀有青苔,花是素淡的,茶室是简素的,庭院中的树叶的剪裁也有独特的手法,以阳光能点点地透过树叶的缝隙为佳。这是一个具有高度象征性的空间,大自然为其底蕴,四季的美透过挂轴、插花浓缩于其间,包括茶室本身、茶具与仪式也都不离优美①。千利休对"わび"理念的发展起了很大作用,他将禅的精神引入茶道,提出于贫穷之中寻求富足,于简朴之中寻求真美的茶道真谛,把茶道推向了一个更高的艺术境界。茶道所涉及的一切物事与举止,外在世界与内心世界都在一种高度的平静、宁静中抵达"寂"的境界,这也是终极境界。

江户时代的俳句诗人松尾芭蕉以及他的弟子继承了"わび"的美学精神,同时融入了江户时代的特有的文化内涵,提出了"さび"这一美学理念,它不仅客观冷静地观察衰老、孤独、寂寞等,而且从宇宙的大视野把握人的存在。认为人的孤独是必然的,与其同孤独抗争,莫如投身孤独,从孤独中发现美。松尾芭蕉有首有名的俳句:「古池や　蛙飛び込む　水の音」。其大意是"古池塘,青蛙入水,发清响"。这是或以动写静,或以静写动,所体现的是物我两忘,一切归于空寂。"寂"中,孤独、惆怅难免有一点,但更多的是悠然自得。"さび"有对凄清、衰微、没落、凋零、空旷、孤苦、古旧等一般视为负面的、不完美的事物及其引起的负面心绪的把玩、欣赏、转化和升华,赋予其一定的积极意义和价值。

4. 潇洒自然(粹)

"粹(すい・いき)"是江户时代百姓的审美意识。主要指举止潇洒气派,着装打扮有气质、有魅力,通晓人情世故,尤其要熟知花街柳巷和吃喝玩乐等。"潇

---

① 蔡春华.优美、幽玄美、闲寂美与古寂美——日本古代的四种美意识[J].福建师范大学学报,2011 (5):70.

洒"包括"魄力、娇媚、俏皮"三个条件。魄力,是指贯彻自己想法的恒心。娇媚,是指不落俗套的媚态;俏皮,是指内心与外表的深妙与幽默。

"粹"这一审美意识随百姓阶层的崛起而产生。日本进入近世以后,百姓逐渐积累了财富,在经济上强大起来,虽在社会地位上仍远低于武士,但拥有自己的美学理念和人生追求。表现的是饱尝人世间苦辣辛酸的百姓能够体谅别人的辛苦,能够适应不同的环境。他们潇洒、大方,很懂生活情趣;他们精力旺盛、追求物质享受,在辛苦劳动创造了财富之后毫不吝惜地享受人生尤其是享受花柳界中的乐趣。值得一提的是这一审美情趣与中国古代的审美有较大差别。中国的儒学强调的是君子之道,道家强调返璞归真,董仲舒等强调为善之道,佛教更是强调无我无欲,均排斥现世的享乐,虽也曾有享乐诗人,但其言语间也是在反衬生不得志或忧国忧民的情怀。而日本的"粹"就是关注现世享乐,这是较有日本特色的审美情趣。

第三节　中日意识形态对比

一、什么是意识形态

关于意识形态的定义,燕继荣在《政治学十五讲》中指出,意识形态是随着人类种群的形成而产生的,是人类对于世界的理解和认知,最早由法国哲学家德拉希(Destutt de Tracy,1754—1836)于1796年提出,这个概念是指一种新的观念科学,企图用于揭示观念和思想的自由。现代社会科学对意识形态的定义是:意识形态是一种具有行动取向的信念体系,一种指导和激发政治行为的综合性思想观念。

意识形态是一种价值观系统,对人类社会的共同行为进行着规范与约束。人类文明社会的进步需要在多样性的基础上凝聚共同的认知目标,并且以这种目标作为自己一切行为的出发点和归宿,由此产生和形成了价值观和价值观系统。这种价值观系统不只是一般的世界观体现,更重要的是关于自身和世界关系的一种信仰,它既包括远大理想的追求,也包括以这种理想为形态的根本利益追求。所有的意识形态都从自己的世界观出发,批评现实社会,从而说明自己观点的道义性、合理性和合法性。同时根据自己的价值取向,提出一个理想的社会目标,并唤起人们为这个理想目标去行动。

意识形态是上层建筑,因此它与一定社会、经济基础直接相联系,随经济基础的变化而变化。它是社会的经济基础、政治制度和人与人的经济关系、政治关系的反映。意识形态是由各种具体的政治思想、法律思想、经济思想、社会思想、教育、艺术、伦理、道德、宗教、哲学等构成的有机的思想体系。它的具体形态有:经济意识形态、政治意识形态、法律意识形态、文化意识形态、科技意识形态、宗教意识形态、生态意识形态、环境意识形态,等等。

为避免与本书其他章节重复,本节主要叙述中日两国历史上主要的政治法律思想。

二、中国的政治法律思想①

1.奴隶社会时期的政治法律思想

夏、商、周是我国奴隶制社会的形成和发展时期。这一时期的法律思想主要是奴隶主贵族的神权法思想以及以宗法为核心的礼治思想。

奴隶主贵族为了自己的统治合法化,极力宣扬宗教迷信和鬼神观念,宣称自己是神和上帝在人间的代理人,接受"天命"来统治人世,对不服从者施行"天之罚"。神权法思想在商代进入高峰,殷商奴隶主贵族还将上帝说成商王的祖先,企图在血缘上找到充当上帝代理人的合法依据。

神权思想在西周发生了重大变化,商朝灭亡说明"天命"神话失灵,西周统治者提出"以德配天"说。周公说天命是有限的,"惟命不于常",即命是固定不变的,只有有德者才能承受天命。天的好恶是有一定标准的,天只喜欢有德的统治者。

另外,西周还盛行礼治思想。相传周公"制礼作乐",将殷商时出现的宗教祭典的仪式即"礼"运用于社会政治领域,形成了所谓的礼治。周公的礼治是道德和法的统一体,既是道德规范又是法律规范。礼的基本特征是"礼不下庶人,刑不上大夫",其实质是维护奴隶主贵族特权,维护家长制和君主制。

2.春秋战国时期的政治法律思想

春秋战国时期中国社会从奴隶制向封建制转变,在此期间,封建地主阶级实

---

① 中国各时期的政治法律思想的形成和发展部分主要参照:杨鹤皋.中国法律思想史[M].北京:群众出版社,2000:33-43.

力逐步壮大后与奴隶主阶级争夺政权。到战国中期,各主要诸侯国都建立了封建地主阶级政权。在思想领域出现了百家争鸣、学术繁荣的景象,在众多学派中,儒、墨、道、法是主要学派。

儒家创始人是春秋末期的孔子,儒家主要代表人还有孟子、荀子。儒家主张为国以礼,为政以德,德主刑辅;慎狱恤刑,反对暴政;重人治,轻法治。

墨家创始人是战国初期的墨子,儒墨两家并称"显学",是当时最著名的两个学派。墨家代表劳动人民利益,主张兼相爱、交相利的法律观;一统天下之义的法律起源说和法制统一论,赏当贤、罚当暴的刑赏论,具有鲜明的人民性和反对贵族专政的批判精神。

道家创始人是春秋末期(一说为战国时期)的老子,战国中期的庄子是道家理论的集大成者。道家主张道法自然,即顺应自然、以自然为法;主张无为而治,即统治者应听任自然的支配,让万事万物自由地发展;主张废弃仁义圣智,即应保持纯朴天性、少私寡欲。否定人定法,即统治者人为地制定出法律法令是徒劳的,且会贻害无穷。

法家的形成经历了一个历史发展过程。春秋时的管仲、子产、邓析是先驱,提出了法治思想,管仲和子产还成功地进行了社会政治改革。战国初期的李悝、吴起分别在魏、吴两国变法取得成果。战国中期的商鞅形成了比较系统的法治理论,他多方面阐述了法的基本理论。战国末期的韩非是法家学说的集大成者。法家主张有:法起源于变法论、以法治国论、刑赏论、文化专制论等。

3. 封建社会初期至成熟阶段的政治法律思想

秦始皇统一六国,建立起第一个封建专制主义中央集权国家。秦朝崇尚法家的法治,"作制明法、事皆于法、举措暴众而用刑太极、以法为教、以吏为师",试图单靠武力统治天下。

两汉时期的法律思想历经黄老"无为"、封建正统法律思想的形成、谶纬(汉代流行的宗教迷信)神权法思想的泛滥及反谶纬神权法思想等阶段。西汉建立之初,由于长期战乱,社会经济濒临崩溃,为巩固政权和稳定社会秩序,在政治法律思想方面采用"无为"学说。到西汉中期,汉武帝为加强专制统治,罢黜百家、独尊儒术,维护封建大一统的董仲舒的新儒学成为封建正统政治法律思想。东汉章帝时将谶纬神学同儒家经典相结合,制定了《白虎通义》这一东汉王朝的根本大法。与此同时,反谶纬神权法的思想也在兴起。到东汉中后期,王符、仲长统等对当时的政治腐败、法律松弛、道德沦丧进行了严厉的批判。

此后魏晋南北朝时期中国进入分裂和混乱时代,这期间儒学衰落,名学、玄学兴起。名法家的代表人物是曹操和诸葛亮,他们在王权衰落、政治动荡、纲纪败坏、赏罚不明的情况下,力图抑制豪强,恢复社会秩序,发展生产,维护并扩大自己的统治,采取了"以法治国"的名法之学。魏晋玄学则主要继承道家思想,用抽象的思辨否定烦琐的经学和汉儒天人合一的神学目的论。玄学企图用理性来纠正现实,使现实符合理想。

随着隋朝统一天下,中国封建社会进入隋唐全胜阶段,封建正统政治法律思想进入鼎盛时期。隋文帝制定了《开皇律》,进行宽刑简政,但其后隋炀帝横征暴敛、滥刑滥杀,以至于隋朝仅存在 37 年。唐朝吸取隋亡的教训,确定了"安人宁国"的方针。

唐朝重视儒学,于科举中开始经科,并颁布《五经正义》以统一儒学,同时采取儒、佛、道三教综合运用的政策加强对人民的思想统治。唐太宗主张"制礼以崇敬,立刑以明威",运用礼法结合的方法治理国家;立法必须公平,力求宽简;执法务必求实,赏罚分明;皇帝应带头守法;发扬民主,进谏纳谏。唐高宗时出台《唐律疏议》,这是我国古代礼法融合思想的大成,明确提出了"德李为政教之本,刑罚为政教之用"的思想主张,全面体现了"三纲"的精神,并将其法律化,它也成为宋元明清各代法典和的蓝本,并被日本学习和借用。

隋唐时期中国大陆出现了盛世现象,在政治、经济、文化思想等领域均领先于周边国家。儒学和佛教在中国的发展也进入高峰时期,这时期周边国家受中国大陆影响较大,尤其是日本在多个领域开始效仿中国。儒学和佛教开始大量传入日本,并与日本本土的神道思想相融合。

4. **封建社会后期的政治法律思想**

宋元明清是封建社会的后期阶段。赵宋王朝鉴于前代藩镇割据,大权旁落,竭力将权力集中于中央,使君主制得到进一步发展。明朝时更扩大了皇帝的权力,明太祖朱元璋废除了宰相,独揽大权。清朝设军机处,为皇帝个人所用,皇权进一步加强。封建后期君主专制导致社会矛盾日益尖锐,不断有农民起义且直接影响到意识形态的各个方面。

宋明时期盛行理学,提出理、天性、心、性、人欲等。把儒学从神学中解脱出来,使之哲理化。北宋程颢和程颐(合称"二程")首先提出一个"理"的哲学范畴,认为"理"是宇宙的本源,先于事物而存在,且是永恒不变的,这就是"天理"。南宋的朱熹是理学的集大成者,他把"三纲五常"作为"理"或"天理"的最主要内容,认为"宇宙之间,一理而已","其张之为三纲,其纪之为五常"。在朱熹看来,"圣人千言万语,只是教存天理,灭人欲",这也是朱熹法律思想的核心,对封建社会后期的立法、司法有重大影响。理学发展到明朝时出现了王阳明的心学,认为"心即理,心无外物,心外无事,心外无理",强调要从人们的内心中断绝恶念,破心中贼。

明末清初出现了社会大变动,同时也形成了带启蒙性质的思潮。出现了黄宗羲、王夫之、顾炎武等启蒙思想家,他们批判封建君主专制制度,要求改革腐朽的政治法律制度,主张以"天下之法"代替君主的"一家之法"。

儒学在宋代得到了新发展,虽然明清时期开始衰退,但它传到了日本,并在日本开花结果。

5. 中国近现代的政治法律思想

1840 年鸦片战争之后中国逐渐沦为半殖民地半封建社会,龚自珍、林则徐等人开始"睁眼看世界",批判封建政治法律制度,提倡社会改革,主张"师夷长技以制夷",倡导变法。在农民运动中诞生的太平天国,在内部颁布了《天朝田亩制度》《资政新篇》等主张建立平等的理想社会,并提倡发展资本主义。

甲午战争后,出现了戊戌变法运动,康有为、梁启超等人为救亡图存,提出了变封建主义为资本主义的维新主张;要求改革整体,实行君主立宪;学习西方,实行资产阶级法治;改革旧律,实施新法。只是戊戌变法以失败告终。

20 世纪初兴起了资产阶级革命运动,革命派主张暴力革命,推翻清朝封建专制统治;孙中山宣传三民主义,实行五权宪法。辛亥革命后建立了中华民国,制定了《中华民国临时约法》和一系列法律法令,要求实施资产阶级法治,保障人民的民主自由。1919 年爆发了五四运动,中国进入了新民主主义阶段。

1949 年新中国的成立标志着新民主民主革命取得胜利,在经历三大改造之后,中国正式进入社会主义。当前中国走的是中国特色社会主义道路,在政治法律思想上突出民主法治建设,强调法治是治国理政的基本方式,维护社会公平正义是政府的重要职能,建立以权利公平、机会公平、规则公平为主要内容的社会公平保障体系。并且致力于建设廉洁政治,尊重和保障人权,积极培育社会主义核心价值观。

近代中国陷入民族危机时,有识之士看到了邻国日本,认识到了发展资本主义的重要性,在政治法律思想上也有借鉴日本的地方,只是中国没有像明治维新后的日本那样走上资本主义道路。20世纪共产主义思想传入中国,被人民接受,并指引了中国革命战争走向胜利。

三、日本的政治法律思想①

1. 律令制度国家的建立

远古时期日本的政治法律思想以神权法为主,官位、家世都是世代相传。推古天皇时期(日本第一个女性天皇)以中国大陆封建政治制度为蓝本,开始形成律令制国家。律令制国家是指天皇为最高君主,根据法令分封官僚,统治人民的专制统治。最终形成是在天智天皇时期,此后一直延续至12世纪末的镰仓幕府开府。

在推古天皇时期,圣德太子在公元603年制定了日本最早的官位制度,即"冠位十二阶"。把官衔分为十二个等级,即大德、小德、大仁、小仁、大礼、小礼、大信、小信、大义、小义、大智、小智;以紫、青、赤、黄、白、黑六种颜色各分浓重的冠帽来区分官位的高低。只要对国家有贡献能力的人不论出身、家世都可以获得采用的冠位十二阶,这一制度打破了日本原有的士族世袭制度,还明确了只要有功者,都可获得奖赏和晋升。

公元604年又制定了《宪法十七条》,对贵族、官员的行为与道德进行约束,这也是日本开始建立律令国家的标志。尽管《宪法十七条》名为宪法,但事实上这一法律性质的文件并没有形成法律约束力,因此还不具备国家法律的性质。

孝德天皇时期,公元645年颁布了以效仿唐朝、建立中央集权制为目的的新诏书,史称"大化革新",日本开始逐渐形成律令制国家。在"大化革新"中,设立了自上而下的行政管理组织,编制了户籍和账簿,实施了班田收授法和统一的赋税制度,否定原有的以姓氏为基础建立的皇族和贵族特权,积极建立公地公民制,推行中央集权统治。

公元672年围绕皇位的继承问题发生了壬申之乱,最终天智天皇的弟弟获胜,继位为天武天皇。天武天皇继续推动以天皇为中心的中央集权,并于公元

---

① 日本各时期的政治法律思想的形成和发展部分主要参照:周振杰.日本刑法思想史研究[M].北京:中国法制出版社,2013:23-77.

689 年颁布了《飞鸟净御原令》。这一律令沿用了中国唐朝的律法，是一部国家法典，使得律令国家基本形成。值得注意的是此时的日本在政治制度上大多借鉴唐朝的经验，但也有所取舍，如唐朝的科举制度就没有被日本借用。

公元 707 年，日本第一部完整的律法《大宝律令》颁布，标志着日本已经建立国家法律体系。在律令制国家，天皇是律令的制定者，具有最高权力，不受律令制约，享有最高军事权和执政权。

日本早期国家的权力分散，地方豪强与中央政权矛盾尖锐。这一时期中国大陆则出现了隋唐盛世，尤其是盛世唐朝在当时东亚这一地区是最先进的。随着唐朝盛行的佛教传入日本，并且多次向隋唐派遣使者学习和借鉴中国的封建制度和思想文化后，日本的中央集权国家逐渐形成。从上述律令制国家形成的过程可以看出这一时期的日本全方位借用中国隋唐模式，包括效仿隋唐进行政治改革、仿照中国设置年号、弘扬佛法并在精神领域树立天皇的权威，等等。由中国传入的儒学、佛教等思想同本土的神道思想相融合而成的意识形态支撑起了日本律令制国家。

2. 幕府时期的政治法律思想

在律令国家后期，因中央政权对地方政务控制的削弱，地方势力增强。自 8 世纪之后，随着《三世一身法》的实施，庄园制慢慢形成，武家势力逐步强大。武士出身的平氏取代贵族获得政权，不久后源赖朝推翻平氏政权，在镰仓建立幕府，日本开启了幕府统治时代，历经镰仓幕府时期、室町幕府时期、战国时代、安土桃山时代、江户时代，直到近代的明治维新，日本都是武家政权，由武士阶层执政。这一时期的日本虽然在政治上仍然借鉴中国的封建制度，天皇的权力却和中国的皇帝相差甚远，该时期的天皇只是国家的象征，不直接参与国家的管理，由天皇册封的征夷大将军管理政务，这是这时期政治制度上两国的最大区别。

自幕府成立后，在日本社会就出现了两重统治构造，即作为公家的朝廷和作为武家的幕府。在法制领域也相应地存在朝廷的公家法和幕府的武家法。由于当时武士阶层处于决定性优势地位，掌握实际大权，因此武家法实际上成了支配当时日本社会的法律。大多公家法的规定只与神社、寺庙等的修建和维护相关。

武家法的主要载体是镰仓幕府时期确立武家本位的法制，以此前的惯例为基础于 1232 年即贞永元年颁布的《御成败式目》（又称《贞永式目》）是镰仓幕府和室町幕府时期的主要法源。《御成败式目》包括民事关系、刑事关系的规定，在制定之初就确定了以后可以追加的方针。后来统治者对《御成败式目》进行了多次追加补充，包括对神事、祭祀的规定，对佛事、僧徒的规定，对物品和人口买卖的规定，对未处分财产的规定，等等。武家法的最高规范与根本理念是先例与道德，多数条例是继承以前的习惯做法，讲究的是道与义。另外的特点是刑罚残酷，法律、宗教与道德相结合。

战国时期，地方诸侯并起，形成了自己的小国。这一时期实际上各诸侯国内部基本都制定了自己的法令，后世称之为分国法。目的是处理领地内的纠纷，让大名（诸侯）实现对领地的统治。在内容上，分国法是在统合此前的公家法、武家法以及民间习惯后编制而成，各国间的法律也有部分区别，其实质是武家法的一种。

江户时代，德川家康在统一日本后就开始制定全国法制，德川幕府先后颁布的立法有 1611 年的《三条誓词》、1613 年的《诸公家法式条文》、1615 年的《诸武家法度》和《禁中方御条目十七条》、1742 年的《公事御定书》。其中《公事御定书》与此前的《律令》《御成败式目》并称为日本三大法典。江户时代的法律思想与镰仓幕府、室町幕府有共同之处，同样注重道德、道义，是以道德主义为中心构建的。此外，江户时期重视尊卑秩序，甚至明确规定上位者可以处置平民，武士阶级在法律上享有特权。

德川幕府统治时期的日本社会稳定，出现了繁荣的景象。德川幕府开府后的一百年间，大量中国古典、儒学和佛教的书籍在日本出版。江户时代日本儒学蓬勃发展，这一时期日本儒学派别较多，包括朱子学、古学、阳明学等。来自中国的儒学、佛教等思想渗透到日本人生活的方方面面。统治阶级武士的孩子四五岁起就背诵《论语》，二十岁前后学完《论语》《中庸》《大学》《孟子》，武士从小就接受儒学的道德教育。因此，幕府时期的日本在政治法律思想上同样受来自中国的儒学和佛教等思想影响，仍然是在效仿中国的基础上结合神道等思想进行融合。

3. 明治时期的政治法律思想

江户时代，德川幕府实行闭关锁国，严禁传播基督教，禁止外国的船只、传教士和商人进入日本，只允许在长崎一地同中国、朝鲜和荷兰等国通商。1853 年，美国海军舰队驶入江户岸的浦贺，把美国总统写给日本天皇的信交给了德川幕府，要求同日本建立外交关系并进行贸易，史称"黑船事件"。在强大的压力下德川幕府与美国签署了一系列不平等条约。由此，日本内部阵营开始出现分化，要求改革的中下级武士、商人和反对幕府的农民形成了倒幕派，号召"尊王攘夷"，开始了倒幕运动。德川幕府的末代将军德川庆喜最终于 1867 年向天皇奉还大政,在明治天皇统治下,日本开始了维新运动,史称"明治维新"。日本由此进入近代时期,近代天皇制国家形成。这一时期西方完成工业革命,在政治、经济、军事等方面处于世界领先地位,同时期的中国封建政治制度则开始走下坡路,因此日本开始以欧美先进制度和文化为学习对象。

明治维新时进行了废藩置县、殖产兴业、文明开化、富国强兵等改革。各地方诸侯的权力被回收到中央政府,开始大力扶植资本主义,从欧美各国引进新的科技并发展教育。这一时期,福泽谕吉、津田道真等开明人士宣传天赋人权、社会契约等启蒙思想,促进日本的民主思想的诞生和民主运动的发展。

日本于 1889 年颁布《大日本帝国宪法》(即"明治宪法"),1890 年召开第一届帝国议会,由此天皇制立宪主义国家体制正式形成。《大日本帝国宪法》是日本第一部近代宪法典,直至二战结束这部宪法一直都是日本国家法律的最高典范。虽然这部宪法横跨明治、大正、昭和初期,将近 60 年的时间内一直规范着日本的国家形态,但是战后对它的评价是消极的。该宪法开辟了军国主义道路,忽视了保障国民的权利,是一部表面立宪主义,实为保障天皇大权的宪法。明治宪法根据西方的政治学说设定了立法、行政、司法三权分立,还规定了"臣民的权利和义务"等,但同时规定主权在君,赋予了天皇至高无上的权力,天皇独揽行政、立法、司法、军事等大权,将天皇神化、将国民置于"臣民"的地位。另外,明治宪法规定陆海军统帅权及军队编制、兵力的决定权属于天皇,导致掌管军令事项的参谋本部和军令部脱离内阁和议会而推进独立的政治路线。到后来,陆海军大臣干涉政治、排斥政党的发言权,使得军部在政治上形成了绝对优势,最终导致了军部法西斯体制的确立,日本走上了对外侵略扩张的道路。

幕府末期是一个变革的时期,这一时期人们开始更多关注来自西方的民主思想,儒学在同时也有发展,19 世纪末,一些日本人借用明代中国思想家王守仁的号"阳明"在日本发起社会运动,他们批判明治政府全盘西化,创造了阳明学派,提倡以传统思想来再造日本国民精神、发扬日本国道义。虽有日本学者将阳明学与中国儒学割裂开来,但纵观日本传统思想,实际上阳明学派也可以认为是中国儒学在日本的发展。

明治维新让日本彻底舍弃了以儒学为中心的政治、法律、社会制度,由此日本在各个领域开始向西方国家学习。幕府时期的统治阶级武士受儒家思想影响,以追求物质生活为耻,而改革后的日本则以经济富足为目标,最终为了更大的发展而走上侵略之路。从明治维新开始至今,中日两国在政治法律思想领域虽有某些地方互相借鉴,但两者的差异越来越大,交集越来越少。

4. 日本现代政治法律思想

1945 年,日本接受《波茨坦公告》,在东京湾的美国战舰"密苏里"号上,正式签署二战投降书。9 月 8 日,麦克阿瑟率联合国盟军最高统帅部进驻日本,并对日本进行非军事化和政治民主化改革。在政治制度上实行君主立宪制、三权分立,天皇作为国家的象征而保留下来;在宪法上制定了《日本国宪法》。

《日本国宪法》于 1947 年 5 月 3 日起实施,这使得日本发生了重大转变。首先,从神道国教到政教分离,规定了象征天皇制与国民主权两大原则。昭和天皇在 1946 年 1 月 1 日发布《人间宣言》,否认自己是神,向国民宣告天皇是和国民一样的普通人。其次,以前的军事统帅权不受制约改为放弃战争力量,贯彻和平宪法与法治思想。再者,将中央集权改为地方自治。《日本国宪法》是一部和平主义宪法,沿用至今。该宪法中第九条规定永远废弃以国权发动战争,不保持陆海空军及其他战争力量,不承认国家的交战权。因此,国民主权、尊重基本人权、放弃战争是该宪法的三大特征。

当代中日两国在政治法律思想上差别甚大。中国以社会主义思想为核心,日本则以西方资本主义的民主、自由思想为核心。儒、道、佛等思想在中日两国历史上均对政治、法律、社会等各个领域产生了深远的影响,一些痕迹至今仍然可见。

思考题

1. 有这样一个有趣的故事:有一艘豪华客轮载着多个国家的乘客航行至海上,突然遇到风浪后客轮触礁了,船有下沉的危险,情况十分危险。船长采取果断措施,紧急命令乘客跳海求生。船长对美国人说:"你快跳下去,跳下去你就是英雄!"美国人听后立即跳下去了。船长对中国人说:"你快跳下去你就能活命!"中国人听后也立即跳下去了。船长回头又对日本人说:"你看,大家都跳了,你也快跳下去吧!"日本人听后也跟着跳下去了。虽是虚构的故事,但清晰地体现了三个民族的特点,请分析其中体现了中日两国的哪些价值观。

2. 日本兵库县的姬路城、广岛县的严岛神社、京都的金阁寺等世界文化遗产都小巧精悍,而中国的故宫、秦始皇陵等有名的遗产都宏伟壮观,试从审美观、自然环境等角度对二者的美进行分析。

3. 中日两国在近代均出现了沦为西方殖民地的民族危机,日本通过明治维新走上了资本主义道路,而中国的戊戌变法以及洋务运动都失败了,最终沦为半殖民地半封建社会。试从当时两国的政治制度和社会思想等角度对比,探讨出现两种截然不同结果的原因。

主要参考文献

1. 邱永漢.中国人と日本人[M].東京：中央公論社,1993.

2. 钱穆.中国文化史导论[M].北京：商务印书馆,1994.

3. 中根千枝.纵向社会的人际关系[M].陈成,译.北京：商务印书馆,1994.

4. 蔡振生.中日文化比较[M].北京：北京语言学院出版社,1994.

5. 李建军.企业文化与制度创新[M].北京：清华大学出版社,2004.

6. 李卓.中日家族比较研究[M].北京：人民出版社,2004.

7. 费孝通.论人类学与文化自觉[M].北京：华夏出版社,2004.

8. 张岱年,方克立.中国文化概论[M].北京：北京师范大学出版社,2005.

9. 韩立红.日本文化概论[M].天津：南开大学出版社,2006.

10. 土居健郎.日本人的心理结构[M].阎小妹,译.北京：商务印书馆,2006.

11. 王向远.中日现代文学比较论[M].银川：宁夏人民出版社,2007.

12. 彭广陆.日语知识百题[M].北京：北京大学出版社,2007.

13. 叶渭渠.日本文化通史[M].北京：北京大学出版社,2009.

14. 孙培青.中国教育史[M].上海：华东师范大学出版社,2009.

15. 陈舜臣.日本人与中国人[M].刘玮,译.桂林：广西师范大学出版社,2009.

16. 朱永新.科学发展观与中国教育改革[M].福建：福建教育出版社,2009.

17. 加藤周一.日本文化中的时间与空间[M].彭曦,译.南京：南京大学出版社,2010.

18. 加藤周一.日本文学史序说[M].叶渭渠,唐月梅,译.北京：外语教学与研究出版社,2011.

19. 方浩范.儒学思想与东北亚"文化共同体"[M].北京：社会科学文献出版社,

2011.

20. 内藤湖南.日本历史与日本文化[M].刘克申,译.北京：商务印书馆,2012.

21. 鲁思·本尼迪克特.菊与刀[M].吕万和,译.北京：商务印书馆,2012.

22. 宇文利.中国人的价值观[M].北京：中国人民大学出版社,2012.

23. 戴季陶,蒋百里.日本论　日本人[M].上海：上海古籍出版社,2013.

24. 李卓."儒教国家"日本的实像[M].北京：北京大学出版社,2013.

25. 苏珊·朗格.感受与形式[M].高艳萍,译.南京：江苏人民出版社,2013.

26. 南博.日本人的心理　日本的自我[M].刘延州,译.北京：社会科学文献出版社,2014.

27. 季羡林.21世纪：东方文化的时代[M].北京：当代中国出版社,2015.

28. 费孝通.乡土中国[M].北京：北京出版社,2016.

29. 柳田国男.乡土日本[M].杨田,译.北京：清华大学出版社,2018.

30. 清少纳言.枕草子[M].周作人,译.长春：时代文艺出版社,2018.